中国出版家丛书
ZHONGGUO CHUBANJIA CONGSHU

国家出版基金项目
NATIONAL PUBLICATION FOUNDATION

Zhongguo Chubanjia
Shen Zhifang

中国出版家 沈知方

柳斌杰 主编　王鹏飞 著

人民出版社

出版说明

出版不仅仅是一个充满竞争的商业领域，同时，它也深深打上了"文化"和"思想"的印记。在这个文化场域中，交织着多种力量的动态关系，通过出版物的呈现和出版活动的开展，描绘了一个时代的文化风貌；而回旋折冲于其间者，则是那些幕后活跃、台前无闻的各类出版人。他们自喻"为他人做嫁衣裳"，事实上，却是国家文化传承和历史记录的主要担当者，有出版发展的参与人和见证者甚至称他们所起的作用为保存民族记忆的千秋大脑。虽然扼据出版要津之地，却少见自家行当的人物传记出版。本丛书是第一次规模化地为这个群体中的杰出者系列立传，从一个人到一群人的出版事功中，折射出近代以降出版业的俯仰变迁，同时也见证着出版参与时代文化思想缔构及其背后深广的社会历史内容。那些曾经彪炳于时的出版人，一方面安身于这个行业，以其敏锐犀利的时代洞察力，在市场、经营与创意中躬行实践，标领乃至规划了这个行业的发展，并使之成为国民经济的一个重要门类；另一方面又在"安身"之外，显现出面向社会的公共性关怀与"立命"的超越性关怀，从职业而志业的追求中，服务于民族解放、思想启蒙与文化进步的社会性经营，书写了出版人生的风采、风骨与风流。

本丛书所传写的30余位出版人，均为活跃于20世纪并已过世的出版前辈。中国古代也曾涌现了陈起、毛晋等出版大家，只是未纳入本书的传主范围。丛书在体例上，有单人独传与多人合传之分，但这并不必然意味着对传主出版贡献及其历史地位的轻重判别，许多情况下的数人合传，乃困于传主史料的阙如而不得已的选择，某些重要出版人如大东书局总经理沈骏声、儿童书局创办人张一渠等，也囿于同样情形而未能列入本丛书的传主名单，殊觉憾事。虽说隐身不等于泯灭，但这个行业固有的幕后特征多少带来了出版人身份上的隐而不显、显而不彰。本丛书的出版，固然是想通过对前辈出版事迹的阐幽发微、立传入史，能让同样为人做嫁衣者的当今出版人不至于觉得气类太孤，内心获得温暖，并昭示后来者在人生目标上，在家国情怀上，在出版境界上，追步于前贤，自觉立起一面促人警醒自鉴的镜子；同时更希望通过一个个传主微历史的场景呈现，让更多的人认识到出版在产业之外，更是一项薪火相传的社会文化事业，它对时代文化的接引与外度，使其成为一种任何人都不可忽视的"势力"，在百余年来的社会发展进程中，发挥了不可替代的作用。

故此，我们推出这套"中国出版家丛书"，以展示中国文化创造者的风采，弘扬他们的优良传统和崇高的职业精神，发掘出版史史料，丰富出版史研究和编辑史研究。

"中国出版家丛书"编辑委员会

人民出版社编辑部

二〇一六年四月

目 录

前　言

这本书的传主是沈知方。

沈知方是民国时期第三大书局世界书局的创办人，自1921年起，担任世界书局总经理14年，1934年后改任监理，直至1939年去世。

在民国出版史上，沈知方是举足轻重的人物。去世的时候，报刊新闻称之为"书业巨子"，时人回忆时，也常称他为"出版怪杰"、"营销奇才"等。

当时的同业中人提到沈知方时，经常舍姓而取名，称他为"方先生"。同人眼中，方先生才气宏阔，尤其善于书业营销。但大家也都知道，方先生颇有傲气，不大看得起同业中人。1902年，沈知方以"旧书坊里杰出人才"的身份，被夏瑞芳延揽进入商务印书馆。1913年2月，又以副局长的身份进入中华书局，成为书局的第二号人物，陆费逵局长"极称得力"。1917年，扩张过速的中华书局资金链断裂，陷入"民六危机"，沈知方铩羽离任，个人也因为投机生意失败，导致破产。

离开中华书局之后不久，1917 年 2 月，沈知方重启《家庭实用图书集成》的编纂。这是他 1912 年就开始策划的一套大书，全书 20 余册，300 余万言。因卷帙浩繁，资料难寻，加上次年出任中华书局副局长，编纂工作中途停顿。离开中华书局之后，他立即重操旧业，以此作为自己出版事业重新开始的开篇。

沈知方不是一个含蓄的人。他擅长高调做事，也喜欢高调做人。虽然离开中华书局之后，一度需要匿名躲债，但他气势不减，为自己的出版人生设置了宏大的重启场面。他在苏州岳丈家里，组织了一个具有编译所功能的"学术研究会"，约请一批文友，整理重注一些传统典籍，同时也针对市场需求，出版一些应时之作。他策划多年的《家庭实用图书集成》，在 23 位文友的帮助之下，历经 3 年，于 1920 年成书出版。出版之时，丛书的扉页上，时任大总统徐世昌题词：富国利民；提倡实业救国的晚清状元张謇题词：务本崇实　取精用宏。当时隐居津门的民国第二任大总统黎元洪，为此书亲自作序。

这套大书，用的是广文书局的名义。离开中华书局之后的沈知方，同时主持着几个书局：广文书局、世界书局、中国第一书局。这些书局都是小作坊，找一个弄堂里的房子，挂个招牌，甚至牌子也没有，出一些不需要版权的传统读物或热门图书。《家庭实用图书集成》的出版，显示了沈知方联络资源的能力，他的几个书局开始在《申报》、《新闻报》上屡屡露面，推广一本又一本新书。

沈知方富有出版才能。在当时大多以编辑见长的出版人之中，他读书不算多，但对图书市场有着敏锐的嗅觉。民国文人喻血轮，也是沈知方苏州学术研究会的成员之一，应沈知方之邀，写作了《林黛玉笔记》、《芸娘日记》等几本书，一两年内再版十余次。多年之后，喻血轮对沈知方的市场眼光依然记忆犹新，说他"独能透悉社会潮流及读者心理，经其计划编出之书，无不行销"。经过 4 年辛苦，沈知方完成了资本的初期积累，解决了债务危机，同时也在上海公开露面。1921 年农历七月初七，改组为股份有限公司的世界书局高调亮相，在四马路中市设立门面，全楼漆成红色，号称"红屋"。

世界书局的改组，是现代出版史上的一件大事。一方面，现代出版业中增加了雄浑的新生力量；另一方面，则是世界书局在与商务印书馆和中华书局的竞争中，扮演着对比鲜明的"他者"角色。除了在出版内容上与另两大书局有所错位、各擅胜场之外，在教科书出版、学术出版等多个领域，世界书局也搅动了被两大书局垄断的书业市场，推动着民国时期出版格局的重塑。

世界书局独立门户之后，延续此前的图书出版业务，也积极开辟新的领域。先是通俗文学期刊的出版。面对 1921 年商务印书馆《小说月报》改组之后通俗文学市场出现空缺，从 1922 年开始，世界书局出版的旬刊《快活》、周刊《红杂志》与《红玫瑰》、半月刊《侦探世界》、月刊《家庭杂志》，在一年多的时间之内次第问世，从出版档期上全方位切入通俗文学市场。接着，沈知方瞄准了利益巨大的教科书市场。改组之后的第二年，世界书局就开始了教科书的编撰。先是推出了一批教辅性质的新学制小学、中学读本，其后又大张旗鼓，在报纸上征求新学制小学教科书的建议。到 1924 年，历时两年编成的一套《新学制初级小学教科书》陆续问世。

沈知方是一个自信的人，他不时在报纸上公布着自己下一步的出版计划。通俗文学期刊如此，教科书也是如此。小学教科书问世不久，他即刊登广告，公开征求中学教科书的编制建议，似乎从不担心别人的模仿和打压。面对商务印书馆和中华书局两雄垄断的教科书市场，沈知方这一时期真是豪气冲天。世界书局的《新学制初级小学教科书》出版之后，从 1925 年开始，沈知方在报纸上连篇累牍做着宣传广告。有时宣称自己的教科书有"两大利益"：减轻学生书费，优待小学教员。有时主动要求读者"比较"：售价的比较，内容的比较，优待的比较。然后提醒各小学校长："倘未选定，请仔细比较，然后采用。"有时又开宗明义："采用世界书局出版新学制小学教科书可以减轻君之负担。"这些直击痛点的宣传语，往往用大号艺术字体标示，十分显眼。浏览这些史料时，沈知方的自信和挑战姿态溢于纸端，扑面而来。

世界书局的教科书广告，大都紧邻商务印书馆和中华书局的同类内容。相较而言，两大巨头的广告略显中规中矩。看到自己的旁边不时出现这种炫目的诱人之词，而且教科书市场确实发生了明显的松动，两大巨头岂能视而不见。1924 年 7 月，商务印书馆和中华书局联合成立了一家国民书局，共同出资 20 万元，商务占三分之二，中华占三分之一。国民书局的任务就是专门抵制世界书局的教科书。这时的沈知方还只是推出了教辅类的读本系列，教科书即将完竣，打算送北洋政府教育部审定，但商务和中华都非常了解这位离职员工的能力和即将面临的潜在威胁。

国民书局成立之后，世界书局的教科书发行面临着以一敌三的局面。但好在沈知方有备而来，为了保证教科书的质量，他找来曾任北大校长的胡仁源等人参与编制，同时定价要比商务和中华的低不少。加之沈知方的独特营销才能，教科书市场局面迅速打开。根据时势变动，世界书局的教科书内容不时更新，后又编制"新主义小学教科书"、"新课程小学教科书"等。因此三强夹击之下，世界书局的教科书非但没有被扼杀，反而越战越勇。比如 1930 年的上海小学教科书市场，商务印书馆、中华书局、世界书局和国民书局四家总计 2734 种：其中商务出版 881 种，占 32.2%；世界书局出版 874 种，占 32%；中华书局出版 546 种，占 20%；国民书局出版 433 种，占 15.8%。[①] 对此成绩，世界书局的股东会中还有专门报告，"他局因鉴于吾局营业日盛，教科书之销路益广，乃谋合力之抵制，除另设某书局为正面之捣乱外，其为一部分攻击之事，不胜枚举，更收买外埠同业不售我书。然吾局之书终以物美价廉，得各界之赞许，不为计谋所败"[②]，言下颇为自得。

几年竞争下来，商务印书馆和中华书局只好接受现实，共同设立的国民书局也于 1930 年 6 月底停业。自此，"三大书局"、"鼎足而三"、"第三大出版家"等称号，便成为世界书局的常见代称。世界书局的教科书出版，堪称沈知方和世界书局的经典之战，除了奠定世界书局的出版界地位之外，更重要的是打破了商务和中华十余年的教科书垄断，对于民国时期中小学教育的发展功不可没，这也已经是教育史上的公论了。

如果说通俗文学出版稳定了世界书局的利润，教科书使之进入大型书局行列，但要想与商务印书馆和中华书局并列，获得知识分子尤其是学者群体的认可，还必须要有代表"局格"的高端严肃出版物。沈知方对此认识清晰，所以在教科书之后，他的另一个重点就是学术出版。世界书局在一份总结中自陈："一国学术的发扬，是靠两方

---

① 《市校教科用书统计》，《上海教育》1930 年第 12 期。
② 《十年来的世界书局》，《世界杂志·十年》，世界书局，1931 年 9 月。

面：一是普遍，一是提高。但是普遍是提高的根基，学术普遍了，学术自然而然会向上提高了。"[1] 对此，世界书局设定了"先求普遍，而后求其提高"的发展路径。具体出版实践上，就是先出普及型学术读物，然后依次提高，直至世界学术名著。比如，世界书局的系列学术丛书，就有着清晰的出版思路："本局的 ABC 丛书就是百科学术的阶梯；生活丛书就是百科初级的参考品，进一步，我们便有文化科学丛书，有社会学丛书，农村社会学丛书，经济学丛书等，更进一步，我们有世界学术界的名著丛书。"[2] 这些丛书影响甚大，比如1928年开始推出的"ABC丛书"，先后出版 150 余种。虽然定位是百科学术阶梯，但作者队伍涵盖了张东荪、谢六逸、高希圣、丰子恺、赵景深、胡朴安、傅东华等一众名手，尤其是敢于约请当时已被通缉的沈雁冰、杨贤江等人参与著述，更是值得称道的亮点。丛书之外，沈知方延续早年《国朝文汇》的整理思路，推出了不少古籍整理之作，如 1920 年前后的"新体广注"系列，1935 年的《诸子集成》等，都是现代出版史上可圈可点的出版举动。当然，除了上述，沈知方开创巨资买断作家版权的先例，创制新的出版品类"连环图画"等等，都代表着一位出版家的职业贡献，后面正文有述，此处不赘。

对于沈知方，曾在世界书局服务 20 余年的老员工刘廷枚说，"沈氏有志于出版，视为终身事业"，民国文人郑逸梅也说，"世界书局主持者沈知方，他在出版界中是具有雄心的"。视出版为终身事业，让沈知方矢志不渝，多有创意之举；具有雄心，则让他持续发展之余，也有不少投机冒进。1917 年，他黯然离职并陷入破产境地，便有冒

---

① 《十年来的世界书局》，《世界杂志·十年》，世界书局，1931 年 9 月。
② 《十年来的世界书局》，《世界杂志·十年》，世界书局，1931 年 9 月。

进采购纸张和多方投资的原因。就其一生而言，最大的冒进举动，则是设立世界商业储蓄银行。

创局 10 年不到的时间，沈知方的世界书局营业额度便名列前三，在同业中人眼里，已有冒进之嫌。但对了解他的人来说，"沈氏悒郁多年，一旦掌握时机自然要奔腾一番"。因此，教科书初步成功之后，沈知方似乎并未感到快意，反而时时认为资金不足，掣肘了世界书局进一步的发展。他除了鼓励员工入股，新进人员要缴纳保证金之外，自 1928 年 4 月开始，世界书局设立了读书储蓄部，储蓄部以高息揽存外加赠品的办法，吸收外来读者的存款。后来受国民政府的金融政策所限，1931 年 6 月，读书储蓄部进一步改制为世界商业储蓄银行。有了资本之后，沈知方长袖善舞，教科书的推广，大型辞书和国学名著的影印，印刷厂房的扩建，甚至龙江大楼等房地产方面的投资，都在此基础上蓬勃而起，堪称一时鼎盛。

倘若时局安稳，运行良好，那么沈知方开设银行，以储蓄反哺书业，或许会是现代出版史上的精彩之笔。但世事难料，沈知方的世界银行才开设两年多一点，1932 年 1 月 28 日，日本海军第一遣外舰队司令盐泽幸一指挥海军陆战队分三路突袭上海闸北，对中国军队以及民宅、商店狂轰滥炸，一·二八事变爆发。战争阴影之下，房地产价格大幅下滑，银行陷入挤兑风潮。突如其来的变故，对于沈知方的世界银行来说无疑是致命一击，资金链的断裂，让前期建立在外来资本之上的各种规划，一下子成了沙上之塔。一向魄力宏大的"方先生"左支右绌，坚持到 1934 年，不得不央求李石曾的世界社资本进入，遂将一手创办的世界书局转手于人，自己辞任总经理，改任监理一职。

　　此次世界商业储蓄银行的破产，是沈知方人生之中的滑铁卢。此时 53 岁的沈知方，已失去了 17 年前离开中华书局时的气魄和精力。虽然他帮助儿子沈志明成立了启明书局，但时代已经物换星移，加之四方不靖，终未能在书业之中再展宏图。1939 年 4 月，他在为《语译广解四书读本》所作的序言中，简要回顾了自己的书业生涯："余幼读四书，仅能上口，圣贤微言大义，无从窥见其一二。辍学经商，在上海与夏萃芳① 先生办商务印书馆，又与陆费伯鸿先生创办中华书局，未几又创办世界书局，四十年中，无不与书业为缘。其中茹苦含辛，垂成而败者不知凡几"。对于此前种种失误，他自责为自己读书未广所致，然"岁月空过，老大徒悲，每一念及，为之慨然兴叹"。序言最后，面对陷入病苦之境的人生，沈知方写下了令人鼻酸的慨叹之言："余老矣，侥天之幸，得以康复，更当尽力书业；万一不起，即以此为一生出版之纪念。"

　　5 个月之后，1939 年 9 月 11 日，沈知方因患胃癌不治，抑郁而终，终年 58 岁。

　　在众多现代出版人中，沈知方跌宕起伏的人生，富有传奇色彩。但相对于陆费逵、王云五这些当时在书业之内经常一起露面的人物，沈知方在学界却是身后寥落，甚至不如当时根本不在一个重量级的中小书局负责人。究其原因，主要有二。

　　一是沈知方少有著述。他的长项，在于营销和策划。在商务印

---

　　① 作者按：书中人物名字，在时人笔下经常出现不同的异写现象。如夏瑞芳，也被写作"夏粹芳"、"夏粹方"、"夏萃芳"等；沈知方，也被写作"沈芝芳"、"沈子芳"、"沈子方"、"沈知芳"等；范云六，有时写作"范云麓"；平江不肖生，当时也常被称为"不肖生"等；龚定庵，也被写作"龚定盦"、"龚定厂"等。对此情况，本书正文中统一使用夏瑞芳、沈知方、范云六、龚定庵等常用名，引文、书名中则维持原貌。后文他人同此。

书馆和中华书局，他都不是编译所中的人物，日常与商务的编译所诸君来往不多。所以在张元济、蒋维乔等人的日记和回忆中，很少有他的身影。早期与这些编辑往来不多，或许还有另一个原因，就是编译所诸君不少拥有功名，或者留洋归来，在夏瑞芳的带领下，书馆上下对他们均尊称为"先生"。在他们眼里，一个少年失学的发行所青年，大概只是主管发行的总经理夏瑞芳眼里的杰出人才。

第二个原因，就是世界书局的解散。1949 年 5 月，上海解放。1957 年，世界书局宣告歇业。这次歇业，宣告一个 40 年的书局进入历史，同时也代表着世界书局的定位，在当时被划入了现代出版史的另册。所以世界书局很难像商务、中华、生活书店那样，持续传承，有自己的从业员工进行局史的整理和重述。也不能像开明书店或者北新书局那样，被视为同路人或者进步的新文学出版代表被公开谈及。继沈知方担任世界书局总经理多年的陆高谊，1983 年被人约请回忆、出版一套"大时代文艺丛书"，其婉言辞谢，不愿提及往事，其他世界书局老人也大都缄默不言。等到后来时代变革，研究风气逐步打开之后，这些当年上海书业的健将，却几乎凋零已毕。由此，世界书局即使被人提及，更多的也是在他人的批判视角之下。作为创局之主的沈知方，除了 20 世纪 60 年代初期全国政协文史委员会组织出版史料时，早年入局的老员工朱联保、刘廷枚等人有文章叙及之外，更多的时候，几被忽略。

于是，外人眼里的沈知方，或者书局员工口中的"方先生"，在时人和后代人眼中，就有了两副面孔。

同时代人的眼里，他是一个出版大咖。欣赏他的人，不吝赞美甚至神化。《红玫瑰》的编辑赵苕狂说及他的去世，"故论者辄谓：自夏粹芳氏死，先生乃成独霸之局面；今先生又逝，继起者实无人。彼陆费伯鸿，彼王云五，公等碌碌，因人成事，守成或有余，以云创业，殊无此魄力也！"不欣赏他的人，亦毫不客气地进行批评，因被广文书局盗印版权而对沈知方颇有怨言的泰东图书局老板赵南公曾言，"沈子芳太不知进退"。但总的来说，在时人眼中，沈氏无论生前还是身后，大体上是一个书业奇才，也是海上闻人之一。

但随着世界书局被定为官僚资本解散，沈知方的形象逐渐模糊，及至后来，他几乎成为反衬张元济和陆费逵的唯利是图之典型，现代出版史的反面人物。其实，回到历史现场，就会发现这些并不全是事实。但因为世界书局被定位和解散之后，在面对其他书局的历史重述时，世界书局的员工已经无力辩驳。

比如，商务版和中华版教科书竞争之时，中华书局攻击商务印书馆有日资背景，非民族产业；商务印书馆攻击中华版教科书定价奇高，纯属牟利，毫无教育追求。后来两大巨头为了防止世界书局的竞争，联合出资设立国民书局进行合围打压，此类举动，都是图书市场竞争中的一种表现。但现代出版史呈现的普遍结论，却似乎对世界书局的营销举动有更多微词。

又如，中华书局的"民六危机"，负责查账的吴镜渊和黄毅之调查之后，得出结论："欧战方殷，原料昂贵，国内多故，金融恐慌，局长去年卧病三月，副局长去年亏空累万。凡此诚足致病之由，然皆外感而非致命之原因也。"但提及沈知方的中华书局岁月之时，却基本都认为是他挪用公款导致的危机。

再比如，在记述晚清以降藏书家的几本藏书纪事诗中，沈知方是唯一一个以藏书家身份，被选入王謇《续补藏书纪事诗》和周退密《上海近代藏书纪事诗》的民国大书局掌门人，张元济先生只在周退密老人的书中有诗纪之。但沈氏的粹芬阁藏书之名，几乎淡然无痕，所谓的三大伪书，却多被演绎和挞伐。

其他还有与开明书店的版权官司、世界商业储蓄银行等，沈知方基本都在以讹传讹的论述之下，被叙述成一个唯利是图者。即使提到世界书局的5000多种出版物，也大多以一句"在长时段的出版中，也曾有一些对社会有益的书"之类的话一笔带过。在这种逻辑之下，沈知方渐渐淡化为一个近乎透明的人物。他曾经担任中华书局历史上唯一的副局长，当时在书局的地位仅次于陆费逵，但在《回忆中华书局》一书的"解放前中华书局创办人和负责人小传"名单中，居然没有他的名字。

沈知方不是完人，在现代出版界，他是一个不无争议的"枭雄"式人物。他不拘小节，有江湖之气，做事常有出人意料之举。但他重情重义，即使他当年的创业伙伴20年后依然指摘他为"民六危机"的主因，他亦从无恶语。他因才气宏阔而兴，又因豪放投机而败，但正如熟知他的员工所言，他一切所为，皆因"有着自己的出版梦想"。他来自传统的山阴书业世家，家族前辈多以钞编售书为生，虽也曾有鸣野山房等知名藏书楼，但沈家近祖都没有取得举人以上的功名。后来家世寥落之下，沈知方从十几岁起，便在旧书坊开始学徒。作为旧书业的一分子，他能从传统中突围，在向现代书业转化之中，依靠过人才能创立与商务印书馆、中华书局并称的世界书局，其中的挣扎与努力、创新与局限，岂是一个唯利是图即能涵盖呢？

历史长河中，有一些"枭雄"式的悲剧性人物，他们有宏图伟志，亦有过人之才，往往以个人之力创造一番事业。但却在后续的发展中，或因为自身的性格缺陷，或由于对时势的错误判断，或者缘于某一决策的失当等，导致个人或事业的失败与覆没。相较于成功者，悲剧人物的人生轨迹宛如流星划落，从璀璨耀眼到倏忽而逝，跌宕起伏。其间沧海桑田般的变幻，也更容易让人感慨系之，叹息造化弄人。就中国现代出版人来说，最让人感叹的悲剧人物莫过于沈知方。

如果放宽历史的视界，沿着山阴沈氏的脉络上溯，那么从乾嘉时期沈复粲的鸣野山房，到民国沈知方的世界书局，再到山河鼎革之际其子沈志明的启明书局迁台，山阴沈氏近 200 年的传承衍变，折射的正是时代变动之下，我国传统书业和现代出版人的因缘悲歌。

这，也正是沈知方在中国现代出版史上的意义。

第一章

早年岁月：从绍兴到上海

一、书业世家：山阴沈氏

1882 年 11 月 28 日，清光绪八年十月十八日，沈知方出生于浙江省绍兴府山阴县，世居城内仓桥街。

绍兴是一个山明水秀的鱼米之乡，也是中国少有的人文荟萃之地。出版史上的名家杜亚泉、章锡琛、胡愈之、周建人、孙伏园、陶亢德等，也都生长在绍兴这片共同的土地上。

沈家所在的山阴县，主要管辖现在绍兴市的越城区和柯桥区。作为县治，山阴历史悠久。1912 年，民国肇造，废除府制，山阴县与会稽县合并为绍兴县，沈知方就逐渐淡化了山阴的籍贯，常以绍兴人的身份活跃于现代出版界。

沈知方选择出版作为自己的人生职业，与绍兴一地书商众多不无关系。包天笑曾说在中国的旧书业中绍兴人是一股主流，早年商务印书馆的编译所，也有一批人被称为"绍兴帮"。但对沈知方来说，他恢弘的出版人生道路上最关键的因素，还要从世代营书的沈氏家族传统说起。

山阴沈氏的源头，来自吴兴沈氏。吴兴沈氏的一世祖，为春秋时的沈逞。沈逞是周文王的儿子季载的后裔，季载先封于冉，后其子孙又被封于沈，成为沈子国，故又被称为姬姓沈氏。吴兴沈氏传至第四十五世，有沈遵道。沈遵道是唐宣宗大中二年（848）进士，曾官杭州通判，后居山阴，成为浙东诸多沈氏支脉的始祖。

沈氏家谱[①]记载，山阴沈氏大约传至第二十八世沈君选的时候，开始在绍兴城里靠近绍兴府科举试场的仓桥街，开设鸣野山房书肆，开始了沈家的书业生涯。1934 年，沈知方在《粹芬阁珍藏善本书目·自序》中，回忆自己家世：

> 家本世儒，有声士林：先世鸣野山房所藏，在嘉道间已流誉东南；而霞西公三昆季藏书之富，尤冠吾越。近世金石大家赵㧑叔，于所著《补寰宇访碑录》[②]自序中，尝尊霞西公为彼生平第一导师。名流雅望，有如是者。

自序中提到的"霞西公三昆季"，即是沈君选的子侄，山阴沈

---

① 此处所据沈知方长孙沈柏宏先生抄示之家谱。

② 赵之谦：《补寰宇访碑录·记》云：之谦十七岁始为金石之学，山阴沈霞西布衣复粲第一导师也。见《赵子谦集》第 3 册，浙江古籍出版社 2015 年版。

氏第二十九世沈芋田昆仲。其中最出名的，是老三沈复粲。沈复粲（1779—1850），字霞西，晚号鸣野山房主人。沈氏兄弟以经营书坊为主业，此外也热好藏书，沈复粲昆仲建立了鸣野山房藏书楼，家藏图书四万余册，不少是罕见之绝本。章学诚的遗书，其子孙不能守，一部分也被沈复粲收走。明末清初山阴的藏书家祁理孙读书楼所藏，有半数被其购去。沈复粲爱慕忠义，这一思想投射于他的藏书，就是推重大忠大孝的先贤文集。此外，他也热衷于戏曲书籍的收藏，如《传奇全本》556 种，《名剧汇》72 种，《古今名剧选》56 种。署名沈复粲编选的《鸣野山房书目》中，著录图书 2000 余种。

沈复粲藏书在当时颇有名气，到了晚清时期，徐珂的《清稗类钞》"鉴赏类二"一节，专有"沈复粲藏书"条："越中沈复粲隐于贾，博极群书，收藏甚富。有子名昉，字寄帆。李莼客侍御慈铭有《送寄帆作尉江南》诗云：尔翁江南沈麟士，穷老钞书八千纸。良田广斥收秘藏，手挈瑯嬛付孙子。"[①] 诗中所写的"穷老钞书八千纸"，指的是沈复粲的编书和钞书。李慈铭的《越缦堂读书记》也几次提及沈复粲的编书之事。

沈复粲兀兀穷年以书为生，一生钞编之书甚多，从上面书目亦可窥见。罗振玉曾专门到沈家去访书："光绪癸巳首夏，玉访碑越中，晤山阴沈君锡卿。锡卿为嘉道间隐君子霞西先生族曾孙，因就访先生所著《越中金石广记》，弗可得，得见《鸣野山房帖目》四卷，其书体例，与《帖考》略殊，而甄录精慎，则与《帖考》不异，有稗于考古者不鲜。其曰《鸣野山房帖目》者，盖就所藏弄者入录，非谓类

---

① 徐珂：《沈复粲藏书》，《清稗类钞》第九册，中华书局 1983 年版，第 4276 页。

帖之目者，毕在是也。"① 作为客人的罗振玉，受沈锡卿所托所写的序中，给《鸣野山房帖目》下了"甄录精慎"的考语。

但就沈复粲个人的钞编生涯而言，事实可能并非如此。李慈铭说的"校勘粗疏，误文夺字，层见叠出"，或者"所见既隘，又不能考证，惟以钞撮了事，要不出书贾伎俩"等毛病，都是沈复粲钞编活动中不容回避之处。即使《鸣野山房帖目》，多年之后容庚亦给出了"1931年，余初抄得《鸣野山房帖目》稿本，喜草创，然伪误满纸"的评语。作为近祖之中最负盛名的人物，沈复粲的藏书与编书习惯，对沈知方影响甚大。无论是"喜草创"的创新精神，还是"伪误满纸"的泥沙俱下，沈知方的诸多出版行为，都能在此处得见消息。

沈芋田之子沈石楼，沈复粲之子沈昉，是山阴沈氏第三十世。沈石楼继承了家业，热衷藏书，沈知方曾说："予家夙以书世其业。先曾祖石楼公嗜书成癖，抱残拾遗，博搜精鉴，每得善本，琼比琳琅"②。

沈石楼之子沈玉书，即沈知方的祖父，是山阴沈氏第三十一世。沈玉书，字素庭，会稽郡诸生。道光二十八年（1848），戊申八月既望，沈玉书为沈复粲所撰之《越中金石录》抄本作："越于东南，称人物薮，金石之散佚者，何可胜道。前杜禾子孝廉既有成书，近叔祖复有是辑，征文考献之心，先后若合一辙。非以是编也，为古真精神之所寄，有不容磨灭者在，因从而网罗之、搜辑之欤？"③ 沈玉书此序，自称"受业侄孙"，可知沈家子弟的家学渊源。

---

① 罗振玉：《鸣野山房汇刻帖目序》，《雪堂类稿乙》，辽宁教育出版社 2003 年版，第 515 页。

② 沈知方：《清文汇》，《国朝文汇序四》，北京出版社 1996 年版，第 4 页。

③ 沈复粲：《越中金石录》一卷，上海图书馆藏，味经书屋抄本。

沈玉书能诗，有《常自耕斋诗稿》问世。徐世昌编纂的《晚晴簃诗汇·卷一四一》收录二首。其一为《剑》，其二为《昭君怨》，同书尚收录诸暨诸生郭肇的《别沈素庭》。吟咏酬唱，正是当时的风气，虽只是士子中的诸生身份，沈玉书依然保有风雅。

沈玉书继承了父亲沈石楼的藏书习惯，沈知方说："先祖素庭公继之，馆谷所入，辄以购书，颜其堂曰味经。藏书之名藉甚，东西浙与鄞之范氏、杭之丁氏、湖之陆氏相骖靳，远近之货书者踵相接也。"[①] 沈玉书与父亲沈石楼和叔叔沈昉一样，都没有获得举人以上的功名，沈玉书主要以设馆课徒为生，收入不丰，但在其惨淡经营之下，沈家藏书在当时颇为知名。只可惜天不假年，1858 年，三十三岁的沈玉书撒手人寰。[②]

沈玉书英年早逝之后，沈氏家族的藏书，逐渐散佚，多数归于晚清绍兴另一个著名藏书家徐树兰。到了沈知方父辈的时候，沈家"尤贯吾越"的藏书之富，已经衰落不堪。罗振玉说沈复粲"志节高朗，著作繁复"，然"身后零落，遗书未梓，其妇稚又锢闭不肯示人"[③]，可为佐证。沈玉书是沈知方最感同身受的先辈，他的文学观点和编书未竟的遗愿，是沈知方宣统年间编纂《国朝文汇》的直接原因。

沈玉书之子沈锡卿，即沈知方的父亲，为山阴沈氏第三十二世。

---

①　沈知方：《清文汇》，《国朝文汇序四》，北京出版社 1996 年版，第 4 页。

②　李慈铭在咸丰八年十一月二十九日的日记中，记到"素庭字玉书，年十五入庠，能读书，喜诗，所作殊富，亦有佳者。为时文，下笔颇捷，气体亦清澈。岁科试，屡冠其曹。……今岁以瘵疾殁"。

③　罗振玉：《鸣野山房汇刻帖目序》，《雪堂类稿乙》，辽宁教育出版社 2003 年版，第515 页。

沈锡卿原为沈玉书之弟沈笛渔之子，过继到长房沈玉书名下。在沈知方儿媳沈应文婵的回忆中，沈知方的父亲"家境清寒，仅有薄田数亩"，为了谋生，曾在绍兴城里苍桥大街摆设书摊，售卖一些传统读物。虽然生活潦倒，但对于家族的文脉，沈锡卿却颇为用心。罗振玉在《鸣野山房帖目》中，专门说及他对于沈复粲钞编之书的保存："锡卿惧其久且湮没也，亟写《帖目》以待梓，其他著述，列目于后。以玉粗谙金石之学，责之作序。玉于先生为乡后进，且企慕有素，不揣固陋，为弁语于首，且以记锡卿之不忘先人手泽，其用意深厚，有如此也。"[①]1915 年 3 月 11 日，沈锡卿病逝于上海。1915 年 3 月 17 日，《申报》登载讣告："哀告者　先严锡卿府君　痛于民国四年阳历三月十一日，即阴历正月二十六日卯时，寿终申寓正寝⋯⋯棘人　沈芝芳　仲芳　兰芳　莲芳　泣血稽颡"。

沈知方的同辈和晚辈之中，也有多人像先祖一样，从事出版行业。小沈知方十岁的弟弟沈兰芳（仲涛），早年随他从事出版，曾任商务印书馆广告公司的经理，后来经营印刷业务，又专事藏书。作为一个周易名家，沈仲涛藏书以"研易楼"为名，颇有影响。

沈知方的族侄沈骏声，长期担任大东书局的总经理，1944 年因手术中输血不及，于重庆中央医院去世。民国元老居正先生专门作文悼念。

沈知方之子沈志明，在沈知方的帮助下，于 1936 年在福州路328 号开办启明书局。同年 4 月出版的"中国新文学丛刊"，以流派为标准，将现代新文学分为十册，计有小说四册，小品二册，戏剧、

---

① 罗振玉:《鸣野山房汇刻帖目序》,《雪堂类稿乙》,辽宁教育出版社 2003 年版,第516 页。

诗歌、书信、日记游记各一册，与知名的"中国新文学大系"有相互参照之价值。包括数十种书目的"世界文学名著"，也颇有影响。

至此，"夙以书世其业"的山阴沈氏有了一个清晰的脉络。之所以不惮其烦，铺陈自沈复粲以降沈家历代事迹，除了厘清沈知方家世的需要，更重要的是家族传统乃沈知方出版生涯中最关键的因素，不容一笔带过。同期的其他知名出版人物，夏瑞芳受基督教影响，率先以西式出版技术创办商务印书馆；张元济是以翰林章京身份维新未果之后，将出版视为救国之途；陆费逵出身世家大族，早年曾受西学影响，抱有教育救国之念；王云五则是"半路出家"，受胡适推荐进入商务印书馆，加之深谙西学，引入现代管理制度。相较而言，沈知方无论是早年编纂大型丛书，中期开创世界书局，还是晚年汲汲于粹芬阁藏书，他的出版生涯更多呈现的是融入血脉的家族元素。二百余年的时间里，山阴沈氏世代营书，到了沈知方及其子侄一辈，又与时俱进创办现代出版机构，确是近现代出版史上仅有的特例，自然也成为叙述沈氏出版生涯的背景和起点。

二、旧书坊学徒

沈知方出生之时，因为祖父早逝，家道更加冷清，没办法让他过一种优裕的少年生活。还未成年，他就放弃了读书仕进之路，根据父亲沈锡卿的安排，到家里的书摊帮忙。这种出路，也是当时不少衰落的士人家庭后代的主要选择。在描述同时代福建四堡的书坊时，包筠雅叙及这种人生之路：

18—19世纪，图书出版—销售业是失意文人和那些无意走科举之路的年轻人的天然庇护所。鉴于他们的家族历史上少有功名之士，加上日益激烈的竞争，获取功名的可能性微乎其微。理论上说来，种田在儒家职业等级中仅次于读书治学。但毕竟，与种田相比，出版业远为轻松而获利甚高。而且，它还有利于把从事这种生意的商人与学问的世界挂钩，以"书香"来为追逐利润这个在道德上更成问题的目标做遮掩。

四堡当地一个书商的自述中，也提到了在诸多商业之中选择书业的动机：

> 吾辈务什一，日与市侩伍，如面目可憎何！吾甚厌之鄙之。计足以谋生，而易亲缙绅先生之言论风采，俾得熏育成德者，惟贾书之业。无已，吾其世此乎。[①]

可见在不少书商眼中，相比其他行业，书业距离文化最近，圣人时贤的言论风采更易接触和亲近，似乎也更体面。作为生活在绍兴城里的沈家来说，既然祖上几代读书都未能有举业上的突破，那么既保持读书人的身份，又可维持生计，书业似乎就是最好的一条出路。于是在商务印书馆成立的1897年前后，十五岁的沈知方进入绍兴奎照楼学徒。

---

① ［美］包筠雅：《文化贸易：清代至民国时期四堡的书籍交易》，北京大学出版社2015年版，第192页。

在晚清的绍兴府城，奎照楼书坊①小有名气。蒋百里在日本东京主编的《浙江潮》第八期"调查会稿"栏目下，有"绍兴府城书铺一览表"，里面罗列了"特别"、"万卷书楼"、"墨润堂"、"会文堂"、"聚奎堂"、"奎照楼"、"永思堂"七家书铺。其中奎照楼一行写道：

店名：奎照楼；开设年月：二十年前；书籍新旧：新十之四，旧十之六；规模：平常；住址：水澄桥，程度：下。②

七家书铺之中，奎照楼的开设年月与墨润堂、聚奎堂一起被定为"二十年前"。根据本期杂志的出版日期1903年8月推算，应该在1883年之前。一起被定为"二十年前"的墨润堂创于1862年，而目前所见聚奎堂的图书，也有1863年的版本。照此来看，奎照楼大约也是19世纪60年代就已经创立的旧书坊，至少是在1882年沈知方出生之前就已经创立了。就规模而言，奎照楼在七家书铺之中属于一流，处于"平常"等级，下面还有万卷书楼"太狭"和永思堂"极狭"的评价。不过在"程度"的评价上，奎照楼却叨陪末座，与聚奎堂和永思堂都获得了"下"的恶评。原因很简单，这是《浙江潮》这份新锐刊物对于旧书铺的一种态度，毕竟就在这一期《浙江潮》上，还在东京留学的周树人以"索子"的笔名发表了《中国地质略论》。七家书铺中，徐锡麟创办的特别书店、万卷书楼和墨润堂都获得了"高"

---

① 另外在清代中期，宁波曾有"沈氏奎照楼"书坊。位于宁波城区鼓楼前南首。乾隆间校刊有《易经》、《礼记》、《春秋》、《诗经》和《书经》等书，书名前冠以"奎照楼"，并有"四明沈氏新镌"字样。该书坊与绍兴奎照楼的关系，尚无资料佐证。

② 《绍兴府城书铺一览表》，《浙江潮》1903年第8期，第181页。

的评级，因为他们在书籍新旧一栏中，分别是"专售新书"、"专售新书兼派各报"、"新旧参半"；而获得"下"的三家书铺，则是旧书售卖占据了十之六七，新书只有十之三四的份额。

奎照楼的主人，是王小丙。一篇描述当时绍兴藏书家董金鉴的文章中，写到在董氏的某一本书里，夹着一个"代售——王小丙，中池奎照楼主人"的启事，同时在董金鉴的《竟吾随笔》抄本中，还夹有一张庚子年奎照楼书籍发票，列着董金鉴向这家绍兴书坊所购书籍清单。[①] 奎照楼是一家旧式书坊，有着传统的生意眼。从士子科卷，幼童启蒙读物，到民间偏方，都是这家书店的刊刻内容。在光绪三十年（1904），《上海书业公所书底挂号》，记录了当时绍兴奎照楼的主要书目：[②]

> 改良新增绘图幼学琼林　新批绘图古文观止　古文析义初二编　绘图四千字文　绘图足本五千字文　最新商务尺牍教科书　最新增广尺牍含英　增广尺牍句解初二　改良一笔写算　绘图仙女外史与墨闲堂拼　明夷待访录　越谚正续三本　铅四书读本

可以看出，奎照楼书坊与当时大多数小型书坊类似，并无明确的出书门类，主要集中在大众读物和一般的市面流通内容。包筠雅曾描述过四堡的旧书店生活，可以作为沈知方奎照楼学徒生涯的侧影：

> 每个人通常要担两挑书，每挑重 60 斤。他们在每条路线上

---

① 鲁先进：《会稽渔渡董金鉴藏书刻书考略》，《图书馆杂志》2012 年第 1 期。

② 周振鹤编：《晚清营业书目》，上海书店出版社 2005 年版，第 642 页。

的集镇和县城售书，并试图使自己到达的时间和这些市镇周期性的墟期保持一致。在较大的市场，他们会在旅社（或客间）停留三五天。这样，他们不仅可以在市镇上售书，还可以根据周围村庄不同的墟期分头去那里售书。……他们在任何可能的地方——周围的集镇及村庄，或县城、府城——摆竹席或摆摊子售书。他们还会到衙门和乡绅家中售书。或者到地方学校和书院巡回贩书，在售书之前展示自己对科举的认识，与师生交流（从而宣传他们的书籍）。①

赶场售书的生活十分辛苦，但让沈知方体认到了书业营销的真实面相。他的好友平襟亚在《六十年前出版界之怪现状》中，也描述过他这一段的生活：

科举时代他还年轻，跟随几位书业老前辈，带了考篮往各行省、各码头赶考场，向举子们兜卖《大题文府》一类的书本。由于他足迹遍各地，深入民间，留心书业经营，所以对于书籍的行销网了如指掌。只消一见书名，略看内容，便能肯定指这本书应该销往南方或北方，广州可销多少册，汉口可销多少册，北京可销多少册。他的这种眼光是从经验中得来的。②

可以想见，对沈知方来说，奎照楼学徒更多的是一种发行业务

---

① ［美］包筠雅：《文化贸易：清代至民国时期四堡的书籍交易》，北京大学出版社2015年版，第167—168页。
② 平襟亚：《六十年前出版界之怪现状》，《纵横》1997年第2期。

训练。就像平襟亚所叙述的那样，跟着老师傅，挑着书担，不辞辛苦地穿梭于各个市镇，去赶考场。正是这种图书发行最前沿的历练，造就了他后来堪称精明的书业营销眼光。奎照楼学徒以后，不少世界书局旧人的回忆中，说沈知方到了临县余姚的一家旧书坊继续学徒。也有人明确指出余姚的书坊为玉海楼书坊。对于余姚的玉海楼书坊，所见材料不多，玉海楼的称号，更多指向浙江瑞安的同名藏书楼。瑞安玉海楼为孙衣言、孙诒让父子的家宅，孙氏父子搜罗多年，玉海楼藏书甚富，孙诒让居家著述三十年，终成晚清学术巨子，玉海楼也成为江南三大藏书楼之一。余姚的玉海楼书坊与孙氏玉海楼有何关系，尚不可考，不过沈知方在余姚旧书店时间很短，根据不少回忆文章的记述，大概也只有一年多的时间。

1899 年，沈锡卿为十七岁的沈知方安排了一门亲事。这时的沈知方经过了近三年的学徒训练，也正值叛逆期，他选择了逃婚。他第一次展示了性格刚强的一面，离开了度过少年岁月的浙东名城绍兴，来到了中国书业的中心之地——上海。①

三、初入上海：广益书局

1899 年的上海，是中国最具都市气息的城市。作为最早开埠的通商口岸，上海新式书局报馆林立，负载现代出版业开端的商务印书

---

① 沈柏宏先生说，沈知方奔赴上海的主要原因是逃婚，不愿意和沈锡卿给他强行安排的夫人圆房。不过在后来娶了第一位正式夫人之后，沈知方又把这位绍兴女性接到了上海，成为他的六房妻室之一。

馆，印刷业务已经经营两年，开始涉足出版了。到了上海以后，沈知方选择了最熟悉的旧书店作为安身立命之地。他首先进入的是广益书局。广益书局 1900 年由魏天生、杜鸣雁、萧伯润、李东生等合伙创办，初名广益书室，出版科举考场用书和童蒙读物。1904 年的时候，已经濒临倒闭的广益书局交由魏天生的堂弟魏炳荣接手改组，魏炳荣担任总经理，并将这家小作坊改名为广益书局，成为现代上海书业中的知名书局之一。魏炳荣长沈知方三岁，浙江余姚人，曾在上海鸿宝斋书局习业，早年在余姚旧书坊学徒时，与沈知方有过同店之谊，世界书局的老员工朱联保等人称之为沈知方的师兄，后来魏炳荣还成为世界书局的联合创始人。

沈知方在广益书局的工作，是担任跑街一职。在晚清的商业中，对外销售的工作大致分为两类。一种是"跑单帮"，即一些小本生意者，自己手提肩扛，把一些货物从一地辛苦运到另外一地，赚取其中的差价。另一种是"跑街"。在交通闭塞、信息不畅的晚清时期，一些精明的商人发现不需要个人挑着货物到处贩卖，通过敏察各地的商业信息，进行"中介"式的服务，一样能够赚钱。相比主要从事货物贸易的跑单帮来说，主要从事信息交易的跑街付出的体力相对要少，更多的是凭脑子和经验寻找商机。由于个人的天分，沈知方很快展示了自己在书业市场上的敏锐眼光，声名鹊起。

另据记载，沈知方初到上海之后，还进入过会文堂书局。① 会文堂书局，前身是创办于清光绪二十九年（1903）的会文学社，由书商沈玉林联合晚清立宪派领袖汤寿潜等筹建，地址设在上海河南中路

---

① 王震、贺越明：《中国十大出版家》，书海出版社 1991 年版，第 151 页。

325 号。沈知方到了上海之后，与来自绍兴的沪上贤达汤寿潜往还颇多，汤寿潜后来为《国朝文汇》作序，应该就是这一阶段建立起联系的。当然，汤寿潜与沈知方是山阴同乡，沈家作为世代儒林，很可能在家乡时期，汤寿潜就和沈知方的祖辈父辈有过往还。

会文堂书局出版石印线装的诗文集和演义小说，也出版过教科书。会文堂书局在出版界的影响，主要有两端。一是 1903 年会文学社刊行的《普通百科全书》，由留日学生范迪吉主持编译，线装 100 册，约 300 万字，曾被称为中国现存最早的具有现代意义的百科全书。[①] 不过名为百科全书，其实从体例上来看是一套丛书，包括 100 种日本书籍的中译本，从政治、法律、历史、文学、艺术、宗教、哲学、地理、教育、数学、物理、化学、天文、地质、生物、农学等全部覆盖。这些书都是日本中学教科书和一般大专程度参考书，[②] 集合起来，就显出了像百科全书一样极为开阔的学术视野。二是会文堂书局出版的演义小说，尤其是蔡东藩先生《中国历代通俗演义》系列为代表的演义小说。现在提及会文堂书局，多半与鲁迅的两封书信联系在一起的。第一封是 1934 年 4 月 9 日鲁迅答复魏猛克的信："学吴友如画的危险，是在只取了他的油滑，他印《画报》，每月大约要画四五十张，都是用药水画在特种的纸张上，直接上石的，不用照相。因为多画，所以后来就油滑了，但可取的是他观察的精细，不过也只以洋场上的事情为限，对于农村就不行了。他的末流是会文堂所出的小说插图作家。"第二封则是赞扬会文堂书局注重插图的作风。在 1935 年 5 月 22 日致孟十还的信中，鲁迅说："我以为插图不但有趣，

① 宋原放等：《上海出版志》，上海社会科学院出版社 2000 年版，第 470 页。
② 熊月之：《西学东渐与晚清社会》，上海人民出版社 1994 年版，第 646 页。

且亦有益；不过出版家因为成本贵，不大赞成，所以近来很少插图本。历史演义（会文堂出版的）颇注意于此，帮他销路不少，然而我们的新文学家不留心。"这种插图多多的办刊模式，后来在沈知方创办的通俗期刊上也屡屡出现。

沈知方在广益书局和会文堂书局大约两年的时间，因为才识颖悟，长于交际，在上海的旧书业中声名鹊起，引起了商务印书馆经理夏瑞芳的注意，被聘入了商务印书馆。

四、入职商务印书馆

1897 年，商务印书馆创办的时候，还只是一个印刷企业，光绪二十四年（1898）夏迁至北京路美华书馆西首庆顺里口。迁北京路第三年，也即 1900 年，夏瑞芳在交通路对马路的棋盘街仓海山房原址，设立了发行所，专门负责发行。同时聘用富有推销能力的人才，沈知方就在这个时期进入商务印书馆。商务印书馆元老高凤池回忆：

> 俞志贤君，吕子泉君，沈知方君，都于此时进馆。俞君已在十年前故世。吕子泉君现任大东书局经理，沈知方君现任世界书局经理。三君都是在老书坊里杰出人才，赶考场的，能力很好，也替公司赶过考场。于此时期，发行所的业务也渐渐发达起来。[1]

---

[1]　高凤池：《本馆创业史》，宋原放主编：《中国出版史料》近代部分第三卷，湖北教育出版社、山东教育出版社 2004 年版，第 52 页。

进入商务印书馆以后，沈知方在夏瑞芳直接领导的发行所工作。商务老人蒋维乔回忆："粹芬阁主人沈知方先生三十余年前商务印书馆之老同事也。当时先生主发行所，余主编译所。"在商务工作多年的茅盾（沈雁冰）提及沈知方的商务岁月："世界书局的创办人沈知方，原是和陆费伯鸿一起，在商务印书馆担任发行部工作（陆费为部长，沈为其助手），因与商务当局意见不合，同时离开商务，创办中华书局。"① 另一位与沈知方有过交集的陈存仁，则直接说沈知方在商务印书馆担任的是教科书推销部主任。②

夏瑞芳对沈知方青眼有加，甚至有培养他当接班人的想法。③ 对书业的经营者来说，发行营销的意义不言自明，不过从外界看来，这种制定营销策略的务虚式的跑街，似乎有点不务正业。没有跑多久，夏瑞芳又让他改做顾问工作，没有正式名义，每月给 200 元薪水，有事请他一起商量，出出主意。④ 工作更清闲了，薪水比大多数编译部门的人还高，从而在商务内部有不少人非议，说沈知方在商务什么也不干，还拿高薪。夏瑞芳闻听此言后为之缓颊，说，"我不是不知道他有点懒散，但他的才气宏阔，我们非留用他不可，假使一旦让他离去，将来必定是个商务劲敌"⑤。

在现代出版史上，作为商务印书馆的创办者，夏瑞芳是一个有

① 茅盾：《我走过的道路》，人民文学出版社 1997 年版，第 635 页。
② 陈存仁：《银元时代生活史》，上海人民出版社 2000 年版，第 255 页。
③ 沈柏宏先生说，对于沈知方，夏瑞芳先生是以接班人的态度来培养的。如果沈知方不离开商务印书馆，夏瑞芳先生也没有被暗杀去世，沈知方有可能进入商务印书馆的决策层甚至担任总经理。
④ 王震、贺越明：《中国十大出版家》，书海出版社 1991 年版，第 151 页。
⑤ 应文婵：《书斋志异》，中国友谊出版公司 1984 年版，第 115 页。

雄心、有气魄的商业人才。在不少民国出版人的眼里，都有这样的回忆："瑞芳先生的长处，是善于识人，善于用人，胆魄眼光远大"[1]，"夏是一个有雄心的企业家，夏与张结合才为商务成为一个出版企业奠定了基础"，"夏是有魄力有见识的人，也是一个创业的人"。[2] 对于一个企业的初创时期来说，这种气质最为契合。但也正如商务的老员工所言，"夏瑞芳是位有冒险精神的人"，[3] "夏的长处是有气魄，但有危险性"[4]。这种冒险精神使夏瑞芳抓住了重要机遇，把一个印刷作坊发展为现代化的出版企业，却也一度使商务印书馆陷入财务危机，就是商务印书馆史上著名的"橡皮股票"风波。

橡胶在清末被称为"橡皮"，经营橡树种植业的公司则被称为橡皮公司。当时因为汽车工业的兴起，带动起轮胎等橡胶制品的生产十分兴旺。在价格和需求推动之下，世界各地的橡胶产业公司不断成立并发行股票。受此影响，上海的金融市场也开始热炒橡皮股票，到1909年，橡皮股票的热销达到了顶峰，每个橡皮公司的股价都在暴涨。这一时期的商务印书馆事业兴旺，资金充裕，担任总经理的夏瑞芳不甘平淡，利用公司财务制度不够健全的漏洞，私下借款给正元钱庄老板陈逸卿去炒"橡皮股票"。孰料好景不长，随着橡皮公司骗局的败露，股价大幅下滑，正元钱庄直接倒闭。夏瑞芳私下投入的资本

① 高凤池：《本馆创业史》，宋原放主编：《中国出版史料》近代部分第三卷，湖北教育出版社、山东教育出版社2004年版，第59页。
② 宋原放主编：《中国出版史料》近代部分第三卷，湖北教育出版社、山东教育出版社2004年版，第75页。
③ 汪家熔：《中国出版史料》近代部分第三卷，湖北教育出版社2011年版，第111页。
④ 宋原放主编：《中国出版史料》近代部分第三卷，湖北教育出版社、山东教育出版社2004年版，第75页。

连同商务印书馆的公款，拖欠正元钱庄的贷款就达十几万两之多。好在商务印书馆家大业大，加上张元济、严复等股东长袖善舞，没有造成倒闭的困境。这次风波让夏瑞芳的冒险性格彰显无遗，直到夏瑞芳去世后，十余万的巨额欠款都是其家人的长期负累。过后一年，张元济提及此事还说："夏君去年所为之事，由于冒险之性质，其负众股东之委任，贻公司之损害。然商务印书馆十年来能臻此地步，虽有种种之原因，而得力于夏君冒险之性质者亦不少。"① 这种成也萧何败也萧何的感叹，实在是知情人语。

叙及此事，正可以看出夏瑞芳对沈知方的赏识之因，除了沈知方的个人才干之外，也有不少二人脾性相似的成分。说来有趣，民国三大出版机构的创办人夏瑞芳、陆费逵和沈知方，似乎都有这种冒进心态。中华书局 1917 年的"民六危机"，世界书局 1934 年的挤兑风潮，与商务印书馆的"橡皮股票"风波颇为类似。不同的是，商务和中华渡过危机之后，夏瑞芳和陆费逵还能主持大局，而沈知方却在危机之后因为李石曾资本力量的介入，不得不辞掉世界书局总经理职务，自然这是后话了。

1903 年，借助商务印书馆增加资本的时机，沈知方成为股东之一。但沈知方在商务印书馆，长期处于中层位置，对于志气甚高的沈知方来说，颇有不得施展之感。商务印书馆自礼聘张元济等革新之后，编译所处于中枢位置。晚清之际，士、农、工、商的四民分类深入人心。编译所近"士"，张元济等不少人拥有科举功名，在商务印书馆之内，夏瑞芳带头称呼他们为先生，地位尊崇。发行所近"商"，

---

① 《张元济全集》第 4 卷，商务印书馆 2010 年版，第 287 页。

虽然发行工作对于书局命脉攸关，但作为四民之末，日常认知中的社会地位就低得多了。沈知方少年失学，没有参加科举，与商务印书馆编译所的饱学之士交往不多，在商务印书馆编译所同仁的日记或回忆之中，很少见到有对沈知方或其他发行所人员的记载。蒋维乔回忆和沈知方的同事岁月，说"虽同一机关，以职务攸分，乃不克朝夕相见"，正是这种隔阂的委婉说辞。沈知方不甘人下的性格，导致他与编译所的同仁相看两厌，很少主动造访。这种格格不入，到了在商务印书馆任职的最后一年，更是表现明显。时人的一篇文章说得明白：

> 这时候，陆费伯鸿已正式脱离商务，做了中华的局长了。只有沈知方却因合同未满，未便脱离。同样的，商务亦未便辞退他，不过不论大小事务都不让他与闻了。他不免感得无聊。每天来到所中，将马褂一脱，即溜至后弄相识的人家去叉小麻雀，直至散值时，回到所中，穿上马褂回家。故一般同人戏为他题上一个绰号，叫做脱马褂先生。他也付之一笑。①

沈知方在商务印书馆的任职，大致有十年左右。对沈知方的成长而言，这段时间至关重要。进入商务印书馆，是沈知方在家族传统之外，第一次系统感知出版机构的现代特征，加之商务印书馆的书业龙头地位，对于沈氏出版理念的形成，堪称关键一环。1913 年，沈知方直接出任中华书局的副局长，后来又创办世界书局，这种从旧书坊到新书业的眼光转变，如果没有商务印书馆的经历，应该说很难培养

---

① 华民：《沈知方在商务书局的绰号》，《海风》1945 年第 31 期。

出来。就外在影响而言，蒋维乔说，"盖经营书业者，有发行印刷编辑三大部分，互相联系，然能发行者未必知印刷，能印刷者未必知发行，能编辑者更不知发行与印刷"①，表明三者在现代化书局中的鼎足意义。世界书局改组为股份有限公司，立即采用商务印书馆编译所、印刷所、发行所三套班子的模式，则商务印书馆对于沈知方的影响，更是可见一斑。

五、铩羽首秀：乐群书局

1912 年底，沈知方合同期满，离开商务印书馆。说起沈知方离职商务印书馆的原因，1924 年被延入世界书局并与沈氏过从甚密的刘廷枚说，沈知方"年轻时由绍兴来沪后，先在广益书局任跑街之职，嗣被商务印书馆创办人兼总经理夏粹芳所赏识，招进馆。不久，因他与人合办乐群书局、国学扶轮社等出版社，与商务业务相抵触，并与该馆主要负责人之一张菊生在发行业务方面见解分歧，致不能久安于位，即转与陆费逵等合创中华书局"②。

这里提及的乐群书局，全称为乐群图书编译局，创办于 1905 年底，挂名经理人汪惟父，也写作汪惟甫。1906 年 2 月 15 日（正月二十二日），上海《南方报》刊载"上海乐群书局开办广告"：

① 蒋维乔：《创办初期之商务印书馆与中华书局》，张静庐：《中国近现代出版史料》现代·丁编·下，上海书店出版社 2003 年版，第 397 页。
② 刘廷枚：《我所知道的沈知方和世界书局》，《文史资料存稿选编 23》，中国文史出版社 2002 年版，第 315 页。

国家布维新之令，天下喁喁向风，士皆争目濯磨，研求实学，以为世用。比年以来，书局之设，风发云涌，而沪上尤为鳞萃之区，诚以广置图书，备多士采择，输进文明，人有同责也。同人等睹运会之日新，喜文化之日进，特设书局，名曰"乐群"。有用新书可云略备，诸君子翻然惠顾，取价定特别从廉，自可见本局之非徒牟利也。……上海棋盘街南首乐群书局谨启。

在晚清预备立宪的新政氛围之下，乐群书局成立。创立之初，出版一些文学书籍，并创办了近代四大小说杂志之一的《月月小说》。在商务印书馆不安于位的沈知方，在幕后主导乐群书局的工作。其主要举动，就是延聘编辑，开始编纂出版教科书。1906年4月9日，《申报》刊载有《赠书致谢》为名的教科书广告，"《蒙学修身教科书》，是书两册，为蒙学第一年学期教科书，计凡40课，意主德育，而以浅近平实之语出之，儿童读之，最易感觉。编辑者为山阴陈世型氏，印行者则上海乐群书局也"。此后几个月，又有《绘图时务三字经》、《初等小学修身教科书》、《小学珠算教科书》、《初等小学经学》、《初等动物学》、《最新伦理学》、《初等植物》、《初等物理》、《初等蒙学体操》等十几种教科书次第问世。同年6月8日，上海《新闻报》刊载"乐群书局编译所改良广告"：

本局旧时编辑各书，谬承各省学界称许，然一经比较，疏谬甚多，深抱不安，引咎负罪。乃自今闰四月起，特聘名人主持编辑事务。所有已经出版各书，一概停售，从事更张。另编初等小学、高等小学各教科书，按定年级，次第编撰。成书虽艰，必于教授实验，求其适用。海内热心教育之君子，倘有赐教，或著撰新稿，函寄本所，无不乐与商榷订编、订售。不胜渴望之忱。上海乐群书局谨白。

晚清民初的教科书市场，实为出版业的财源之地，也是一个书局想要做大的重要途径。乐群书局 1906 年版的教科书，内容活泼，在市面上卓有影响。譬如，里面对清明节的描述："清明节，风和日暖，桃花红，杨柳绿，草色青青，一望无际。郊外游人，往来不绝。二三童子，亦携手通行，为踏青之举。"[1] 旁边还附有漂亮的彩图，四个孩子携手而行，并作交流状，春意盎然。对出版的教科书，沈知方颇为重视，专门向当时的衙门申请了版权保护。[2]

有了教科书的加持，乐群书局骤然发达。1906 年 10 月，乐群书局盘入上海官书局，采购印刷设备，承印各种书籍仿单等，并承印五彩月份牌、钱票钞牌以及各种图画，并仿照商务印书馆的格局，设发行、印刷和编译三个部门，发行部设在书局原址棋盘街金隆里口，俨然一派大型书局的气象。

只是这派繁荣景象，纯属沙上之塔。作为一个创办不久的出版机构，乐群书局并没有编纂全套教科书的人员和能力。虽然在报纸广告

---

① 王星：《清末民国语文教科书里的传统节日》，《中华读书报》2012 年 6 月 20 日。

② 1906 年 5 月 14 日，苏松太兵备道颁布严禁翻刻乐群书局所出各书示谕："钦命二品衔、赏戴花翎江南分巡瑞为给示谕禁事：据乐群书局禀称，在上海英租界棋盘街设局编辑各种教科书，陆续出版，恐被奸商翻刻，呈送现出蒙学教材等书六种，禀请示禁翻印，以保版权等情，并具切结到道。除批示外，合行给示谕禁。为此，示仰书贾诸色人等一体知悉，毋得将后开该书局编辑各书翻刻渔利。倘敢故违，许即指名控究。其各凛遵毋违，切切特示。光绪三十二年四月十一日示。"该示谕后载于《月月小说》第一年第一号。

之中言辞铿锵，老神在在，但这套教科书中有些内容，是在商务印书馆 1904 年版教科书的基础之上，做了一些改动然后印行。作为操盘手，沈知方对这种侵权出版的风险了然于胸。除了申请版权保护，以求先声夺人，他也很快设立编译部，试图走独立的教科书编译之路。只是时间并没有给他这个机会。

1907 年 2 月 27 日，正值元宵佳节，新的学期再有十天左右就要开课了。乐群书局一如既往在《申报》刊登自己的初等小学教科书广告，"专备新年各学堂开学购取"。这次广告有两个特点：一是教科书种类几乎涵盖全科，《国文新教科书》、《修身新教科书》、《中国历史新教科书》、《中国地理新教科书》、《女子历史教科书》、《格致教科书》、《分课节读经书》、《孝经课本》、《习画帖》以及多种教案和教学法。二是明确宣示，这些教科书是"本局延聘通人编辑各书，悉遵学部奏定章程，按年分级，确合教科之用"①。面对自己的下属登堂入室侵权，还将有些内容鸠占鹊巢据为己有，夏瑞芳忍无可忍。十天之后，他直接向上海公共公廨起诉，控告沈知方翻印教科书：

> 商务印书馆执事夏瑞芳，投公共公廨，控乐群书局主沈芝芳翻印教科等书出售，有碍版权，求提究办。前晚，谳员关太守提案讯问，夏供：乐群书局出售之书计教科与图等，均翻自商务书馆，请究讯之。沈供：书中词意，大同小异，并非照翻，以后改过，求思薄罚。太守判交保，限十天，罚银一千两，贴偿原告亏耗，仍候签差，将已成未售之书，吊案销毁。②

① 《乐群书局发行所广告》，《申报》1907 年 2 月 27 日。
② 《严惩翻印教科书》，《申报》1907 年 3 月 7 日。

这场官司，以乐群书局败诉告终，罚款毁书，元气大伤。不但沈知方的教科书之梦倏忽破灭，连带着书局的招牌刊物《月月小说》也难以为继。月月小说社的一个记者记述当时的情景："小子今年四月曾到上海一趟，因为是他社里的一个义务记者，所以歇息了两天，就叫部人力车，往社里去瞧瞧。谁知去得不凑巧，正碰着社里起了风潮。这风潮一闹，就把个名誉很大的、销场很广的《月月小说》出至八期，便中道而止。"①

《月月小说》第八期的出版，是在1907年5月，停刊五个月后，由群学社接办。不但刊物易手，沈知方本想一展身手的乐群书局，也在教科书侵权官司的暴击之下，同时偃旗息鼓。1907年11月1日，乐群书局刊登《停店声明》：

> 英租界棋盘街乐群书局开设以来，亏耗甚巨。今年四五月间，编辑所印刷所已经替出，发行所现今替与乐群商记书局。所有外欠各款项，均已还讫。一切纠葛，悉已厘清，再无蒂欠。此外倘有遗失字据，概作废纸。以及经手人盗用本店图章或私立吴福记吴寿记名目出立券据，应向原经手理值，与本主人无涉。恐未遍知，特此声明广告。乐群书局主人谨白

日本学者樽本照雄编的《清末民初小说年表》，1908年之后再无乐群书局出版的小说收录，正是深谙旧派小说出版的沈知方无奈离开的结果。1907年11月22日，泰记乐群书局开张，说受盘了商记乐

---

① 报癖：《论看〈月月小说〉的益处》，《月月小说》第13号，1907年4月。

群书局的编译发行机构和各种版权，于上海棋盘街南首五百三十五号营业。名号虽是，人事已非，已不是沈知方的产业了。

经此一役，沈知方参与的乐群书局创业，一年多时间便铩羽而终。不过在乐群书局中显露的叛逆之心和卓越经营能力，尤其是复制商务印书馆架构的气势，已经锋芒初露。也难怪夏瑞芳会感慨："假使一旦让他离去，将来必定是个商务劲敌。"

与夏瑞芳的诉讼之后，沈知方继续回归商务印书馆发行所任职，续签了五年的合约，日常的工作波澜不惊。此间值得一提的，便是"与该馆主要负责人之一张菊生在发行业务方面见解分歧，致不能久安于位"的"花红改章"事件。

1910 年 1 月 11 日，商务印书馆召开了第 19 次董事会。会上，张元济提出了"花红改章分派方案"。所谓"花红"，即民国时期的企业分给董事、监事以及职工作为"额外报酬"的那部分利润，一般是在利润中提出一定成数，按职位高低及薪额多少进行分配。张元济的提议，是将每年分派一次的"花红"改为三年一次。从表面看起来，不过是减少发放频率，并无克扣职工的意思。但诸多底层员工薪水甚低，日常生活有时甚至需要举债，不少员工全赖年底的"花红"补贴家用或者偿还债务。一旦改为三年发放一次，对月薪多为百元以上的商务高层或者编译所员工影响不大，但对于工资甚低的印刷所和发行所的员工来说，生活难度势必大为增加。因此张元济的"花红"改革方案，招来了大范围的反对之声。一个多月之后的 3 月 1 日，商务印书馆召开第 22 次董事会。第一个议题便是"张菊翁提议'花红另改办法'，经本馆同人声复，多以为窒碍难行（各信录后），即将'另改办法'议案作废，并由董事会致一公函，分寄三所"①。在后面附录的几封信函之中，有沈知方独立署名的致董事会信函：

> 董事会诸先生大人均鉴：
>
> 奉谕分派花红改章一节，鄙意为大局起见，似乎多所窒碍，谨为先生陈之：花红之创始，本为鼓励同人而设，平日虽有薪水，而自八九元至十余元，此等具于多数。现在米薪等项各物增长，支持实非易事，典贸借贷在所不免，藉以弥补者，为此花红。若定三五年一派，在身家殷实者，固可行所无事；而希望惟此者，势必至典贸俱尽，借贷亦穷，长此拮据，既分心于饥寒，即不能专心于公事。如因办事无精神遽缺，而人大抵如是，后来所用未必胜于前人，且同一办事精神之有无，任事者虽明，必难遍察而行，毕竟不过藉以鼓励以激发其天良。自有三五年分派之，况人人已觉自危，倘不列其期而开缺，则此款无我分，如此设想，安望有精神以办事？此愚见以为万不能行者也。辱承下询，谨抒管见，惟诸先生察之。
>
> 沈芝芳　谨上②

相较于另一封来自发行所的信件由"钟景莘、艾墨樵、俞志贤"三人联署，独立署名说明了沈知方在发行所的地位，但同时也将沈知

---

① 周武、陈来虎整理：《商务印书馆董事会议录（一）》，《上海学第一辑》，上海人民出版社 2015 年版，第 281 页。

② 周武、陈来虎整理：《商务印书馆董事会议录（一）》，《上海学第一辑》，上海人民出版社 2015 年版，第 284 页。

方的反对姿态，彰显于张元济之前。尤其是"在身家殷实者，固可行所无事；而希望惟此者，势必至典贷俱尽，借贷亦穷"一语，颇有指责编译所的领导层不解底层员工疾苦的意思。如此抗辩，岂能"久安于位"？

又一个月之后的 4 月 12 日，商务印书馆召开第 25 次董事会，第一个议题是"议定本公司三所办事员购本公司股份"。列举的姓名和数目之中，写着发行所的"沈芝芳：二千元整"。这个数额是一个不小的数字，同期超过他的只有编译所的邝富灼入股三千元。邝福灼曾获得哥伦比亚大学硕士，1907 年赴京参加留学生考试获得"进士"头衔，后被张元济延入编译所任英文部主任，这种学历和功名，远非少年就行走书业江湖的沈知方所能比拟，以此而言，夏瑞芳待其不薄。但自从主持乐群书局心生异志，尤其是在上书董事会之后，沈知方再也难以全身心投入商务印书馆的本职工作。这一时期他的重心，投向了和吴兴王均卿（文濡）①合伙创办的国学扶轮社。

六、文化情怀：国学扶轮社

宋原放先生主编的《上海出版志》记载，国学扶轮社创办于 1902 年。倘若属实，那是沈知方刚刚进入商务印书馆的时间，目

---

① 王文濡（1867—1935），原名王承治，字均卿，别号学界闲民、天壤王郎、吴门老均、新旧废物等，室名辛白簃，近代著名学者、国学家。其先祖迁籍于浙江省吴兴县（今湖州市）南浔镇。曾任乐群书局、国学扶轮社、商务印书馆、中华书局、大东书局、文明书局、进步书局、鸿文书局等编辑、总编辑。

前来看，这种说法不太成立。国学扶轮社的创办，应该是沈知方1907 年底离开乐群书局之后，市面所见的国学扶轮社出版物，也以1910—1915 年较多。①此后被商务印书馆收购，就很少见到署名本社的出版物了。

在国学扶轮社中，沈知方处于主事地位。1909 年 6 月，汤寿潜在《国朝文汇序一》言及："里人沈粹芬创为国学扶轮社"。国学扶轮社的重要作者东吴大学教授黄人，曾在该社 1911 年出版的《普通百科新大词典序》中说，"国学扶轮社主人沈粹芬发心欲编词典，漫以相属"。执掌乐群书局之时，或许涉及对商务印书馆教科书的侵权，沈知方的名字极少出现，大都以"乐群书局主人"的身份见报。而在国学扶轮社之中，沈知方则使用了自己重要的名号之一：沈粹芬。

"粹芬"这个颇显文雅的名字，是沈知方到上海之后为自己取的别称，后来用在藏书楼的名称"粹芬阁"之上。沈知方创办国学扶轮社的举动，主要来自家族传统的熏染。国学扶轮社的主要业务，是刊行中国传统文化读物，也是传统旧书坊的常见内容。香港大学龚敏教授曾言："作为出版商人的沈知方虽以利益为旨归，但既然能招致黄人、王文濡等合作创办出版社，可见彼此在实际的经济利益以外，定然还有着一些文化、教育等理念上的契合，决然不至于在一部辞书的利益上作短视的投机，这从黄人生前印行的《国朝文汇》、《普通百科新大词典》，以及身后由王文濡在一九二六年代为印行的《中国文学史》等大部书籍的出版，可以显示国学扶轮社的创办目的，并不是沈

---

①　陈平原：《晚清辞书视野中的"文学"：以黄人的编纂活动为中心》，《北京大学学报》2007 年第 2 期。

知方个人的谋私行径。"① 这种说法，可为沈知方创办国学扶轮社做一注脚。

沈知方的合伙人王均卿，是清朝的秀才，补博士弟子员（即在国子监学习的生员），长于国学。黄人和王均卿之外，国学扶轮社还曾邀约晚清国学大师刘师培等人参与，出版过一些大部头书籍，如《列朝诗集》五十六册，《国朝文汇》一百零一册，《古今说部丛书》六十册，《适园丛书》十六种，《香艳丛书》八十册以及《说库》、《明清八大家文钞》、《续古文辞类纂》等，在当时都流传甚广，后来不少出版社也时有翻印。其中王均卿主编的《香艳丛书》，是一部从隋唐至晚清时期的女性文学总集，收书凡三百三十五种，涵括了一千多年来有关女性的小说、诗词、曲赋。所收内容，有不少是文学水平较高的未刊之作，尤其是一些未见他书著录的清人著作，颇具价值。整体来说，沈知方在国学扶轮社的出版生涯，有两本大书需要特别一叙。

第一部书是《国朝文汇》。《国朝文汇》今多称《清文汇》，署名沈粹芬等辑。发轫于光绪三十四年（1908）戊申之春，告成于宣统二年（1910）庚戌之秋，费时三年。沈知方起意编纂《国朝文汇》，有很强的家族原因。在《国朝文汇》的序言中，沈知方细述了《国朝文汇》与祖父沈玉书的关系：

> 先祖于学无所不窥，而尤笃嗜古文辞（遗著同书附补广同书
> 八卷，常自耕斋诗稿四卷，其味经堂文稿、椒花室随笔、宋四六
> 话补皆未竟，乱后仅存广同书及诗草，诗已印行）。架上所贮，

---

① 龚敏：《西学东来与黄人〈普通百科新大词典〉的编纂》，《新国学》第七卷，巴蜀书社 2008 年版，第 345 页。

文集最夥。尝谓文至国朝而极盛，作者辈出，类能遗貌取神，去疵存粹。有周秦之神智而不诡僻，有东西京之博雅而不穿凿，有魏晋六朝之新隽而不纤薄，有唐之闳肆而不繁缛，有两宋之纯正而不尘腐。学者取径，行远自迩，当先从事于本朝。顾时代屡更，别集散佚，选家咫见尺闻，弋罗未广。又或自矜门户，动遗筌蹄，颇为学子所诟病。拟征同人，编成总集，而有志未逮，径赴修文。伟业存诸悬想，遗训俟诸后人，噫可恸也。①

由此可见，编纂《国朝文汇》，是沈知方眼里"于学无所不窥"的祖父沈玉书就已立下的宏愿。只可惜沈玉书英年早逝，"有志未逮，径赴修文。伟业存诸悬想，遗训俟诸后人"。祖父的遗憾，沈知方铭记于心。到了上海之后，经过十年的书业闯荡，经济条件和人脉资源都已经成熟，《国朝文汇》的编纂开始实施。他说：

粹芬拘瞀之质，失学少日，夙夜惴惴，常以未绩先志为恨。稽固海上，偶与当代贤达汤蛰仙、郑苏戡、缪小山诸先生纵谈及此，共切赞成，老友王君均卿，尤欣然引为己任。因出先人所藏兵燹未尽者若干种，补购者若干种，友人赠遗者若干种，商定体例，次以时代。

同乡前辈汤寿潜和郑孝胥、缪荃孙等名流的赞同，让他信心大增。汤寿潜说自己早就想编一部这样的丛书，但是"迫于路役，此事

---

① 沈粹芬：《国朝文汇序四》，《清文汇》，北京出版社 1996 年版，第 4 页。

遂废"，因此见到"里人沈粹芬"伙同国学扶轮社诸君的工作，颇为感动。老友王均卿的大力协助，加上东吴大学文学教授黄人的加入，使沈知方《国朝文汇》的编纂变得切实可行。作为总策划和负责人，沈知方记述了这部大书的分工：

> 是役也，王君实总其成。与襄选政者，乌程张君蕘生、昭文黄君摩西也。专任校事者，嘉定金君聿修也。而粹芬区区之心力，亦略劼于此，以蚊负之不自量，仰资众力，勉承先志，扬本朝之特色，拓文界之大观，或亦为并世魁硕保存国粹者，所不弃哉。

在具体的编纂上，对于这部清代散文的集大成之作，沈知方采取了一种开放的编辑方针：

> 不立宗派，用箴前人最录一二家（如宋牧仲编《侯魏汪三家文》是，或专主一派，如姚氏《古文辞类纂》于八家震川后专录望溪、海峰是）之陋，悉心甄录，得一千三百余家，文一万余篇。卷帙之巨，视《皇清文颖》、《国朝文录》、《湖海文传》、《国朝古文汇钞》等数倍之。

这种编纂思想，造就了《国朝文汇》兼容并包的宏阔气象。时至今日，百年时光，已经有不少清代散文篇目赖《国朝文汇》得以流传。汤寿潜指出该书在卷帙浩繁的特点之外，"又独不取宗派之说，欲以备一代之典要，而观其会通，其书之高出于播芳文粹，盖可预言"。

北京出版社后来影印时在出版说明里也说，"收罗广博，汇集全备，是本书一大特色……不拘成格，意在兼收，为本书另一特色……至今不失为一部研究清文的重要典籍"。百年前后近乎相同的表达，堪为定论。

在具体的编纂和校对上面，《国朝文汇》精益求精，没有因为国学扶轮社编辑人员不多就草草对待。黄人说"句梳字栉，书眉乙尾，引绳墨，立櫄型"，相当辛苦。负责总校对的嘉定人金鼎修《国朝文汇跋》中记述更详：

> 同人自惭孤陋，惟常抱一保存国粹、爱惜书籍之心，孜孜矻矻，力求无过。先取旧本新本互对，求其两方符合，复注重新本，磋磨文义，字字句句，宛如自己构造。抽蕉剥笋，回澜注浈，稍有疑义，复对原本，而困难即从此生。即如上所云者。往往一名词之疑，同人聚讼二三日，一字之补，搜讨古籍数十种……昼则刻晷，夜则焚膏，寝食胥忘，心力交瘁。[1]

这种校对风格颇有清代朴学之风，也奠定了国学扶轮社在出版界的声誉。《国朝文汇》选文 1356 家，收录作品 5500 余篇，是最大的一部清代文章总集。著名学者钱仲联曾说："清代诗文，载自今日，一代完整的选本，只有黄人、沈粹芬《国朝文汇》、徐世昌《晚晴簃诗汇》两种"[2]，其文化学术价值可知。《国朝文汇》出版之时，沈知方仅为出版界一普通分子，能以私人之力，得与大总统徐世昌主编的

---

[1] 金鼎修：《国朝文汇跋》，国学扶轮社 1910 年版，末页。
[2] 钱仲联：《梦苕庵论集》，中华书局 1993 年版，第 169 页。

《晚晴簃诗汇》并列，这种出版魄力，是不容湮没的。

《国朝文汇》之外，另一本需要提及的图书，是黄人（摩西）主编的《普通百科新大词典》，被称为现代中国第一部真正意义上的百科全书。1911 年，《普通百科新大词典》出版。严复为之作序，序中说道：

> 国学扶轮社主人，保存国粹之帜志也，其前所为书，已为海内承学之士所宝贵矣。乃今以谓徒于其故而求之，犹非保存之大者也，必张皇补苴，宏纳众流，而后为有效也。则发心而为普通词典之事，观其起例，其所以饷馈学界、禆补教育，与所以助成法治之美者，岂鲜也哉？出书有日，索叙于余，而仆是时适领名词馆于学部，乐其有以丰佐吾事也，则欣然为弁数语以归之。

严复的话显示了国学扶轮社的士林声誉，也可以看出编纂完《国朝文汇》之后，沈知方已经不满足于传统文献的搜求再版，开始以西学眼光在出版界别开生面。作为现代中国的第一部百科词典，《普通百科新大词典》出版的时候清廷已经岌岌可危，不过"尽管中国的情形很难说是最顺利的，但毫无疑问，黄摩西的百科词典无论在学术上还是经济上都是一个巨大的成功"①。1911 年 5 月出版，到 7 月就已经加印到第三版。1911 年 11 月，国学扶轮社新出版的《文科大辞典（修

---

① 米列娜、张丽华：《一部近代中国的百科全书：未完成的中西文化之桥》，《北京大学学报》2007 年第 2 期。

词学之部)》①，卷首有《普通百科新大词典》的出版广告：

> 本书参考专门学书千余种，提要钩玄，会通中外新旧各种学
> 术名词，成一精粹完备之辞典。分门别类，详加考核，而科学新
> 名词则多附以西国原文……叠印三版，早已售罄，兹届四版，特
> 备预约三千张，早购为幸。

《普通百科新大词典》的热销，例证了沈知方卓越的出版眼光。
晚清时期，西学东来的思潮激荡，东洋和西洋所代表的现代知识体
系，成为当时国内学人争相模仿的对象。如果说会文堂书局 1903 年
略有模样的《普通百科全书》是对日本学术的借鉴，那么国学扶轮社
的《普通百科新大词典》，则是对狄德罗《大百科全书》为代表的西
洋辞书模式的中国化尝试。

《普通百科新大词典》的主编，是担任东吴大学首任国学教习的
教授黄人。黄人博学多才，擅长诗词，长于文史，曾主编过晚清小说
名刊《小说林》。尤其是黄人精通英语和日语，为他编纂词典确有如
虎添翼之功效。黄人说："国学扶轮社主人沈粹芬发心欲编词典，漫

---

① 《文科大辞典（修词学之部）》，版权页信息为：辛亥孟冬出版（即 1911 年 11 月
21—12 月 19 日间）；全书十二册，定价洋八元。编辑者：国学扶轮社；校印者：中国词典公
司；印刷者：作新社；发行者：上海棋盘街平和里中国词典公司；发行所：上海棋盘街平和里
国学扶轮社；分售处：各埠大书坊。对这部词典，有学者认为是沈知方看到当年 5 月份出版
的《普通百科新大词典》热销，敦请黄人趁热打铁编纂而成，企图进一步抢占刚刚开始的
词典市场。可惜时间太短，质量不如前者，而且《文科大辞典》也不像《普通百科新大词典》
那样有不少西学知识，只是将古代的类书知识用现代词典的方式进行了排列，市场效果很
一般。参见龚敏：《西学东来与黄人〈普通百科新大词典〉的编纂》，《新国学》第七卷，巴
蜀书社 2008 年版，第 345 页。

以相属"，就此而言，沈知方可称知人。黄人当然也不负所托，《普通百科新大词典》每一个中文词条下面，也往往列出该条的英文原词，显示出中西汇通的架势。语言的表述则相对通俗，文中又配了不少插图，这种既有新潮学术思想，又有通俗装帧设计的大词典，获得热销也自是题中应有之义。也让沈知方的早期出版生涯，有了可以大书一笔的成绩。

《国朝文汇》和《普通百科新大词典》的出版，国学扶轮社声名鹊起。虽然沈知方使用的是沈粹芬的别称，但身在商务印书馆却另外从事出版，这种行为引起了不少非议。其实这种现象在商务印书馆或者说当时的书业里面并不少见，不少知名出版人都同时脚踏几只船。但毕竟是同业竞争，如果下属都去因私废公，对夏瑞芳来说则馆将不馆。为此，商务印书馆 1912 年专门订立章程，禁止董事会成员和所有在职职工在馆外从事与商务印书馆业务相同的商业，经报告董事会同意者例外。① 这份章程，是沈知方 1912 年底脱离商务印书馆的原因之一。

七、忠勇之举：书业商团

沈知方任职商务印书馆的岁月，是清王朝覆灭前的最后十年，各地武装起义风起云涌。风雨飘摇之中，清政府自顾不暇，导致治安严重恶化。为了维持社会秩序、保护生命财产安全，大城市里各行各业纷纷组织自卫武装，称为"商团"。当时以上海为中心，组织有全国

---

① 郑逸梅：《国学扶轮社、秋星出版社的史料》，《出版史料》2004 年第 2 期。

商团联合会，各行业可自行申请加入，缴纳会费，获得保护。但在当时的恶劣环境下，申请加入全国商团联合会的行业络绎不绝，僧多粥少，必须依次排队，等待名额递补。上海书业在申请未能如愿之下，于1911年4月21日，在上海小花园的上海书业公所召开董事会，正式决定独立筹资，自行组织书业商团。

决心已定，说干就干。八天之后的4月29日，农历四月初一，上海书业商团召开成立大会，推举会长、副会长等人选，并由发起人拟定章程，订立禁约。书业商团的名额，定为一百二十名，每天早上六点到七点半，准时操练，以六个月为期毕业。成立大会推举的会长等职员名单，1911年5月25日的《申报》曾以"书业商团举定职员"为题专门刊发：

> 书业同人组织商团，业已屡纪本报。兹将该会举定职员姓名录下：
>
> 名誉会长：陈润夫　席子佩　夏瑞芳；会董：俞仲还　高翰卿
>
> 正会长：陈咏和；副会长：叶九如　沈芝芳
>
> 会计员：吴省吾　乌仁甫；评议员：傅子濂　狄楚青　黄润生何擎一　陈立贤　阙念乔　魏炳荣　杨子青
>
> 干事员：赵清臣　徐鸿云　席少梧　晏少珊　丁云亭　荣少甫周长康　平永泉　葛勤孙　赵廉臣；临时书记：鲍吉安　成燮春；常驻书记：王铸九

沈知方在上海书业商团之中担任副会长职务，作为商务印书馆派出的代表，沈知方位于名誉会长夏瑞芳和会董高翰卿之后，以第三人的身份代表商务印书馆处置商团具体事务。上海书业商团成立之后，招兵买马，不到一个月的时间，一百多名的员额已满。择定 6 月 19 日，在上海南市沪军营前的商团公会操场举行开操典礼。对这场开操礼，书业商团格外重视，提前多日，就在沪上各报广而告之。开操典礼当天，除了商团职员和全体团员外，地方官绅和各观礼团体，名流如仪。下午一时，开操典礼正式开始。当时正值连日大雨初歇，整个操场纤尘不扬，"场内外国徽飘荡，军乐悠扬，令人勃然兴尚武之思"①。书业商团以名誉会长陈润夫、席子佩等牵头，偕正副会长一起，率领一百多名团员会操演练，列队进止，步伐齐整，观者如堵。对此盛况，次日《申报》的"海上闲谈"有文论及：

> 书业商团昨已正式开操矣。闻事前颇有以天雨改期为请者。该团中人则谓商团立于军人之地位，无论风雨雪夜，有事均应效命，岂有因雨退缩之理。故昨日虽未畅晴，会长会友则莫不振奋精神，踊跃从事。而会场秩序尤极整肃，可以见文明事业中人之程度矣。②

作为一个武装组织，书业商团并没有定位在仅仅保护本业财产。会长陈咏和在开操典礼的答词中说："敝业同仁慨念时局艰危，人民孱弱，内忧外患相逼而来，大有岌岌不可终日之势。莫不怵焉忧之。用是发起组织书业商团。"会董高凤池的现场演讲则更为直白："中国

① 《书业商团开操志盛》，《申报》1911 年 6 月 10 日。
② 《海上闲谈》，《申报》1911 年 6 月 10 日。

今日如驾驶破舟于狂风巨浪中，非国民勠力同心，断无挽回之策。挽回之策为何？尚武而已。商团之设，即尚武之起点。"① 书业商团如此说，更是如此做。成立半年之后，便赶上武昌起义，上海都督陈其美倡议举事，书业商团踊跃参与：

> 书业商团同人，首先倡导，组织义勇军，共同举事。夏历九月十三日沪城光复，该团即担任防护之职。其后民军西征，攻打南京，书业团员随军前往者很多。其余或赴关东，或赴烟台，或隶十字军学生军等，均实际参与戎行。所以在民国奠定以后，书业中全业少壮，约去十之五六，从可知书业众人，对于社会国家，堪称尽力。②

因为上海光复时书业商团著有劳绩，都督陈其美专门题写"急公好义"匾额相赠。上海光复之后，书业商团的会员离沪西征，攻打南京，后来更甚者远赴烟台、关东，以致牺牲惨烈，更是书业商团可歌可泣的忠勇之举。作为副会长，沈知方在其商团生涯中，单独出现的次数不多。但通过对上海书业商团的大致梳理，会发现沈知方身上有着强烈的革命意识。这种意识，既是对先祖沈复粲等热衷英烈文集的精神继承，也构成了他在民国成立前夕，与陆费逵等人策划革命教科书的直接源头。

---

① 《书业商团开操志盛》，《申报》1911 年 6 月 10 日。
② 《书业商团光荣史》，《上海通》总二二五号，1947 年 6 月 4 日。

第二章

中华书局副局长

上海书业商团成立时的 1911 年 5 月，清政府以铁路国有之名，将已归民间所有的川汉、粤汉铁路筑路权收归政府，马上又将其出卖给英、法、德、美等四国银行团，倒行逆施的行为激起湘、鄂、粤、川等省人民的强烈反对，掀起了"保路运动"。9 月 7 日，四川总督赵尔丰下令逮捕罗纶、蒲殿俊等保路同志会代表，枪杀数百名请愿群众。在清政府一系列政治操作之下，四川荣县宣布独立，同时各地以推翻清政府为目的的武装暴动，也形成了星星之火即将燎原的态势。

1911 年 10 月 9 日，革命党人孙武等在汉口俄租界配制炸弹时不慎引起爆炸，情急之下，新军中的革命党人自行联络，于 10 月 10 日晚发动起义，即"武昌起义"。在时代大潮之下，提前打出的枪声，引发了超出想象的熊熊烈火。短短两个月之内，全国十五省先后宣布脱离清政府而独立。武昌起义引起的辛亥革命，是中国历史的一个重要节点，对沈知方来说，也是其人生中的一个重要节点。一年后，他开始了自己的另一段书业生涯——担任中华书局副局长。

一、组织中华书局

1912 年 1 月 1 日，中华书局宣布成立。

中华书局是辛亥革命的产物。陆费逵执笔的《中华书局宣言书》说，"同人默察时局，眷怀宗国，隐痛在心，莫敢轻发。幸逢武汉起义，各省响应，知人心思汉，吾道不孤。民国成立，即在目前。非有适宜之教科书，则革命最后之胜利仍不可得。爰集同志，从事编辑。半载以来，稍有成就"。创局元老之一陈寅也提及 1911 年"阴历九月十三日，上海光复，而苏杭粤相继下。余于九月十六日与同志辈共议组织中华书局"，"中华书局算元年元旦成立，二月二十二日开始营业；伯鸿是辛亥大除夕（元年二月十七日）进局的，我却先三个月。论我在中华书局的职务：最初三个月任经理"①。

在革命风潮之中酝酿成立的中华书局，与一套充满革命思想的新式教科书紧密相关。国内武装暴动风起云涌之时，革命是否能够成功、清廷是否气数已尽的争论，也存在于上海的出版界中。商务印书馆内

① 宋原放主编：《中国出版史料》近代部分第二卷，湖北教育出版社、山东教育出版社 2004 年版，第 176 页。

部，核心决策层对于要不要准备一套新式教科书，以应对革命成功之后的局面犹豫不决，尤其是主持商务编译所的戊戌党人张元济，持一种反对意见。长期任职商务编译所的蒋维乔回忆说，"是时革命声势，日增月盛，商务同人有远见者，均劝菊生，应预备一套适用于革命后之教科书。菊生向来精明强干，一切措施，罔不中肯。然圣人千虑，必有一失，彼本有保皇党臭味，提及革命，总是摇首。遂肯定地下断语，以为革命必不能成功，教科书不必改"①。这种情况下，陆费逵约着几个同志策划了一套具有革命思想的教科书，待到民国建立，陆费逵等便脱离商务印书馆，另立中华书局，以新式教科书很快取得一席之地。

叙及中华书局的成立，是因为在这段公案之中，不少记述都提到了本书的传主沈知方。创办了开明书店的商务老人章锡琛回忆说，当时陆费逵趁商务周转不灵、业务暂时萎缩的时期，与国文部编辑戴克敦和发行所沈知方等计划，另行创办出版机构，秘密编辑中小学教科书。②而在平襟亚的回忆中，则是夏瑞芳受到了沈知方的误导：

> 夏粹芳向沈知方征求意见，沈已胸有成竹，只推托人微言轻，事关国家大势，不便置喙，但若改编太早，人将指摘我馆为革命党机关，有杀头封门之危险。依本人之见，还得照常办理，何况革命党声势虽大，要推翻清朝恐难成事实。夏粹芳听信了沈的意见，力主照常印刷。谁知沈早有准备，他另与一批朋友们日

---

① 蒋维乔：《创办初期之商务印书馆与中华书局》，宋原放：《中国出版史料》近代部分第三卷，山东教育出版社 2004 年版，第 195 页。

② 章锡琛：《漫谈商务印书馆》，中国人民政府协商会议全国委员会文史资料研究委员会编：《文史资料选辑》第 43 辑，中华书局 1963 年版，第 71 页。

夜赶编倾向于革命的教科书。①

民国报人喻血轮,在其《绮情楼杂记》中,对沈知方与中华书局的关系说得更为直接,"沈为人精明强干,眼光敏锐,其最为大胆而卓越者,则为辛亥未起义前,彼即料定中国革命必成功,尝怂恿中华书局总经理秘密编辑共和国中小学教科书,总经理从之"②。

若以沈知方担任书业商团副会长的经历来看,他认为清廷难以长久,从而密谋革命教科书的举动,自有水到渠成之义。陆费逵的弟弟陆费执,在陆费逵去世时写的《陆费伯鸿先生传略》中,也把沈知方(芝芳)列为中华书局创始人之一,但钱炳寰先生专文辨析,认为这是把沈知方和沈继方(季芳)搞混之故。钱氏所言依据中华书局档案,故被赞为极具可靠性,成为当前主流观点。不过根据目前所见材料,钱炳寰先生的几条论据似乎都有不确之处。

1939年4月,即沈知方去世前五个月,陆费逵去世前两年,沈知方为蒋伯潜的《语译广解四书读本》写的序言中,简单回忆了自己的出版生涯,在商务印书馆的经历之后,他说"又与陆费伯鸿先生创办中华书局,未几又创办世界书局"③。1941年3月,陆费逵去世前四个月,与陆费逵同时供职商务印书馆编译所的蒋维乔,忆及三十多年前商务印书馆发行所的老同事"粹芬阁主人沈知方先生":

---

① 平襟亚:《上海出版界琐闻·书业闯将沈知方》,上海市文史馆文史资料工作委员会编:《上海地方史资料》四,上海社会科学院出版社1986年版,第232页。另有王震《记世界书局的创办人沈知方》等文章采信此说。

② 喻血轮:《沈知方与世界书局》,《绮情楼杂记》,中国长安出版社2011年版,第244页。

③ 沈知方:《语译广解四书读本刊行序》,启明书局1941年版。

虽同一机关以职务攸分，乃不克朝夕相见。因此先生之学问志趣，亦不得其详。但知先生之精明强干，既立功于商务，后即创办中华书局，又办世界书局。至今此两大公司，屹然与商务鼎足而三。屡经战乱，营业未蒙停顿。先生之功，有足多焉。[1]

这两则短短的引述，推翻了钱炳寰先生所言"把中华书局创办人之一沈继方误做沈知方，始于陆费逵去世后所撰《陆费伯鸿先生传略》一文"这个结论。沈知方自己叙述"创办中华书局"，蒋维乔说沈"创办中华书局，又办世界书局"，都是在陆费逵生前写就的一手文字。其他与沈知方和陆费逵相识的同代出版人，基本都持类似观点，说明沈知方参与中华书局创办的说法，并非钱文所言"这些误记，均可说明陆费执在撰写该文时不仅时间仓卒，未能查阅有关材料，而且处于长兄猝死的悲楚情绪之中"这种人为推论。

中华书局成立的时候，人员很少，但到底有多少人，书局的档案之中也并不明确。有时说二三人，有时说五人合资，有时又说不到十人。1913 年中华书局第三次股东大会上，陆费逵说"开创之初，仅二三人合资，陈君协恭主持其事"[2]。因为创局之初还没有改组为股份制公司，几个创办人的碰头会成为书局的主要决策机构。《元年二月二十日第一次股东会议决案》记载，"创办人为营业主体，重大事由创办人会议决之，如股份有限公司之董事会"[3]。

1912 年 3 月 24 日，中华书局举行了第一次创办人会议。钱炳寰

---

① 蒋维乔：《语译广解四书读本序》，启明书局 1941 年版。
② 《第三次股东大会会议记录》，见中华书局总编室档案。
③ 《元年二月二十日第一次股东会议决案》，见中华书局总编室档案 000001 号。

先生在《谈谈中华书局的创办人》中，说这次会议出席人有沈继方（季芳）、陆费逵（伯鸿）、陈寅（协恭）、戴克敦（懋哉）、沈颐（朵山），并以此定为由这五人发起。但笔者在中华书局总编室所见的原始档案，此份会议记录最后的署名有五个：继方、伯鸿、寅、厚功、雪卿。原始档案与钱文记述并不契合，尤其是厚功和雪卿的签名是戴克敦和沈颐，尚不知有何论据。当年 10 月召开的第二次创办人会议，有"伯鸿、继方、懋哉、协恭"四人签名，戴克敦的签名是"懋哉"，沈颐或朵山的签名未见，钱先生认定是"沈颐未出席"，这种论述，更像是明确预设了五个创办人，然后再倒推原始档案中的不合之处。尤其是在第二次会议记录中，决定股本增为七万五千元，书局创立初期的两万五千元旧股翻倍为五万元，另外"留二万五千元备办事人无股者、及外间有关系者。附入者一人至多不得过二千元，且需经创办人会议议决"①。增添的股本中，专门记录有"沈朵山二千元，已收一千五百元"，在第二次增股时才成为股东，沈颐似乎也不具有原始出资人身份。

更值得关注的问题，是第一次创办人会议记录中，对即将发行的股票议定的出名办法：

> 股票出名　创办人名下之票，正副局长出名。外人股票，由局长出名，副局长空出，容后补填。②

这个记录，显示了中华书局从建立之初，就有了局长和副局长的

---

① 《十月初一日第二次会议》，见中华书局总编室档案000005号。
② 《元年三月二十四日第一次会议》，见中华书局总编室档案000002号。

职位设置。局长一职，在中华书局创立后不久，由陆费逵出任。《元年二月二十日第一次股东会议决案》第三条明确"局长为营业代表，用人行政统由主持"，并在第五条专款给予"公积四成中提出十分之二为第一任局长特别酬报"的优待。但书局的副局长一职，却一直空缺，尤其是给外人的股票，"由局长出名，副局长空出，容后补填"，颇为耐人寻味。

中华书局草创之际，陆费逵还没有脱离商务印书馆，由陈寅主持其事。待到陆费逵进局担任局长，戴懋哉①任编辑长，陈寅改任事务长。后来聘任范源濂担任编辑长，则继续推衍，"戴懋哉君旧任编辑长现任事务长，陈协恭君旧任事务长现任营业长"。也就是说，在沈知方和范源濂到来之前，陈寅、陆费逵、戴克敦等人依次轮换着局长、编辑长、事务长等职位，但一开始就设立的中华书局副局长一职，却一直无人充任。1916年交付董事会的报告《中华书局五年概况》，明晰了中华书局的行政机关架构，"以局长为首领，执行局务。各机关均属之。与局长连带负责主持各务者，有副局长一人，理事四人，所长三人，助理事所长处理各务者为干事"②，报告中重要职员的排序为：局长陆费逵，副局长沈知方，理事陈寅、戴克恭、王祖训……副局长位列第二位，居于三大理事之前，可见中华书局副局长职位的重要。那么，为何最早主持中华书局事务的陈寅在退出主事地位之后，没有接任副局长一职？股票署名时中华书局为何宁可麻烦，

---

①　陈寅在《一年来的中华书局》中说，最初汪君海秋（涛）任编辑长。四月，汪君辞职，六月，改以戴懋哉君（克敦）为编辑长。见《中华教育界·中华局报》1912年1月号。

②　《中华书局五年概况》，宋原放：《中国出版史料卷》近代部分第三卷，湖北教育出版社、山东教育出版社2004年版，第169页。

"副局长空出，容后补填"，也不议决由某一个创始人先行兼任呢？最有可能的解释，就是中华书局创办之际设立副局长的时候，已经有了特定人选，就是沈知方。

中华书局董事会的档案记录，沈知方进入中华书局是在 1913 年 2 月份，农历新年的开始。1913 年 4 月 20 日，中华书局在虹口东百老汇路本局总公司楼上召开第三届股东会议，陆费逵向股东会议报告：

> 今年以来，局面愈大，需才愈多。沈芝芳君（知方）于营业颇有经验，既出商务书馆，由本局延充副局长，到局业已两月余，极称得力。

这是沈知方在中华书局的首次亮相，入局担任副局长。沈知方参与中华书局的筹备，是"于营业颇有经验"，章锡琛说陆费逵"暗中跟国文部编辑戴克敦和发行所沈知方等计划"，也是指出在密谋另组书局时沈知方的分工是必不可少的发行工作。无论是在商务印书馆，还是以"沈粹芬"的名义主持国学扶轮社，沈知方都是负责策划和发行，并非编译人员。因此在中华书局早期的教科书中，若以未见沈知方署名编辑来证明其未参与创办，颇有方枘圆凿之感。

其实在当时的档案中，也已记载了沈知方参与创办中华书局的史实。1914 年 8 月 25 日，北洋政府的《政府公报》公示了经农商部总长张謇审批的"注册之公司商号"，其中有中华书局 1914 年 7 月 21 日提交的注册登记表。在这份注册号数为"公字第五十六号"的登记表中，"创办人或出资人"一栏有五人，即住在上海百老汇路的陆费逵、陈寅，住在上海老靶子路的戴克敦，住在上海观盛路的沈知方，住在上海美根路的沈继方。只是时过境迁，在后来的叙述中"沈知方"被人为替换成了"沈颐"。

而在"民六危机"进行之时，一位商务印书馆股东公开发表于报纸的一封信函，也回答了沈知方参与组织中华书局的问题。在这封提醒商务印书馆切勿重蹈中华书局覆辙的信件开头，作者写道：

> 敬启者　吾国书业规模宏大者，向仅本馆。光复以来，本馆劣夥陆伯鸿沈芝芳等，组织中华书局，营业虽不及本馆，然就近两年之外观言之，固俨然与本馆抗衡也。不料数月以来，败坏至不可收拾，吾股东方庆本馆办理之善，不致蹈彼覆辙，乃中华书局股东开会时，彼办事人声明处处效法本馆，以致失败云云……商务印书馆股东一份子上[①]

或许心怀不满，这位股东将陆费逵和沈知方称为"本馆劣夥"，但其指出的沈知方参与组织中华书局的事实，却是重要的一条时证。这种来自内部的时论，与蒋维乔、章锡琛等其他同事的回忆一起，佐证着沈知方"与陆费伯鸿先生创办中华书局"的陈述。

二、文明书局协理

沈知方进入中华书局之后，主要负责发行业务。当时商务印书

---

① 《来函》，《大公报》天津版，1918 年 1 月 1 日。

馆借助多年经营优势,在全国各省设立了诸多分馆。中华书局成立之后,新式教科书确实畅销,可要与商务印书馆一较短长,就必须像商务印书馆设立分馆那样,打通全国各地的营销通道。对于创办初期的中华书局来说,无论财力还是人手,都有捉襟见肘之感。这种情况下,沈知方施展了他在旧书业中的影响,依托各地工商大佬和乡绅,或合资,或参股,以灵活多样的方式,让中华书局迅速在全国各地设立诸多分局,是论者经常提及的沈知方之功。

沈知方加入之后,中华书局发展迅速。1913 年 11 月第四次股东会议报告显示,第三届(1913 年 1—6 月)贸易总数计三十五万余元,较之去年上半年约四倍,较之去年下半年约二倍半。一年多时间,中华书局的各地分局已设北京、奉天、保定、开封、广州等十七处。这些成绩中,"极称得力"的沈知方应该贡献不小,不过作为副局长,这些成绩很难精确。在中华书局时期,较能反映沈知方出版思路的工作,是他担任文明书局的协理。

1915 年,文明书局并入中华书局。当年 8 月 26 日中华书局董事会致各位董事的报告中,汇报了文明书局的合并事宜:

四 文明书局兹由本局兼并,所有存货、生财、房屋、地产均已移交,将来总厂总店落成,亦拟一并并入,惟牌号仍留存。

五 进步书局亦系本局组织,专出应时之书。

在中国现代出版史上,文明书局虽无商务、中华之宏大气象,却也算一个卓有影响的出版机构。1902 年,廉泉(南湖)、俞复(仲还)、丁宝书等集股创办,俞复担任经理。初设南京路,后迁至福州路辰字

354 号，与商务印书馆紧邻。

提及文明书局，首先是其教科书出版。1898 年，俞复、丁宝书曾与吴稚晖等在无锡创办三等学堂，授课中编撰《蒙学课本》，被誉为"我国自有教科书以来之最完备者"①，等到 1902 年文明书局创办之后，就开始印制这套《蒙学课本》。在商务印书馆的教科书之前，文明书局居于晚清蒙学和科考图书市场的鳌头。而且无论从编撰体例，还是具有分科思想的内容上，都显示出一种新的气象。陆费逵后来也称许说，"正式的出版家，尤其是教科书出版家，当以文明书局为第一家"②。

其次，是文明书局引领风气的版权意识。1902 年 6 月，办理江南商务总局兼管南洋保商事宜司道就应文明书局的要求，颁布告示："仰书业人等知悉。须知文明印书局编译各种书籍，均系该职商等苦心经营而成，尔等不得私易书名，改换面目，翻印渔利。倘敢故违，一经该职商等查知，许即指名具察，本总局立即提案，究惩不贷。其各凛遵毋违。"当年销往北方各地印行的《蒙学课本》的最末一页，也附有时任办理北洋通商事务直隶总督袁世凯的批文，规定文明书局"编译印行各书，无论官私局所，概禁翻印，以保版权"③。

再次，是文明书局精良的印刷技术。在现代出版机构中，文明书局率先采用了彩色石印技术和珂罗版印制。尤其是文明书局员工赵鸿雪创制照相铜板技术，打破了日本人的技术垄断。

因为这些特长，文明书局虽然资本不大，却在出版界中卓有影

---

① 《教科书之发刊概况》，中华民国教育部编：《第一次中国教育年鉴》戊编，开明出版社 1934 年版，第 117 页。

② 俞筱尧、刘彦捷：《六十年来之出版业与印刷业》，《陆费逵与中华书局》，中华书局 2002 年版，第 476 页。

③ 黄林：《文明书局——中国版权保护的先行者》，《出版广角》2003 年第 1 期。

响。陆费逵在中华书局之前，曾任文明书局襄理两年多，陈寅进入中华书局之前，也在文明书局编辑教科书。这种渊源，是中华书局盘入文明书局的主要原因。

并入中华书局之后，俞复依然挂名文明书局经理，但他更重要的职务是中华书局的印刷所长。主持文明书局事务的，是以副局长身份兼任文明书局协理的沈知方。以总局二把手身份主持一个下属分局，对沈知方来说驾轻就熟，主要编辑人员如王均卿等大多是他多年的熟人，也让他胜任愉快。对沈知方来说，文明书局的经历有不可忽视的意义。其中一端，就是邀请包天笑创办《小说大观》，成为世界书局改组之后以通俗期刊闯天下的先声。

《小说大观》创刊于 1915 年 8 月，至 1921 年 6 月停刊，共出版 15 期。《小说大观》是当时少有的季刊，时人称许"在杂志中最伟大最充实的要推《小说大观》为第一"[①]，文明书局也自认为"小说界破天荒之杰作"：

> 本社痛晚近小说之日趋堕落，乃发愿办一宗旨纯正兴味浓郁之小说杂志，名曰《小说大观》。爰请包天笑先生主任其事。每季出一集，都三十万言。每年四集，都一百二十余万言。所载小说均当世有名文家，洵有价值之作。每集短篇必在十篇以上，长篇必在三四种以上，均首尾完全者，勿令人有断续中止，减少兴味之憾。其他杂记随笔，新剧院本，种种名稿，无美不备。且有精印各种插画，搜罗颇富，每集多至三十余幅，诚小说界破天荒

---

① 魏绍昌主编：《鸳鸯蝴蝶派研究资料》，上海文艺出版社 1984 年版，第 401 页。

之杰作也。①

　　文明书局并入中华书局当月，沈知方就发起创刊《小说大观》，源于他对上海读者市场的认知。作为中国都市化程度最高的上海，1915 年人口已经达到了 200 万，为出版市场准备了相当的读者群体。这一年的九月，陈独秀在上海创办《青年杂志》，距离搬到北大改版为呼风唤雨的《新青年》还有一年多的时间，在市场上影响不大。也就是说，上海数量可观的读者中，阅读口味还处于旧派通俗文学的影响之下。当时通俗文学期刊的当家花旦是《礼拜六》周刊，读者中流传有"宁可不娶小老婆，不可不读《礼拜六》"之说。商务印书馆的《小说月报》也卓有影响，借助家大业大的优势，汇集了一批沪上旧派文人。相较之下，中华书局的通俗月刊《中华小说界》虽然位列"中华八大刊物"之一，但市场表现就黯然失色多了，与书局地位颇不相称。

　　在这种背景之下，沈知方创办《小说大观》，正是为了在通俗文学市场上替中华书局抢得一席之地。在《钏影楼回忆录》中，包天笑记述了沈知方促成刊物出版的因果：

　　　　《小说大观》是以文明书局名义出版的，那时文明书局已归于中华书局了，而它的名义尚在，不过做了中华书局一个附庸。主其事者为沈子方，那时还没有开办他的世界书局，便经理文明书局。他是绍兴人，绍兴人在上海，一向是在旧书业中一股巨流。②

------

① 《小说大观第一集出版》，《申报》1915 年 9 月 10 日。
② 包天笑：《钏影楼回忆录》，中国大百科全书出版社 2009 年版，第 374 页。

决定创办《小说大观》后，首先是确定刊期。这时沈知方就显示出了他的慧眼。《中华小说界》影响不大，除了主编沈瓶庵的个人地位以及作品质量之外，《中华小说界》与《小说月报》的刊期撞车，也是不可忽视的因素。沈知方在邀约名家包天笑主编之后，把《小说大观》定为季刊，以求错位发行的效果。同时主打刊物内容"均首尾完全者，勿令人有断续中止，减少兴味之憾"，来解决大众阅读上的心理痛点。包天笑说，"当时市面上的小说杂志，大多是月刊，出季刊的还从来没有。我对于出季刊，却也赞成"。但围绕采用什么样的刊名，包天笑却与沈知方产生了争论：

> 对于小说大观这个名称，嫌它太庸俗，不雅驯。因为那时候坊间所出的什么大观、什么大观，实在太多了，他们只求量多而不求质佳，未免令人齿冷。可是以沈子方的见解，似乎要标示他的雄心豪志，如淮阴将兵，多多益善，执定非"小说大观"四字不可。他说："我们一出版就要使人家轰动。我们决定以后，我就要预先登广告，如果用小说大观这个名字，我在推销上，大有把握，若用别的名字，我就不敢说了。"我没有法子，只得屈从他了。因为我那时知道，一种出版物的发行，非常重要，在推广销路上，也正大有技术，他们商业上所称的"生意眼"。他是在发行上有把握的人，我们不能不相信他，以为他是可靠的了。①

《小说大观》每期三百多页，厚厚一大本。精印有各种插画，每

---

① 包天笑：《钏影楼回忆录》，中国大百科全书出版社 2009 年版，第 375 页。

集多至三十余幅。这些插画，"除去一二页中国风景或外国人物之外，全是要所谓时装美人，而且每一页不止一个人，二三人、三四人不等"，因为"沈子方也是要用许多时装仕女作为号召的"①。这下可让包天笑为难了。20世纪初，封面女郎还不是流行风尚，想去索要闺秀名媛的照片难如登天，只能从烟花女子中寻觅。好在包天笑曾是风流之客，那时在上海也身入花丛，机缘凑巧，他认识了一个叫笑意老六的姑娘。笑六姑娘喜欢照相，照了之后就与姊妹们交换，藏了一大堆，让他随意挑选。包天笑得此靠山，如获至宝，算是解决了难题。《小说大观》的时装美人照片，在以国画或风景为主的同代刊物中，显得独树一帜。

对于刊物发行，沈知方尝试跨界联合营销。1916年8月底，张石川主持的民鸣社排演新剧《琼岛仙葩》，取材《小说大观》中包天笑的同名小说。1916年9月3日，文明书局在《申报》刊登广告："近日民鸣社所排演之《琼岛仙葩》一剧，其事实详载本局所出《小说大观》一二三集之内，为天笑先生生平得意之杰作，现添印千部，均已出版，以副购者之雅意"。借助戏剧《琼岛仙葩》热演，《小说大观》顺势补印千部。从数量上看，一千部似乎不多，三集都印也不过三千部。但《小说大观》的定价是每集一元，红极一时的《礼拜六》当时售价一角，三千元的加印码洋，相当于一期《礼拜六》重印了三万册。这招"借船出海"，展示了沈知方老练的营销手段，也拉开了他与张石川的合作序幕。十几年后张石川导演电影《火烧红莲寺》，与世界书局的《江湖奇侠传》强强联合，获得双赢，是后文要叙述的一段出版佳话。

---

① 包天笑：《钏影楼回忆录》，中国大百科全书出版社2009年版，第375页。

沈知方的策划举措，有些包天笑难以理解，比如《小说大观》的定价，包天笑说，"以前的杂志，从未有每册售至一元的，普通不过二三角，若售至四角的，购者已嫌太贵"，但《小说大观》的市场表现，却让包天笑佩服之至，"他们的生意眼却不差，出版后果然畅销"①。这就是发行高手与编辑名家之间的认知差异，也让中华书局借助《小说大观》，在民初旧派文学市场上有了一席之地。

《小说大观》之外，文明书局还石印出版了大量的笔记小说。1915 年，王均卿编撰的第一部《说序》，共 60 册，收汉魏至明清笔记170 种。这些笔记小说的出版，仿照国学扶轮社的运作模式，沈知方负责策划与发行，王均卿等主持内容与编选。后来为了在当时的上海书业公会中多一股投票权，文明书局另设了一个进步书局的副牌，此后更大规模的《笔记小说大观》21 种 50 册，《清代笔记丛书》41 种等，都以进步书局的名义在 20 世纪 20 年代出版。随着这一系列丛书的出版，中国历代笔记名作于兹搜罗殆尽，负责内容编选的王均卿奠定了现代编辑家的地位。这时候的沈知方，已经去主持他的世界书局了。

三、兼办别业

1915 年 3 月 16 日，上海市面掀起"抵制日货、提倡国货"运动。这场运动，缘于半年前发生的第一次世界大战。战火一起，西方列强几乎全被牵连到了欧洲战场上，无暇东顾。趁此空档，日本先是攫取

---

① 魏绍昌主编：《鸳鸯蝴蝶派研究资料》，上海文艺出版社 1984 年版，第 384 页。

了德国在中国的租界和利益，接着对袁世凯政府步步紧逼。1915 年 1 月 18 日，日本驻华公使日置益觐见大总统袁世凯，递交了臭名昭著的"二十一条"，并要求政府"绝对保密，尽速答复"。面对丧权辱国的条款，袁世凯政府通过拖延谈判时间、透露条约内容等方式，试图挽回一点利权。谈判消息放出，国人大哗，上海商界掀起的"抵制日货"运动，很快弥漫成全国性的风潮。

抵制风潮兴起后，"国货"、"华人自办"成为商界无往不利的金字招牌。对于曾有日资背景的商务印书馆来说，虽在一年多前已经全部购回日股，但毕竟有过日资经历，一时之间颇有不能挺胸抬头之感。相形之下，完全华股的中华书局就成了教育实业界的国货楷范，一时风头无两。1915 年的《国货月报》第四期上，刊登了一篇《上海中华书局调查记》，开篇即不吝赞美："吾在沪所见大工业大商业成绩卓著者多矣。然求其可为实业之模范，教育之先河，且足以表示华人之能力者，中华书局洵足当之。"结尾之处，更是提出殷殷期待：

> 吾国完全华人自办之公司，能得此成绩，吾谨为我国实业前途贺。吾国有此书局，以为吾国民精神上之师友，吾更为吾国教育前途贺。今之世界，以经济竞争，以文化竞争，该局对于国家前途，责任滋重。愿陆费君与诸君子勉之。①

在这种赞美声中，中华书局享受到了"完全华人自办"的红利。不知是不是发现了"国货"是一个巨大的商机，沈知方也不安分起来，

---

① 王汉强：《上海中华书局调查记》，《国货月刊》1915 年第 4 期。

开始"兼办别业"。1915 年 8 月，由沈知方牵头，以中华书局的名义与黄楚九的中法大药房合作，组织了相对独立的中华制药公司。

黄楚九大沈知方十岁，是上海滩的商业名流，著名的"两个半大滑头"之一。1907 年，商务印书馆夏瑞芳就曾与他合作，在福州路开设过五洲大药房。沈知方与黄楚九合办的中华制药公司，主打产品是"龙虎人丹"。人丹是一种解暑清热之药，原为台湾地区民间配方，一个叫森下博的日本军人学到制作方法后，1905 年在日本改良成了"仁丹"。因其物美价廉，治中暑之症有奇效，传到中国之后，老百姓视为包治百病的神药，风行大江南北。在擅长把握市场的黄楚九眼中，早已对"仁丹"重点关注，"抵制日货"的风潮一起，沈知方也认为这是一个天赐良机。沈知方和中华书局看上了"仁丹"的市场，黄楚九看上了中华书局的华资招牌。两家一拍即合，中华书局出钱，中法大药房出药，共同生产具有中华图腾色彩的"龙虎"牌"人丹"。1915 年 8 月 30 日，中华制药公司开始在沪上各报刊登"龙虎人丹"广告。

广告版式的最上面，刊着四个大字：首创国货，这个宣传词后来也用"完全国货"、"中华国货"等替代。"龙虎人丹"打着国货旗帜，在抵制日货的背景之下，销量奇佳。中华制药公司初战告捷，但陆费逵和沈知方这两位与书本打交道的出版人，却不知道黄楚九这位"大滑头"爽快的合作举动中，隐藏着巨大风险。中华制药公司的龙虎牌人丹上市不久，日本的"仁丹"制造商就以侵权为由，对龙虎人丹提起商标权诉讼。中华制药公司的人造自来血，也被德国药商普恩药局控诉假冒，打起商标官司。本拟借制造人丹发笔大财的沈知方和中华书局，还没有收回成本，就陷入一连串的讼事之中。这种扩张，加速了中华书局的资金链断裂，中华制药公司也只能惨淡维持。沈知方的好友喻血轮说沈知方"民四见中国抵制日货，因创制龙虎牌仁丹，谋夺取日本仁丹销路，但不久失败"[1]，便指此事。

龙虎人丹再次成为报纸上的常客，已经是 1919 年的事情了。那时因为五四运动，又掀起了另一次抵制日货的高潮。这时的中华书局，刚刚渡过致命的"民六危机"，虽然龙虎人丹又开始在市面上销售，但中华书局已经无力继续合资经营中华制药公司。1920 年 1 月 7日，中华书局的董事会议做了让渡股权的最终决定：

　　议案四　中华制药公司欠本公司款项，该公司因停顿三年，本利均未偿付，现该公司拟并与中法药房，议照四折以中法药房股票清偿债务，事既至此，亦无可如何，惟应要求该公司将折扣酌量提高，一切由驻局董事、总经理主持办理。

　　将来无论归到中法药房股票若干，应设法出售，惟售价低于票面时应得董事会之允许。

时光倏忽而过，1935 年 7 月，中法大药房举行龙虎人丹发行二十周年纪念。7 月 14 日的《申报》，特辟整版"龙虎人丹发行念周纪念特刊"，林森、汪精卫、孔祥熙、于右任、阎锡山等一众题词祝贺，声势浩大。这时的沈知方，已经被迫辞去世界书局总经理，进入英雄末路的暮年，并无参与之机。只有特刊中的《龙虎人丹之制造》一文，还记述着沈知方二十年前的这段往事：

---

[1]　喻血轮：《沈知方与世界书局》，《绮情楼杂记》，中国长安出版社 2011 年版，第244 页。

　　龙虎商标人丹为本公司出品民间药之一种，为暑天之要药。查外国各种成药，每年输入我国，为数甚巨。即此类乎"人丹"丸剂一种，若加以详密之统计，三十余年来，子母相权，其数已堪惊人。余姚黄楚九先生及沈君知方诸先进，有鉴于此，几经研究，采用纯粹国产药物，于民国初年发行国货"龙虎人丹"，以树国人创制造新药，图挽回利权之先声。①

　　除中华制药公司之外，沈知方还参与组织了华昌火柴公司。火柴俗称"洋火"，同光时期大多由欧洲输入，光绪二十二年之后，日本的火柴大举进入中国。1916 年 8 月，沈知方等人受盘上海自求火柴厂，合组华昌火柴有限公司。10 月 26 日，《申报》刊出上海华昌火柴公司"自造完全国货"的广告：

　　本公司开设沪宁车站北虬江路西首，专营制造火柴，并经遵例禀　部注册立案。兹拟先出飞人牌商标一种，以应社会之需。所有本公司梗盒等品，概系中国出产，完全自造。其木质之适用，药料之耐燃，均由同人等悉心研究，精益求精。洵为我国挽回权利，独一无二之创举。如蒙惠顾，无任欢迎。并请热心国货诸君认明本商标，一购用之是幸。恐未周知，特此披露。

　　华昌火柴使用的飞人牌商标，是两个小天使，左右守护着一个圆形"华"字。按照常理而言，火柴乃日常应用之物，再加上抵制日

---

　　① 周梦白：《龙虎人丹之制造》，《申报》1935 年 7 月 14 日。

货运动的加持，应该有很好的发展。当时的一篇文章也说，"及至欧战爆发，五四运动以后，民众纷起抵制日货，并鉴于振兴实业，挽回利权的刻不容缓，国内火柴厂的成立，一时风起云涌，有如雨后春笋，骎骎乎有取舶来品而代之之势。那个时期，可说是火柴业的黄金时代"①。无奈造化弄人，华昌火柴公司创办之际，中华书局的经营已经岌岌可危，四个多月之后，"民六危机"爆发，沈知方也陷入破产境地。于是有着美好梦想的飞人牌火柴，因为资金不继，只能铩羽而落。勉强维持了一年半之后，华昌火柴公司在 1918 年 2 月 18 日发布了转让通告：

> 本公司由股东会议决，将全厂房屋机器生财等物，全部即日起租与恒记合资公司，以后盈亏，概与华昌公司无涉。以前欠人人欠，均由华昌公司自理，不涉恒记公司之事。恐未周知，特此声明。华昌火柴有限公司启②

一年多的时间之内，沈知方主要参与的中华制药公司，个人另设的华昌火柴公司，都在"民六危机"之际以失败结束。兼办别业的失败，却让沈知方不同于民国几大书局出版巨头的特征，于此显现。沈知方喜欢从事书业之外的经营，后来沈知方参股电影公司，创办银行，经营房地产，都是在出版界令人目眩神迷的举动，其实都在这里伏下了草蛇灰线。

---

① 思人：《论吾国火柴业目前之救济》，《申报》1934 年 12 月 3 日。
② 《上海闸北华昌火柴有限公司广告》，《申报》1918 年 2 月 18 日。

四、古书流通处：旧版书圣殿

沈知方忙着和黄楚九售卖人丹之时，1916 年初，他又与陈立炎一起，合办了被称为"言版本者江南第一"的古书流通处。古书流通处的诞生，要从民国初年的一件盗书大案说起。

浙东山明水秀的宁波城里，有一所知名天下的藏书楼天一阁。因为创始人范钦的严厉规定，天一阁藏书被后代族人保护完好，虽经洪杨之役，也基本没有散失。谁料到了 1914 年，当地乡人冯德富，又名冯阿根，听说旧籍可以出售换钱，便伙同另一梁上君子薛阿会，黉夜翻墙而入，盗窃古书数千册，陆续运送到沪，出售给六艺书局、来青阁以及食旧廛三家旧书店。断续窃书三个月后，上海的旧书业都已渐闻其事，但宁波天一阁限于交通不畅，尚不知晓。知名的版本目录学家缪荃孙当时正寓公海上，听闻之后，专程到来青阁书店，请求一观。来青阁主人大概知道这些书来路不正，矢口否认此事。缪荃孙在旧书业身负重望，古籍只要经他鉴定或略作批红，立即身价倍增，没想到吃此闭门羹，他怒不可遏，于是驰函范家，具告此事。范氏族人负责管理天一阁的范盈驹，立即提告公堂，同时将六艺书局、来青阁、食旧廛等都列为同谋被告，这场盗书大案遂开始频频现于报端。

几经周折，冯阿根被捕归案，提告的公堂之上，冯阿根先是说自己受人愚弄，偷盗之后，由六艺书局主人陈立炎等代售销赃。后来又改称偷盗之事是陈立炎唆使，供称陈立炎对他说东洋建造藏书楼，急需各种古书，若能设法偷得天一阁藏书，每本可得一元，次者亦有五角。对此陈述，陈立炎坚称诬告，加上冯氏口供前后不一，几轮审讯之后，冯阿根、薛阿会二人各判十年徒刑，陈立炎和来青阁主杨云溪等则各付五千元交保。范氏族人对陈立炎、杨云溪等人的判决结果并不服气，但分隔两地，亦无可奈何。宣判之后，六艺书局被视为销赃窝点，陈立炎只好改弦更张，另设古今图书馆，继续进行旧书购销业务。

天一阁之外，宁波还有闻名天下的藏书楼鄞县的抱经楼。抱经楼建于清乾隆四十二年（1777），主人卢址搜罗三十余年，藏品极富。太平天国时期曾遭劫掠，后来当地商人购买后陆续归藏。到了民国时期，其子孙难以为继。1914年，卢址抱经楼的藏书再次散出，轰动一时。但是要价两万余元，沪上旧书店多资本狭小，无人问鼎。陈立炎对这批珍宝颇为艳羡，无奈囊中羞涩。在上海书业公所时就与陈立炎往还颇多的沈知方得知此事，邀约师兄魏炳荣一起，慨然相助两万余元，帮忙全部收购。谁料陈立炎到达宁波之后，为天一阁范氏族人所知，立即将他拘捕报官，后经上海书业商会协调，方才释放。陈立炎在《古书流通处书目》的后记中专门有段自述：

> 犹忆民国二年四月冯某携来旧书数十种，琰选购其半。未几复来，察知为天一阁物，遂拒却之。后来"来青阁""博古斋"诸家收去。事为某公所闻，踵至来青阁索观不遂，因电告范氏，而窃书之事始发。琰误收无多，涉讼经年。民五复以购卢氏书至甬，有司重提前案，诬系逾月。凡诸往事，思之如在目前。①

---

① 尹言顺：《上海过去之古书业》，《百年书业》，上海书店出版社2008年版，第356页。

虽然被关了一个月，但出狱之后，陈立炎还是如愿带回了抱经楼藏书。为此，沈知方在三马路进步书局的编辑所里面，专门腾出西厢房陈列，挂一牌匾"古书流通处"，对外则前面另加"中华"二字，日常业务由陈立炎打理。

1916年1月15日，古书流通处刊登收卖旧书的广告，正式开张：

> 本处为流通古书计，筹集巨资，广为搜罗，旧刻精钞，不惜重价购集，以备惠顾诸君之采择，藉以保存我中华国粹。现储有新旧书籍一二千种，平价发售。印成书目赠送，函索即寄。请附邮票一分，当即寄奉。上海三马路口巡捕房对门兆福里内，电话三千一百四十七号。中华古书流通处启。①

抱经楼的藏书版本精良，入市之后，海内惊叹，古书流通处瞬时成为当时江南规模最大的古旧书店，在藏书界影响远播。曾在古书流通处从业的陈乃乾，多年以后依然赞不绝口：

> 三十年来，大江以南言版本者，书肆以古书流通处为第一，藏书售出者以抱经楼为第一。古书流通处初开幕时，列架数十，无一为道光以后之物，明刻名钞，俯拾即是。入其肆者，目眩神迷，如堕万宝山中。今之抱残守阙自命为收藏家者，曾不足当其一鳞片甲也。②

---

① 《古书流通处收买旧书》，《申报》1916年1月15日。

② 《上海书林梦忆录》，《陈乃乾文集》上册，国家图书馆出版社2009年版，第6页。

上述言论 1943 年在《古今》杂志发表之后，有人质疑对古书流通处推崇太过，陈乃乾又回复强调："以版本及钞校本言，则海上三十年来，殆无一书店足与古书流通处抗衡者……流通处末年以存书悉售于中国书店，作价万元，善本尚不少，其最不能忘者，有《明人碑传集》四十巨册，不著编者名氏，其书以各种明板文集割集而成，不啻一部明板留真谱也。书既售完，主人将束装回杭州，余往话别，复从乱纸堆中检得宋刻《北碉文集》三卷。凡此琐屑，胥为当时流通处所不甚重视者，若在今日遇之，则无一非希世之秘帙矣"①，表示所言非虚。古书流通处的贵族气象，就在于有卢址抱经楼的宋明版藏书做底子，在当时的报刊之中，也常见对古书流通处的赞叹之言：

> 三马路兆福里中华古书流通处，近搜得某著名藏书家古书数千种，牙签玉轴，堆积满室。一般之好古者，联袂前往展览。据云宋元明旧刻精钞善本甚夥，皆一时罕见之书。有巨绅某阅之，颇为心赏，愿以重价收藏。闻某国人亦欲购置，该处因古书不愿外溢，故尚未议有端倪云。②

古书流通处主营业务是收购藏家的散佚古籍，待价而沽，"凡藏家之大批售出者，悉为其网罗，如百川之朝宗于海焉"③，可以说成为当时古旧藏书家的圣地。另一方面又在贩书之外，兼做一些出版业

① 《上海书林梦忆录》，《陈乃乾文集》上册，国家图书馆出版社 2009 年版，第 11 页。
② 《中国文献存征》，《申报》1916 年 7 月 1 日。
③ 《上海书林梦忆录》，《陈乃乾文集》上册，国家图书馆出版社 2009 年版，第 8 页。

务。胡道静说"名曰流通处，志不仅在于购售之间，而欲使之兼具出版之职能。辄以古书一经售出，则如黄鹤飞去，不可复返。当以其在手之日，为之影印，则以一化百，乃可普及"[1]。

购售之外，从事出版，与沈知方当时一门心思要在出版界大展拳脚相关。陈乃乾也说："沈知方晚年亦好聚书，尝编印粹芬阁藏书目录一册。在当时则专力于出版事业，故于抱经楼书不留片纸，惟《尺牍大观》（中华书局出版）、《笔记小说大观》（文明书局出版）两书，则取资于卢氏书为多。"[2]

古书流通处的出版方式，主要是影印，如《知不足斋丛书》、《古书丛刊》等。随着存货渐少，尤其是发现抱经楼的钞校本奇货可居之后，古书流通处开始仿造。"尝伪刻抱经楼等藏印，且雇钞胥三人，每日以旧棉纸桃花纸等传钞各书，钤印其上，悉售善价。"这种以牟利为目的的"出版"，为几位合伙人带来一些利润，却令不少当时一些只求版本的买家丧气不已。古书流通处创办一年多之后，这种鱼目混珠不知道是否为沈知方主导，不过后来世界书局策划的三大伪书，在这里却有着熟悉的影子。

古书流通处的坊址前后迁移数次。1917 年，沈知方离开中华书局之后，古书流通处也很快离开兆福里，迁移到麦家圈交通路口的仁济医院隔壁，店名之前也去掉了"中华"二字。1921 年 5 月，又迁移至浙江路筱花园寄庐 689 号。1925 年，世界书局资本额增为

---

① 胡道静：《陈乃乾文集序》，《陈乃乾文集》上册，国家图书馆出版社 2009 年版，第 1 页。

② 《上海书林梦忆录》，《陈乃乾文集》上册，国家图书馆出版社 2009 年版，第 7 页。

五十万元，建设厂屋、开设分局等扩展举动甚多，其中的一项，就是盘入了古书流通处。当年的 11 月 14 日，《申报》"商场消息"一栏，专门报道世界书局销售廉价书籍，其中写道："四马路世界书局自举行廉价赠品以来，营业颇为拥挤，除该局原有各种著名书籍发售外，另有古书流通处各名书，亦廉价发售。"这是古书流通处在报纸上出现的最后身影，此后，就只出现在诸多旧书友的回忆之中。从 1916 年沈知方出资帮助陈立炎开设，到 1925 年由世界书局盘入，古书流通处历时九年。

五、黯然离职

沈知方进入中华书局是 1913 年 2 月，离开的时候，是 1917 年 1 月 21 日，这一天沈知方向董事会提出辞去中华书局副局长和文明书局协理职务。辞职信中写道："因他方关系兼办别业，以致事务纷繁，日不暇给。目前所办华昌火柴公司正在扩张，中华制药公司亟待进行。兼筹并顾则力有不支，舍彼就此又势所不能"[1]，于是挂冠而去。28 日开始，连续三天，《申报》刊登着"沈知方启事"：

　　鄙人因经营事业过多，日不暇给，已将中华书局副局长、文明书局协理两席辞卸。各界如有惠顾接洽之事，每日午后请至海宁路北山西路五百七十七号敝寓新宅，午后请至宅北虹江路华昌

---

[1] 钱炳寰：《中华书局大事纪要》，中华书局 2002 年版，第 30 页。

火柴公司或三马路中华制药公司，来函请迳寄敝寓为幸。

沈知方辞职之后，中华书局董事会决议副局长不再补人，所办各事即由诸理事分任，沈知方就成为中华书局历史上唯一的副局长。

沈知方提交辞职信时，中华书局正陷入局史上著名的"民六危机"。危机爆发之前，沈知方挪用了三万元公款"兼办别业"，等到"民六危机"引起挤兑风潮，他无力归还，申请改为公司欠款，使中华书局的财务雪上加霜。这个举动，成为沈知方在中华书局的经历中最被诟病的一件事情，陆费逵对此也迟迟没有谅解。

"民六危机"爆发之后，陆费逵在复股东查账代表的信中，检讨中华书局的制度不完善，首先就以沈知方为例："董事兼副局长沈知方的欠款三万元，湘局经理王衡甫的欠款二万余元，均系先挪用后改为押款的，并非债务抵进押品，自叹才短力薄，用人不当，局面过大，御驾乏术，对于股东深用愧悔。"①1931年，陆费逵回顾中华书局创办二十周年，认为"民六危机"有三个原因，其三便是"副局长某君个人破产，公私均受其累"②。

从入局时候认为"极称得力"，到多年之后念念不忘沈知方给"民六危机"带来的损失，可见沈知方离开中华书局的时候，陆费逵对他的观感之恶。虽然有学者记述，"民六危机"之时，陆费逵遭遇了一件讼案，因为沈知方的善于交际，帮助化解得以了结，③但似乎不能

---

① 吴中：《我所知道的维华银团》，宋原放：《中国出版史料》近代部分第三卷，湖北教育出版社 2004 年版，第 189 页。

② 陆费逵：《中华书局二十年之回顾》，《中华书局图书月》1931 年第 1 期。

③ 王建辉：《沈知方：冒险和投机兼备的出版家》，《出版广角》2001 年 6 月。

抵消陆费逵的怨气。

"民六危机"事件，是沈知方在中华书局的经历中被提及最多的事情，以致给人一种印象，沈知方在中华书局只做了一件大事：因为个人破产，导致中华书局陷入危机。[①] 当然，这并不是事实。"民六危机"后慨然出手组织"维华银团"的常州富商吴镜渊与另一位监察黄毅之，在认真查账之后提交董事会的《调查公司现状报告书》中，详细说明了中华书局陷入危机的原因：

> 据以前之报告，不外欧战方酣，原料昂贵，国内多故，金融恐慌，局长去年卧病三月，副局长去年亏空累万。凡此诚足致病之由，然皆外感而非致命之原因也。致命之因有三：进行无计划为其第一原因，吸收存款太多为其第二原因，开支太大为其第三原因。有此三因，即无时局影响、人事变迁，失败亦均不免。

报告否决了此前中华书局领导层归纳的客观原因，认定"致命之因"归根到底就是中华书局早期发展顺利之后，书局以陆费逵为主的决策层陡生冒进之心，采取了一种盲目扩张式的发展思路。1913 年4 月 20 日，中华书局召开第三次股东会，当时全部股东有八十余人，达到一定资本有备选资格者三十八人。会议上，陆费逵展示了一个出版家的宏阔目光，创局才一年，他要求增加资本到一百万元：

---

① 如章锡琛在《漫谈商务印书馆》中说"因副经理沈知方挪用公款投机失败，突然远走高飞，以致经济十分困难，最后不得不考虑停业，或者与商务合营"。汪家熔在《近代出版人的文化追求》中，说沈知方任"中华书局总经理，将中华拖入绝境后，又办世界书局"，都有视沈知方为罪魁祸首之意。

惟是尚有一事，须要求诸君许可，本局营业扩充甚骤，资本非加收至百万不可，余主此说已非一日，阻难者非恐股多利薄，即虑无所用之。其实皆非也。……向使资本早经扩充，则今年贸易不止倍蓰。矧国会既开，民心斯定，学制已颁，学校必兴，将来强迫实行，发达尤未可限量。美国书局资本辄一二千万之多，区区数十百万，曾何足数，余意百万股本仅可敷衍目前，将来仍必不足。愿诸君通过此议，分别担任。

陆费逵的这个规划，对于中华书局快速发展确实起到了至关重要的作用。但创局一年即将资本扩充四十倍，从二万五千元增加到一百万元，还是过于心急了一些。到"民六危机"爆发，一百万资本也没有实收到位，更可看出这个举动的冒进之处。

冒进举动下过快的扩展举动，吴镜渊等人的报告说得非常明白，如第一原因即进行无计划，主要表现为："编辑进行太骤，现存各稿非二三年不能出完，稿费不下十万。次为印刷机械太多，地基过大。现在机械之力，可出码洋六七百万元之书，夜工开足可达千万，现用不及一半，地基空者不下 20 亩，废置不用及赔利息捐租；次为分局开设太滥，竟有未设分局之前可批发万元，一设分局反不过汇沪数千元者，其故由于僻地营业不易扩充，分局开支又不节省；次为计划过于久大，不顾自己实力，前三项固属此病，而建筑过于宏壮坚固，搁本实甚。"[1] 而第三条开支太大，导致的结果就是"漏厄日甚，现金日少，欲不搁浅不可得矣"，"财产日增，现款日少……若不减缩支出而

---

① 俞筱尧、刘彦捷：《陆费逵与中华书局》，中华书局 2002 年版，第 238 页。

欲其不失败，难矣"①。

局长陆费逵的魄力如此，再加上一个不遑多让的副局长沈知方，中华书局的狂飙突进就可想而知了。如果外在条件具备，能够弥补冒进的缺口还好，一旦有个风吹草动，则基本难以避免搁浅的命运。而中华书局就恰恰遇到了第一次世界大战这个风口，加之国内又是洪宪称帝，又是护国革命，一时之间人心惶惶，于是中华书局紧绷的资金链条，终于在1916年下半年断裂。

多年以后，吴镜渊的孙子吴中也说，"中华书局在1914—1915年发展太快，将吸收存款用于固定资产投资，超过负担能力，周转失灵，无法归还存户存款，至1917年濒临破产"②。这种论述的来源，就是后来吴镜渊当时提交中华书局董事会通过的调查报告。陆费逵当时已经卸掉局长之职，但作为董事会公推暂任的司理，他列席了此后每一次的董事会会议，也就是说他清晰了解吴镜渊等人的调查结论。但他忽略自己经常请假③和其他原因，却念念不忘沈知方的亏空，二人之间，早期合作时的默契已经烟消云散。

1915年11月，《国货月报》的记者采访中华书局，与陆费逵和沈知方进行了交流，并由陆费逵带领参观。文中记述了两位局长的印象：

> 陆君之为人，精明干练，敦厚朴实，身材中等，而头颅特

---

① 钱炳寰：《中华书局大事纪要》，中华书局2002年版，第30页。

② 吴中：《我所知道的维华银团》，宋原放：《中国出版史料》近代部分第三卷，湖北教育出版社2004年版，第189页。

③ 在中华书局董事会档案中，"局长近患足疾，未能步履，届时拟顺延数天，俟有定期，再当通告"等推延董事会召开的记录出现几次。

大。论者谓其脑力充足，良有以也。通教育，能文章，其所发表关于教育实业之文字，风行一时，无待赘述。沈君天才卓越，识见宏通，精于营业。陆君告余曰：余与芝芳共事日久，而芝芳规划远大，实远胜余。然余辈所规划者，或时机未至，或条理欠密。非陈协恭、戴懋哉、戴劼哉昆仲为之分析与整理之，又不能尽行也。

这段文字发表的时候，正值中华书局的高光时刻。陆费逵眼里的沈知方，"规划远大，实远胜余"，简直是赞叹不置。待到"民六危机"爆发，沈知方不但未能助力，反而因自身难保让陷入困境的中华书局雪上加霜，在陆费逵的眼里，沈知方就成了他"用人不当"的反面典型。

在沈知方儿媳应文婵的记述中，沈知方离开中华书局，是因为与中华书局股东陈协恭意见不合。[①] 另有学者说："沈知方在中华书局担任副经理时，负责营业和进货。有一次，他为书局托美商茂生洋行向国外定了许多纸张，自己也定了一些。不料第一次世界大战的战火燃起，纸张在战争初期大量涌来，市价下跌，使中华书局吃了大亏。同时，书局又因在静安寺哈同路建造厂房和发行所房屋而造成经济周转不灵。因此，沈知方在董事会上受到董事蒋孟苹、陈抱初的攻讦。"[②] 可见在入局四年之后，身为中华书局二把手的沈知方与陆费逵、陈寅等创局诸公，已经有了难以平复的陌路之感。这种情况之下，即使没有"民六危机"，沈知方的离开也是早晚的事情。

---

① 映芝：《文化事业中一段掌故》，《书斋志异》，中国友谊出版公司 1984 年版。
② 王震：《十大出版家》，书海出版社 1991 年版，第 154 页。

第三章

沉寂与复出

　　沈知方辞职的 1917 年 1 月，他的绍兴老乡蔡元培就任北京大学校长。蔡元培采取"思想自由、兼容并包"的办学理念，约请陈独秀就任文科学长。陈独秀随身带来了自己主办的刊物《新青年》，依托当时中国唯一的国立大学，开启了轰轰烈烈的新文化运动。新文化运动促进了"新书业"的诞生，推动了商务印书馆《小说月报》的改版，同样也影响了沈知方的出版人生。

　　这时候的沈知方，正陷于经济破产的漩涡之中，还不可能意识到蔡元培的改革和他有什么关系。不过，刚刚开始的 1917 年，就像是中国文化的转折点一样，也是沈知方的转折点。自此以后，沈知方开始了自己独立的出版事业。

只是，这个独立阶段的开启，竟是如此的不堪。

一、隐匿躲债

任职中华书局之时，作为书局的副局长，沈知方经常公开露面。1916年9月，隶属江苏的上海县教育会"请推省教育会评议员"，沈知方与商务印书馆的高凤池、周越然都在名单之中，其他评议员还有蒋宋大婚时的证婚人余日章、银行家林康侯、曾任孙中山总统府秘书的朱少屏、工商界名流穆藕初等。①半个多月之后，五周年的中华书局新店落成，在报纸上大做广告，宣布"本局总厂已于六月中迁至静安寺路新屋，四马路棋盘街五层楼总店业已落成迁入，十月十四日开幕，惠顾诸君请移玉该处为幸"②。接洽人员首列就是局长陆费伯鸿、副局长沈知方，后面是理事陈协恭、戴劼哉、王仰先和上海店长夏颂莱等人。这时候的沈知方，说得上是出版界有一定地位的头面人物。

谁能想到，到了1917年，一切都变了，这要从陆费逵说的"副局长某君个人破产"说起。

1915年底，"护国战争"开始，交通不畅，纸价暴涨，沈知方预料纸价将进一步上扬。他让中华书局向美商茂生洋行预定了大量洋白纸，同时自己挪用资金也囤积了不少。孰料纸价短暂上涨之后，供货剧增，加之"护国战争"开始不久，袁世凯就取消帝制，战火停息，

---

① 《请推省教育会评议员》，《申报》1916年9月22日。
② 《申报》1916年10月10日。

交通无阻，于是纸价持续下滑。陷入危机的中华书局，对于茂生洋行的供货已经不能及时付账领取。危机中的中华书局举步维艰，局长陆费逵引咎辞职，一度积极联系《申报》的史量才，希望他能入局接任局长，协助渡过难关，结果随着局势恶化，史量才也罢约而去。同时中华书局主动接洽竞争对手商务印书馆，商议合并事宜，几近哀求。若不是商务印书馆内部意见不一，同时有些条件过于苛刻，如其中一条要求合并之后，陆费逵十年之内不得再入书业，中华书局很可能就在出版史上消失了。"维华银团"出手之后，中华书局也是官司缠身，新瑞和洋行、兴业银行、钱云记、李谦记等几家公司纷纷公堂追债，就连创办人沈继芳的亲属沈凤仪（沈固伦）也趁火打劫，对中华书局诉讼不停，索要他们三万多元的押款。[①]

　　沈知方的日子也不好过。堂堂中华书局副局长，离开时只有一身债务。沈知方在报纸上连续发布离职启事，主动公布接洽地址，看似老神在在，好像经济毫无问题。实际上只是障眼法，私下里玩人间蒸发，对于债务则施展一个拖字诀。美商茂生洋行苦苦等待不得其面，提出诉讼，沈知方也躲着拒不出庭。自1917年8月19日开始，《申报》连续七天刊登上海会审公廨的通告：

　　　　为通告事　案据美商茂生洋行诉沈芝芳、沈兰芳订货欠银七万七千五百九十一两八千八分一案，迭经总提，该被告等抗不到案，兹准　美博副领事函称该被等确已逃匿，特将该被财产查

---

　　① 《四月二十八日会议议案一》，见中华书局董事会档案1918年，000035号。"沈凤仪押款控案，虽经判决，惟沈继芳曾在公司，向有特别权利，则对于公司应有维持之义务。议决由本会另延律师出庭反抗。"

明开单，请分别发封，扣留备抵，等因除分别呈移谕饬将该被抵于义品银行之地产及法界华裕阜路之市房，又菜市街大昌烟纸店，又华昌火柴厂之股份，又苏州楚浜之地产，又浙江绍县九和桥住宅仓桥街市房，悉行发封扣留，将租息缴呈本公堂备抵外，合函登报通告。仰该被沈芝芳沈兰芳遵照，即速到案备质，以凭讯理，倘再逾一月不到，即照原诉银数，席讯判施执行，毋贻后悔　此通告　上海会审公廨通告

和沈知方一起被公开点名示众的，就是后来以沈仲涛名世、从事研易楼藏书的沈兰芳。与此同时，沈知方抵押给一家李仲记商号的中华书局股票，也在这段时间神奇"遗失"。这批被质疑离奇"遗失"的股票，总额只有四千余元，但对于困顿中的沈知方，简直是一个天大的数字，除了躲避，夫复奈何。无奈躲得了初一躲不了十五，忍气吞声躲藏一年之后，沈知方昆仲抵押的房产，被美商茂生洋行发布公告，强行过户变价：

美商茂生洋行在公共公廨控沈芝芳沈兰芳不理押款银一万数千两，由廨饬传被告未到，判将被告所抵之产业查封，备抵在案。前日原告代表律师上堂陈明案情，并称敝律师今日到堂，要求将被告之抵押品如法租界华格臬路三十八号门牌房屋估价值银八百七十余两归原告管业。并将被告抵押于义品银行坐落海宁路一千三百八十号半门牌之房屋过户，及前经查封苏州阊门木耳场之房屋变价备抵云云。关谳员商之美副领事德君，判曰：姑准原告律师之请求，分别给谕过户管业并移请苏州吴县公署将查封被

告之房屋召卖得价送廨核夺。①

毋庸他举，仅这几则史料，就可以窥见沈知方 1917 年前后的困窘模样。这一时期，沈知方的生活特征就是一个字：隐。他的老友平襟亚多年之后，说他"退出中华书局后，因债务逼迫，匿居苏州岳丈罗姓家中，对外扬言已死，债权人亦未调查，疑信参半，暂时置之度外"。另有一篇文章说这时的沈知方"两手空空，只剩下人一个，命一条，那里有这许多钱来还债，路急无君子，对外散放烟幕，说是到苏州去想法子，实际上却不曾离开上海一步，躲在闸北一个冷落地方，画地为牢，闭关自守，与外间断绝往来，自以为避债有术，得其所哉"②。沈知方到底是躲到了苏州，还是躲在闸北的小宾馆，多人的回忆之中略有不同，但他匿居不见，却是大家共见的事实。

二、三个弄堂书局

困窘躲债的时候，沈知方灰头土脸。但他并没有消沉，而是私下继续从事出版，等待东山再起。在世界书局服务二十余年的老员工刘廷枚回忆说："沈氏有志于出版，视为终身事业，虽曾失意于商务，又不能大展宏图于中华，并未因之灰心。"民国时候也有人记述沈知方的这一段生涯：

---

①　《房产抵偿押款》，《申报》1918 年 7 月 29 日。
②　太上：《活捉沈知方 笑杀平襟亚》，《文哨》第一期，1947 年 9 月。

他任职中华书局时，许多人背后都笑他做谢蘅窗——煤大王（霉大王），真个像姜太公卖灰面一样，交足了霉运。所经营的私人事业，总是昙花一现，赔了夫人又折兵。他也只好强颜解嘲，学楚霸王的口吻："此天之厄我，非战之罪也！"然而他虽三战三北，头青脸肿，却绝不因失败而灰心。仍旧贾其余勇，再接再厉，以争取最后之胜利，这确是他不可及的地方。[①]

就坚韧不拔来说，沈知方和陆费逵有点类似。陆费逵陷入"民六危机"之后，范源濂请他去教育部，汪汉溪要他任《新闻报》主笔，外舅高子益邀他到外交部任事，他都没同意，而是继续留在中华书局，卧薪尝胆，终成一代出版名家。沈知方则是在离开中华书局不久，陆续创办了世界书局、广文书局、中国第一书局。

这些书局都是俗称的"弄堂书局"。资本不多，租赁一两间弄堂小屋，没有大的店面，出版内容则是传统的大众图书或者应时之作，以谋商业之利，是当时常见的小作坊模式。图书版权页上显示的地址，广文书局是在上海闸北义品里三百六十号（偶见写三百一十号），后来也和世界书局一起使用过四马路怀远里的地址。在上海，沈知方没办法公开露面，他就在苏州市河沿街的岳丈家里，组织了一个学术研究会，邀约数位文友参与，由他的侄子、后来任大东书局经理的沈骏声出面张罗。通俗小说作家喻血轮也是受邀者之一，他去了以后才发现，所谓的学术研究会，其实就是一个编辑部，参会的文友主要是做传统图书的编辑和校注工作。这些图书出版之后，大多委托大东书局代为

---

① 太上：《活捉沈知方 笑杀平襟亚》，《文哨》第一期，1947年9月。

发行。大东书局是民国第四大书局，1916 年由与沈知方同年进入商务的老同事吕子泉、一起主持国学扶轮社的老友王均卿和沈骏声等人合资创办。这种人脉关系，对困顿时期的沈知方来说，助益颇多。

世界书局的老员工朱联保说沈知方这一时期的三个书局之中，较为正式的图书，用广文书局的名义出版；投机和盈利的，则以世界书局和中国第一书局的名义出版。不过翻检这一时期沈知方出版的书目，似乎并无明显区别。尤其是广文和世界之间，都是既有严肃的古文经典，也有通俗的"黑幕"读物。中国第一书局相对来说大都是畅销书品类，当然广告也少，影响也最小。总的来看，这一时期沈知方的出版内容，大致可以分为三类。

一是传统的日用类书。这种日用类书的传统，可以追溯到南宋陈元亮编辑的《事林广记》，尤其明代坊刻兴盛之后，更是长盛不衰，通常也被称为"万宝全书"，是传统书坊的一个重要出版类型，内容多以日常生活需要的万年历、传统验方、尺牍大全等为主。最大特点是没有版权，而且需求量大。现代城市兴起之后，动辄几代族人合居的传统大家庭解散，几口人为主的小门小户在上海成为主流，但晚明时期以城市读者为基础的阅读需求，并无大的变动，因此这一时期沈知方的出版内容，首选就是日用类书。如以上海广文书局名义编辑印行的《应世锦囊》、《习字秘诀》；广文书局编辑、世界书局发行印刷的《交际大全》、《分类广注普通尺牍大观》、《家庭常备万宝全书　绘本单方大全》、《秘本单方大全》等，都常销不衰，甚至到了 20 年后还在加印，颇有市场。

二是黑幕秘闻和通俗读物。1917 年前后，正是晚清和民国鼎革变动之际，山河易代，在底层市民中间，对此前不得与闻的政坛秘辛之类的内容十分喜爱。同时不少晚清遗老或者大家公子，也以此鬻文海上。这种背景之下，宣南吏隐著黑幕秘闻类小说《民国官场现形记》等，纷纷问世。甚至借助政局动荡，还出版了一些当代政坛人物的传记，销行很不坏。如 1920 年 5 月，由广文书局印刷、世界书局发行，署名沃丘仲子编的《段祺瑞》，到 1922 年 4 月就印行了八版。至于中国第一书局出版的《中国第一美人貂蝉全传》、《昭君全传》等，都是旧书坊里常见的通俗类小说，不待赘言。

三是传统典籍和学习读本。传统典籍多为经过市场长期检验的畅销书，尤其是几大名著级别的文学作品和儒家经典，市面所见版式甚多，对于小型书坊来说，翻刻成本低，市场有保证，也成为沈知方隐忍以待之时的重要出版品类，如《古文观止》、《新式水浒演义》、《新式三国志演义》等。同时，沈知方也发力童蒙和《习字秘诀》，以及《秋水轩尺牍》、《雪鸿轩尺牍》等书目，可为代表。

从 1917 年初离开中华书局，到 1921 年世界书局改组为股份有限公司，四年时间沈知方出版了近五百种图书。什么内容能够获利，什么可以积累资本，沈知方几乎都来者不拒。作为一个十年前就策划《国朝文汇》、《普通百科新大词典》这类文化图书的出版人，穷困的环境之下，急于获取资金然后挣扎上岸的窘态，是沈知方这一时期艰难创业的典型写照。好在市场没有慢待沈知方。四年之后，沈知方就从破产的边缘，把书局开到了四马路的大街之上。

三、生意兴隆

改组之前的世界书局和广文书局，是小本经营的旧书坊模式。出版物的内容深度和社会影响，都不能与商务和中华两大书局相提并论，但沈知方的出版才干和营销才能，却因为独立自主反而得以进一步彰显。这一时期与沈知方过从甚密的喻血轮回忆说：

> 沈生平读书无多，而独能透悉社会潮流及读者心理，经其计划编出之书，无不行销。予所著《芸兰日记》《林黛玉笔记》《蕙芳秘密日记》诸小说，即成于是时，一年中皆销至二十余版，其他各书，亦风行一时，当时系用广文书局名义出版，由大东书局代为发行。至民国八年，已出书三四十种，获利甚丰。沈遂亲至上海，专心擘划，尽力展布，将广文书局改组为世界书局，加强编辑部，扩充印刷厂，其神通之广大，往往使人失惊。迄民十以后，凡中国各省会各商埠，无不有世界书局分局。所出书籍，新旧皆备，大小集均有，尤能迎合文化潮流，努力于教科书之出版。

沈知方的"神通之广大"，主要表现在两个方面。

一是"独能透悉社会潮流及读者心理"的策划能力。沈知方这一阶段的主要图书，虽然是旧书坊的传统类出版物，但与其他小书局不同的是，沈知方没有因为资本短缺只进行简单的照搬复印，而是结合当下现实，对同类图书进行相应修订，紧扣社会需求。如面对都市化兴起带来的社交需要，沈知方出版了指导社交的图书《文牍不求人交际大全》：

> 一人之智术技能，不能背世而独立，必须赖各方面之援助，

始能生存于社会，竞争于世界。于是不得不重交际而联情愫，以敦睦谊。况处今日之世，有非昔时可比者，上自军警政学，下逮农工商贾，凡其交际，尤须审慎周详，事事不落人后。则其地位，方得坚固，而其情谊，愈见亲密。然而交际之事，千变万化，文牍一项，应用最广。骤有事故，临时措备，稍有疏忽，即贻人以种种笑柄。如欲求一适用之书，以兹模范，又不可得。旧时虽有《酬世锦囊》《士商便览》等书，然至今日，因时势之变迁，皆已不合于用。本局特请熟练文牍者，本其经验，撰成此书。内容共分八大类，曰诗词，曰文艺，曰尺牍，曰电文，曰联额，曰广告，曰契据，曰东帖，子目凡三千余种。页数三百四十，而交际要事，应有尽有。搜采靡遗，手此一编，文章函牍，不暇外求。庆吊词联，随意采用，文件契据，有例可推，广告东帖，有式可师，诚为交际界唯一之良书也。①

在紧扣时代需求之外，还有更细分化的内容改造，如后来继续推出的《新体广注贺年尺牍》（全二册），由世界书局老员工刘再苏撰写，就是在《交际大全》的基础上，结合"贺年"主题推出的专书。书前的"编辑大意"论及本书体例，很能显示沈知方的市场眼力：

> 贺年尺牍，向无专书，近时市上偶有一二种，亦皆偏于积习，专用骈四俪六之词，以为贺年之信，当如是也。而不知社会之界限不同，人类之程度有别，使以此等信札，投之略解文意者

---

① 见 1920 年 5 月 10 日再版的《习字秘诀》扉页广告。

之手，必将瞠目不明。本书力矫此弊，斟酌妥善，对于家族妇女及工商界，则用散体而酌参以对句。对于亲戚师友及学界，则视其程度之高下，与情谊之亲疏而别。或用文言散体，或用白话新体，其身份较尊或客气者，则略用骈体。惟对于政界、军警界，则沿旧时习惯，纯用骈体，如是则作者易于模仿，而阅者亦不致茫然也。①

从内容上看，这些图书并没有很多的原创性，但通过有针对性地再创造，就有了点铁成金之效，呈现出其他同类图书难以比拟的市场吸引力。1920 年 11 月 22 日，世界书局在广告中说："本局开办以来，已历三载。出版并经售各书，俱内容丰富，趣味浓郁，印刷精良，售价低廉"②，已经是在占有市场之后，颇为自得的口气了。

"神通之广大"的第二点，是沈知方"计划编出之书，无不行销"的营销能力。这一时期，沈知方的营销策略是定价低廉，通过大量投放广告吸引读者，以求薄利多销之效。虽然资本微薄，但在渡过最艰难的一两年之后，从 1918 年下半年开始，广文书局就开始在《申报》、《新闻报》上刊登广告，1920 年之后，世界书局和中国第一书局的广告，也开始成为申、新两报的常客。

沈知方做广告有两个特点，一是频繁，二是连续。说他每天都刊登广告可能略显夸张，但到了 1920 年前后，广文书局、世界书局每周在报纸上露面三四次，则毫无问题。如果只看这些报纸上的广告，基本都会以为这是一家经营有年、财力雄厚的书局。这些广告，很少

---

① 刘再苏：《新体广注贺年尺牍编辑大意》，世界书局 1923 年版。
② 《上海世界书局廉价一月》，《申报》1920 年 11 月 22 日。

只做一次就偃旗息鼓的。重要的图书，基本上都在三到五次以上。每次再版出书，更是不间断地公告每一版次。1919 年 5 月 7 日，《天下第一奇书》以广文书局的名义出版，《申报》连续几日发布广告。这是本超级畅销书，一月之内重印数次，接下来的报纸上，读者就不停见证这本奇书的再版次数。如 6 月 26 日广告《第一奇书》第五版已出，7 月 17 日就说开印了第六版，10 月 15 日的广告宣布已印到第十版。到了 1920 年 4 月下旬，又连续几天刊登广告，宣布第十一版增加印数已经上市。其他图书多类似于此。《习字秘诀》、《秋水轩尺牍》、《医学南针》、《单方大全》、《家庭实用图书集成》等应用类图书，由时事改编的《直皖秘史》、《阎瑞生秘史》、《莲英惨史》、《真正蒋老五秘史》、《徐树铮演义》等应时之作，因为属于畅销和常销并具之书，广告次数均不下十余次，多的更达三十次以上。这种频繁轰炸的广告力度，即使随意浏览的报纸读者，也很难不留下印象。

沈知方还喜欢使用倒计时广告的把戏。民国时期的大部头新书出版之前，常采用预约发售的方式。广文书局的大型丛书《家庭实用图书集成》推出后，很快再版。1918 年 12 月 20 日，沈知方开始在《申报》刊登"预约只有十三天"的大幅广告，在接下来的广告中，内容大致相似，预约的天数则一天天减少。有时赶上某些节庆，广文书局或世界书局会对所有图书实行一段时间的特价，如 1920 年 11 月 22 日刊登"上海世界书局廉价一月"，沈知方就倒计时连续刊登。一月到期，还不过瘾，趁着元旦将至，又刊登了"上海世界书局三周纪念大廉价只有十天"的广告，继续按天倒计时，似乎乐不可支。对于某些畅销书，沈知方会在发售几版收回成本之后，进行减价促销，这也是连续倒计时广告的主要场合。1919 年 6 月 4 日，广文书局出版《男女游戏大观》，内容包括灯谜、酒令之类的文字游戏，足球、篮球之类的体育游戏，学戏、唱歌之类的音乐游戏，养兰、种菊之类的栽花游戏，养猫、喂鱼之类的豢养游戏，等等。对于已经感受到都市压力的市民来说，这本讲授如何度过业余时光的书超级畅销，一个月就出了四版。四个月之后，濒临中秋，正是一个举家欢乐团圆的好时节，沈知方便以中秋日为限，提前一周多进行倒计时促销，每日刊登"男女游戏大观　截止期满增价只有四天了"[1]这类广告。广告内容基本一样，只有天数每天变动减少，在这种重复刺激之下，百年之后的今天再翻阅，还是让人感受到强大的视觉冲击力。

在广告样式上，已经可以独立决断的沈知方彻底放飞自我，展示出个性张扬的特点。除了少量广告是采用小方框形式，文字朴实之外，大多喜欢使用通栏或者半版以及整版的方式。文字上则喜欢在篇首或居中位置，用黑体大字重点显示，然后周边环以小字介绍。从效果上来说，兼具视觉吸引和信息完备之效，比那种通篇字体统一的书局广告，确实要好不少。沈知方有时还故弄玄虚。1920 年 6 月，针对市民发财心盛的背景，沈知方策划了一本《财运预知术》，提前几天在报纸上刊登广告。只印一个大大的颜体"灵"字，周边无其他介绍，让人莫名其妙。如是几天之后，又煞有介事地公布谜底，"灵字猜着了，原来是济公活佛的坛谕，书名叫《真正财运预知术》。当面实验，灵验得了不得，买书的地方，在上海四马路昼锦里口第一春对门萃秀里内世界书局"[2]。同期以中国第一书局印行的华佗祖师秘传《全图验方新编》等，都是此类代表。

---

① 《男女游戏大观》广告，《申报》1919 年 10 月 5 日。
② 《灵字猜着了》，《申报》1920 年 6 月 8 日。

给图书做广告，在民国时期的书业之中并不稀奇。翻开当时的申、新两报，大部分版面都是广告内容，其中书业篇幅也不小。但沈知方的不同之处，就是在广文书局、世界书局资本微薄之时，他就不吝花费，连篇累牍地借广告宣传，搞得广文书局好像规模是小号的商务印书馆或者中华书局一样。相对于商务印书馆那种老成持重、中规中矩的广告样式，沈知方推出各种新玩法，追求"注意力经济"，算得上当时少有的新媒体思维。当一个出版人志向远大又善于解决问题时，那还有什么目标达不到呢？

四、"滑头"营销手段

沈知方少年时即奔走于旧书业江湖，练就了洞悉社会和读者心理的好眼力，但旧书坊的不良风气也沾染了不少。尤其是陷入破产之后，为了积蓄资本，尽快获利，他采用了不少旧书业的出版伎俩。他被脸谱化为牟利之人，基本都是因为这一时期的滑头手段。

平襟亚记述过沈知方套牌出书的一则轶事。有位绍兴老乡朱锡泉，曾在沈知方处打杂，后来朱氏无意间得中慈善奖券头奖，虽大字不识几个，也照葫芦画瓢开起了一家新华书局。朱老板策划了一本书《真正财运预知法》，提前一周倒计时，每天在报纸重要位置刊登连续广告。"匿居"上海闸北广文书局之内的沈知方见到之后，见猎心喜，五天之内就赶印出一本《真正财运预知术》，第六天时发布广告，说该书已经提前由世界书局出版，大东书局代售。

这个广告一出，等于朱锡泉连着几天的宣传，全是为世界书局做了铺垫。翻阅当时的报纸，世界书局的《真正财运预知术》广告和新华书局的《真正财运预知法》，两本书还经常在同一个版面，甚至紧密相连，都强调自己是唯一灵验的真本。[①] 这种做法委实让人难以接受。气愤之下，朱锡泉就想出了一个计策。有一天，他用沈知方的姓名，在《新闻报》上刊登了三行短短的广告，"书商沈知方启事。本人业已来沪，住用北香山路香馨里八号三楼。凡有亲友前来采访，须在上午七时以前。此启。"第二天，沈知方躺在床上阅报，蓦然见此，大吃一惊，立即跑到苏州岳丈家里躲避。后来债权人陆续上门讨债，书局同人不便否认，只得请律师出面与他们讲条件，答应分期拨付，三年还清。这样，沈知方又回到上海，公开抛头露面，继续自己的出版事业。

沈知方匿居躲债却被同行供出的故事，民国时期的《文哨》杂志也有类似记载，不过主角"朱锡泉"却变成了平襟亚。虽然内容略有出入，但文中所述沈知方当时的处境，堪称真实写照："沈知方被弄得目瞪口呆，走投无路，当时惶恐窘迫的状态，十七八个漫画家也速写不出！"[②]

现实之中，沈知方和平襟亚之间也确有一段竞争故事。1919 年仲春，平襟亚写了一本《中国恶讼师》，署名海虞襟亚，印行者襟霞阁，发行者志成书局。《中国恶讼师》出版后颇为畅销，半年之内发行三版，并交由大东书局负责发行。以此盈利，平襟亚创办了东亚书局，后来还出版《百大奇谋全书》。与此同时，世界书局也开始出

---

① 如 1920 年 6 月 9 日《申报》一个版面之中，世界书局在上，新华书局紧邻其下。同等篇幅，一样版式，都强调自己是正牌，提醒"外间假冒迭出，请君幸勿受愚"。

② 太上：《活捉沈知方 笑杀平襟亚》，《文哨》第一期，1947 年 9 月。

版《中国第一恶讼师》，另有《四大奇谋全书》。竞争之下，二者开始互相攻讦，均视对方为抄袭。1920 年 4 月，两家书局同一天在《申报》上相邻发布指控对方的启事，成为现代出版史上同业竞争的有趣材料：

东亚书局特别启事

　　近有上海某某书局将本局出版之《中国恶讼师》一书中，摘抄窃取一二段，改头换面，取名《中国第一恶讼师》在市混骗。又将旧书改易名目，取名与本局之《百大奇谋全书》类似，鱼目混珠，希图渔利，实属无耻已极。本局深恐外埠阅者不知底蕴，堕其计中，特此声明。俾知谨慎为幸。附告《中国恶讼师》业已八版，四厚册一大匣，二马路石路东亚书局出售。①

一行之隔，便是世界书局发布的"紧要通告"：

上海世界书局紧要通告

　　本局出版《四大奇谋全书》系分请吴虞公、贡少芹、梦花馆主诸名流，分任编辑，共计四册。初版五千部，风行一时，内容完美，无待赘述。讵近有本埠某某书局新出一书，与本局所出之《四大奇谋全书》名目相似，并将登报广告之木戳摹仿。斯人希图渔利，本不值与诸辨别，实恐外埠购阅本局所出之《四大奇谋全书》之诸君子，误堕奸商诡计，不得不登报声明，免致受愚，

---

①　《申报》1920 年 4 月 10 日。

诸惟察照。附告《四大奇谋全书》再版，已出洋装四大册，一大盒，四马路怀远里本局出售。

两个书局在同一版面互控抄袭，用语凶狠，成了一桩罗生门事件。从语气来看，应该是认为被抄袭的平襟亚攻讦在先，在《申报》有眼线的沈知方回应在后，除了解释说明，另外还得以反击一棒。世界书局的回应只涉及《奇谋全书》，不谈《第一恶讼师》，一是因为《四大奇谋全书》属于原创，底气十足；二是《中国第一恶讼师》由中国第一书局出版，平襟亚知道两家书局都是沈知方的产业，一并抨击。但沈知方却不便公开，只能就世界书局的出版物单独回应。

相较于沈知方，这时的平襟亚还是上海书业的新人，东亚书局的资本也没有世界书局丰厚。看到平襟亚如此泼辣，沈知方决定敲打一下，给年轻人点颜色看看。两天之后，《申报》等报纸上就出现了大幅广告，世界书局宣称只要购买一套《四大奇谋全书》，赠送《百件奇案大观》一套二册；中国第一书局则是购买《百大奇谋全书》，免费送一本《中国第一恶讼师》。[1] 你不是说我抄袭吗，我直接将这两本书赠送。这种釜底抽薪的打法，直接断了平襟亚的后路。

与新华书局《真正财运预知术》的竞争也是如此。两家书局在报上斗嘴之后，沈知方开始在报纸上发布广告，说俞曲园的游戏文出版了："又名《财运预知奇书》，是书从浙江才子俞曲园'春在堂丛书'中录出，原名《新定牙牌数》，即本埠某某书局之《财运预知术》也。本局为表扬俞氏游戏文字起见，代为印行，以博诸君一笑，不日出

---

[1] 《申报》1921 年 4 月 12 日等广告。

版，每本只收工料二分，上海世界书局谨启"①。二分钱的工本费，宛如白送，对对手的打击也是致命的。

"滑头式"的竞争模式，是当时中小书业之间的常态。竞争双方孰是孰非，很难一语概之。尤其是竞争对手平襟亚，因为这次相争，让沈知方也刮目相看，后来被沈知方罗致自己麾下。同时代人记述他们的恩怨："一笑释嫌，化敌为友的平襟亚也不胜知己之感，对沈知方矣（应为"矢"——引者注）其忠诚，国士待我、国士报之了。朋友们传为佳话，都说：沈知方之豁达大度，平襟亚之良禽择木，真所谓合之则双美，离之则两伤啊"②，反而成了一段令人称道的美事。

沈知方与竞争对手"耍滑头"，既有计谋又有实力。但这时匿居躲债的沈知方，大都只能充当幕后主使。1919 年 2 月 23 日，出版了多本畅销图书的广文书局，在《申报》发布"上海广文书局成立通告"：

> 本局系江苏鲁芑堂先生独立经营，创设在六年七月间。延请各省通儒，分任编译，首尾三载。已出版者，有《家庭实用图书集成》等数十种，均系精益求精，非牟利一时者可比。发行以来，颇承各界欢迎，咸谓我国文化进步，实赖于兹。惠顾诸君，倘蒙批购，请认明本局出版字样。兹将本局各机关罗列如下：（一）编辑所苏州河沿街（二）总发行所上海闸北义品里三百六十号（三）分发行所上海四马路大东书局（四）外埠分发行所各省各大书局。

通告中独立经营的"鲁芑堂先生"，在现代出版史上仅此一见，

---

① 《俞曲园游戏文出版》，《申报》1920 年 6 月 11 日。
② 太上：《活捉沈知方 笑杀平襟亚》，《文哨》第一期，1947 年 9 月。

他的实际身份，便是沈知方的岳丈别号。自己经营的书局却不敢公开承认，可见沈知方躲债时期的憋屈和艰难。这一次广文书局高调登台，缘于沈知方推出了一本立局之作，就是《家庭实用图书集成》。

五、广文书局的立局之作

1918 年 11 月 2 日，广文书局在报纸上发布了《家庭实用图书集成》的预约发售广告，这是低调运作的广文书局第一次正式亮相。

1918 年 12 月，《家庭实用图书集成》（以下简称《集成》）成书，广文书局出版，大东书局发行。全书共分十编，凡二十二册，三百余万言。家庭日用生活类书，是传统书业之中的常销品类，早年的商务印书馆就曾经出版过不少，但基本都是单本形式，像沈知方这种集成出版模式，在当时的出版情景中是很少见的。

《集成》的编纂，早在 1912 年就已开始酝酿。那时沈知方还任职商务印书馆，浮沉于中层。伙伴们创办的中华书局已经开业，他策划整理的巨著《国朝文汇》刚刚出版。因为合同不能离开，却又在商务印书馆无所事事的沈知方，有了编纂《集成》的想法。这种大型丛书主要是资料的汇集整理，看起来容易，但要想搜集完备、罗列清晰，却是十分不易。《集成》的编纂工作时作时辍，历经三次。

第一次编纂是在 1912 年。沈知方发起之后，"规划大纲，从事编辑，殆将一载。卒以材料缺乏，因之搁笔"[①]。经过这次挫折，沈知方

[①] 《家庭实用图书集成》，《申报》1918 年 11 月 18 日。

开始从头做起，专门从事于搜罗材料。"阅书有心得，闻人有经验，则必随时记下。甚至字簏之中，报纸之上，凡有关于人生日用之事，无不留心搜藏，积三五年之久，再选择东西书籍之精华，以及家藏秘本，共计百余种。"[①]

第二次编纂是在 1917 年 2 月。这时沈知方刚刚辞去中华书局副局长，于是重操旧业。前期材料准备充足，编纂速度加快很多。历经半年，篇幅整理就将近一半。但这时主要是沈知方个人之力，继续进行越发艰难，"或以文字高深，或以经验未足，仍未惬意。乃改变方针，重行计划"[②]。

第三次编纂是在 1917 年的秋天紧接着进行的。与前两次不同，这一次沈知方放弃了单打独斗的模式，开始组织编辑团队。如他所言：

> 本主任经第二次之痛苦，乃征访专门人才，有长于治家者，有明于生产者，有熟于事务者，有精于会计者，有善社会交际者，有具医药学识者，有谙悉旅行方法者，有通晓游戏门径者，加以考察，一一延聘，故所成之书，各有特长，而合乎人生之用。[③]

经过细心求访，沈知方组织的编辑团队有 23 人，其中很多人也是他在苏州设立的编辑所的班底。团队组成之后，或一人独任一编，

---

① 《家庭实用图书集成》，《申报》1919 年 11 月 18 日。
② 《家庭实用图书集成》，《申报》1919 年 11 月 18 日。
③ 《家庭实用图书集成》，《申报》1918 年 11 月 18 日。

或数人分任一编，费时一年有余，终于初稿告成。第三次编纂，除了系统整理前期广搜博览的资料外，同时就各人所见所闻的内容，分门别类添入，扩充篇幅，"其材料之丰富，诚为实用书中空前绝后之巨观"。体例也进行了统一，因为前后变更，不少内容需要修改与重新抄写，颇为费力，"今之得能统一体例，其艰难非他书可同日而语"。沈知方对《集成》的校对也是精益求精，详加审订，"有再易三易而始克蒇事者，总以语无空谈，事多实用，则本书之价值可知"。等到出版的时候，距离沈知方最初的起意，已经过去数年，正如《集成》广告中自述，"积六七年之苦心，幸一载余而庆告成也"。[①]

《集成》的编纂历时六七年，费银一万余金，集 23 人之心力，全书二十余册，售价三元五角。《集成》初版 1000 部，经过提前预约，两个月内销售一空。1919 年 2 月预约第二版，直接印了 5000 部。广文书局对此书的推销也是不遗余力，从 1918 年 9 月预告成书，到 1919 年 3 月再版预约，《集成》或大或小的广告在《申报》、《新闻报》有七八十条。二版出书之后，再次见到《集成》的信息，就是 1920 年底世界书局庆祝三周年的减价特卖广告之中，混在近百种书目中，价洋五元，现售三元。此后未曾有第三版、第四版的消息。

从经济效益上来说，即使两版 6000 部全部售出，盈余也不到一万元，算上时间和人力成本，收益更低。这样的投入产出比，实在不是划算的买卖，远不如去改装几种旧书坊常见的通俗读物来得实惠。但《集成》之所以成为沈知方独立出版生涯的开篇巨制，主要有两个原因。

---

① 《家庭实用图书集成出版在即》，《申报》1918 年 12 月 18 日。

第一，《集成》展现了沈知方的出版理想。《集成》的发起，是在沈知方私下主持国学扶轮社的时候。如果说《国朝文汇》缘于家族梦想，属于务虚性的文化传承；那么《集成》的发起，则是沈知方立足于社会现实，属于务实性的致用之举。晚清以降，经世致用乃至实业救国，是社会上一股汹涌不已的思潮。甲午战败，举国哗然，富国强兵成为社会共识。民国肇造之后，北京政府也推出了诸多兴业举措，尤其随着提倡国货运动的兴起，"实业救国"成为当时的响亮口号。沈知方策划《集成》的初衷，是"日思所以裨益世人，几经损失，百折不回"，洵非虚言。

《集成》全书凡十编，共分六十章，二百零二节，一万余细目，三百余万言。这样的规模，在同类书中从未有过。十编的目录，可以窥见当时家庭实用类图书的内容范围，兹录如下：

第一编　家庭金鉴

第一章　家庭任务；第二章　家庭风范；第三章　家庭卫生；第四章　家庭经济

第二编　日用常识

第一章　服饰；第二章　饮食；第三章　居住；第四章　器用

第三编　国民秘笈

上卷　第一章　世系表；第二章　坟墓祭祀一览表；第三章大事纪要；第四章　姓氏调查录

下卷　第一章　不动产一览表；第二章　动产一览表；第三章预算表

第四编　写算须知

第一章　预算；第二章　簿记；第三章　算法　附各种表式

第五编　实业一斑

第一章　种植；第二章　养畜；第三章　工艺　食品　用品

第六编　医药宝库

编上　验方大全　附录本编内外备方

验方大全上卷　第一章　全体；第二章　头部；第三章
干部；第四章　肢部

验方大全下卷　第一章　传染病；第二章　急救病；第三章
妇女病；第四章　小儿病

编下　本草集解

第七编　应世锦囊

第一章　文艺；第二章　诗词；第三章　尺牍；第四章　电文；
第五章　联额；第六章　柬帖；第七章　契据；第八章　广告

第八编　交通指南

第一章　旅行；第二章　铁路；第三章　航政；第四章　邮政；
第五章　电政

第九编　艺术汇编

编上　书画琴棋　第一章　书法；第二章　画谱；第三章
琴学；第四章　棋局

编下　医卜星象　第一章　行医；第二章　卜筮；第三章
星命；第四章　相法

第十编　游戏大观

第一章　文字游戏；第二章　笑话游戏；第三章　酒令游戏；

第四章　益智游戏；第五章　体育游戏

这份目录中，每一章之下，又分诸多小节，如第一编的第一章"家庭任务"，有老人之奉养、小儿之保育、婢仆之佣役及待遇、病人之看护等节；第四章"家庭经济"中，有预算、簿记、储蓄、负债、购物等节。小节之下，设有细目，如第五编第三章的"食品"一节，就有制茶、制酒、制人造牛乳、制荷兰水、制糖、制香盐、制酱油、制甜酱、制醋、制奶油、制卫生椰子粉、制葡萄干、制柿饼、制火腿、制五香咸菜、制皮蛋、制糟油等近二十个细目。

为了配合实用目的，《集成》的编排有三大特点。一是省时："本书每种编列数目，层次井然，加以图表详明，阅者一检即得，无稽延时刻之苦。"二是省费："新旧典籍浩如烟海，即费千金，尤难完备，本书搜集中外图书以及家藏秘本至百余种之多，精心编辑，仅售大洋三元五角，以全部分计之，每本仅得一角六分，售价之廉，无以复加。"三是省脑力："一人之脑力有限，杂出之图书无尽，读破万卷，无裨实用，本书不尚空谈，事事皆从经验而得，俾阅者一望即知，不致枉费脑力。"①

规模宏大，考虑用心，让编者也很自信，称《集成》是"空前绝后，家庭日用之巨著"。百年之后，回看《集成》，其文献整理之功，规模宏大之体，体例创新之义，作用现实之力，相比同期以诸多书局出版的单本类"家庭万宝全书"，确实担得起"空前绝后"的评语。

第二，《集成》展示了沈知方的出版能力。出版业包括作者群体、

---

① 《家庭实用图书集成》，《申报》1919 年 3 月 11 日。

编辑队伍、发行渠道、资金融通等多种要素，一个成功的出版人，纵横捭阖调动各种资源，是必备的一种能力。离开中华书局之时，沈知方在圈内已经被视为破产，要想再次进入出版界，除了翻印传统读物积攒第一桶金，沈知方还必须显示出自己的出版实力。他一方面匿居躲债，一方面又花费一万余元编纂《集成》，其原因正在于此。

《集成》第一卷的扉页之上，是四个行楷大字的题词：富国利民。落款署名徐世昌，是当时的中华民国大总统，《集成》出版两个月前才宣誓就职。第二页题词：务本崇实 取精用宏。题词者张謇，这位晚清的状元，以实业救国闻名当时，颇具社会声望。再翻一页，是端正楷书缮写的"弁言"：

> 余自避嚣以来，日以治家修己为要务，习字栽花为乐事。行之一年，觉尘世间一切烦恼，胥不足以扰吾心。颇思将此法，勉示国人。适有友人自东南来者，袖书稿数册，乞序于余。略翻一过，凡家庭中事上接下之道，治生理财之法，以及一物一名，一技一艺，无不备载，诚近时不可多得之实用书也。人能手此一编，奉为圭臬，则家道肃，生计裕，忧患消，乐趣增。余故乐志数言，弁诸卷首。

弁言的作者是黎元洪，1916—1917年间，继袁世凯之后的中华民国第二任大总统，当时正息政津门，热衷实业救国。

出版《集成》的广文书局，这时还名不见经传，但《集成》居然约了两位大总统和一代状元来题词写序，这种规格，在民国出版史上也是难得一见。其中也显示出沈知方卓越的策划能力。百废待兴之际，政府急需一本可以指导国民营生的实业指南，这时包含"治生理财之法"的《集成》顺势而出，获得几位民国大佬的背书也就不难理解了。

《集成》出版之后，沈知方大为宣传。随着这部大书，广文书局的名字开始在报纸上频繁出现。《集成》第二版预约之时，广文书局发布成立通告，时间节点之巧合，于此可见。对于败走中华书局的沈知方来说，《集成》展示出版实力的意义，远过于积累资本的价值。广文书局成立通告中说，"已出版者，有《家庭实用图书集成》等数十种，均系精益求精，非牟利一时者可比"一语，也可看出《集成》在沈知方眼中的地位。有了《集成》在手，沈知方的出版活动，开始有了自信，逐步呈现出一种蓬勃气象。

六、特创版式：新体广注

一个出版机构，若只考虑利润而出版一些大路货，那是一家不入流的商铺。若只为文化理想出版小众读物，要么是有祖产可供挥霍，要么是有别业提供支撑。民国时期成功的出版机构，都是在经济利益与文化理想之间取得大致均衡，既有品位，又能自盈。对沈知方来说，这一时期既有品位又能自盈的出版物，首推独创的"新体广注"系列读本。

1919 年 3 月，《家庭实用图书集成》第二版预约的同时，广文书局发布了新书广告：新体广注的《秋水轩尺牍》和《小仓山房尺牍》。尺牍类读物介于家庭日用和文学作品之间，是传统书业中的常销书，包括商务印书馆、中华书局在内的新旧书局几乎都出版过类似读物。

广文书局版本的不同，就是其特创的体裁：新体广注。何谓新体广注？书局说得明白：

> 原文广注　旧本注释不多且仅详其典实，而于所以运用是典之大意缺而不详。本局……将原注所未详者，逐字逐句分注详明。凡有其字僻典，无不穷采博罗，先定其音训，继释其意义，再详其出处，俾教师与自习者不必翻阅他书，自能一目了然，此系本局特创，故名曰广注。
>
> 特创新体　旧本注释夹杂文中，殊为诵读时一气贯注之碍，今于注释之字句旁标以一二三四等字，注释则萃列于每首之后，条文上冠数目，既免割裂又便检阅。此为本局特创之体，故名曰新体。[1]

由此可见，"新体"是格式上的更新，"广注"是内容上的丰富。前文曾经提及，沈知方翻刻旧本，很少是原版照搬，大都会根据时代特征进行一些变革。两本尺牍的出版，同样如此。"二书原著，久有闻名，但旧注简略，非博考群籍，不能尽通其义；非询问师友，不易识其妙处。且旧版漫烂，而翻印之本又皆卤莽灭裂，错误滋多，阅者每引为憾事。本局为发挥国学，裨益青年起见，特聘名流，宽以时日，详加注释，精心缮校，为近今尺牍中唯一之善本，诚教授与自修者不可不备之书也"[2]。这种变革，在沈知方的版本出来之后，看着并不困难，但首创时的突破，和哥伦布竖起鸡蛋如出一辙。当诸多书局

---

① 《新体广注古文观止出版》，《新体广注秋水轩尺牍》后附广告，1921 年 6 月第 4 版。
② 《本书改良之原因》，《申报》1919 年 3 月 13 日。

只会翻刻之时，能敏锐发现读者的阅读痛点，推出改良版本，非有营销巨眼，实难办之。

首创新体广注体裁之后，借助设在苏州的学术研究会，沈知方进行了快速扩容。一时之间，新体广注版的《雪鸿轩尺牍》、《古文观止》、《东莱博议》、《花月尺牍》、《唐诗三百首》、《古文辞类纂》、《曾文正家书》等纷纷出版。另外，根据"新体广注"的特点，沈知方将之定位在教辅读物，主打"自修者有无师自通之乐 教授者免东翻西阅之劳"的专属特色。针对讲授和自修需要，又专门做了其他新的变动。如《新体广注古文观止》专门做了新目录，加了新眉批：

> 配合程度 原文次序悉沿朝代而下，长短不一，多有深浅倒置，本书卷帙次第，盖依旧本，惟另编目录一通，以文章之长短为先后，俾学者欲由浅入深循序渐进亦可，欲仍沿朝而读亦无不可。
>
> 增加眉批 旧本有注无批，而不知古文佳处，有结构呼应炼字句等法，非逐条注明，不易领会。本书特汇集诸家眉批于首，有一篇多至数十条，庶学者得明其妙处，无囫囵吞过之弊。①

书前的例言结尾，编者再次重复提醒：

> 是编专为教授与自习者便利起见，故注释不厌其详。若夫总评一层，不务高远之论，但求与古人立意，能互相发明而已。故仍用原评，而于古来各大家之评论，概不采入，以免纷歧而存真

---

① 《编辑大意》，《新体广注古文观止》，世界书局 1919 年版，第 1 页。

本。区区之意，读者谅之。中华民国八年八月一日注者识①

针对古籍中常见的鲁鱼亥豕之误，新体广注系列精心校订，全部重新刻版。如六册的《古文观止》，"本书复经黄刘二先生手校审慎精博，可称无两"，"原版流传已久，经各家之翻印，错字破句不一而足，本局特请练熟书法者，精心缮写，字体秀美，可称双绝"。

有创新，定位准，注重细节，"新体广注"的开创，沈知方有了第一批既叫好又叫座的畅销书。这些书的畅销程度，仅举几例即可看出。新体广注《秋水轩尺牍》和《小仓山房尺牍》，民国八年二月十日初版，民国九年四月一日四版，民国十三年六月八版，民国十六年十一月十二版。《新体广注古文观止》（全六册）民国八年九月初版，民国十一年十一月五版，民国十五年十二月十一版，民国廿四年一月廿四版。《新体广注雪鸿轩尺牍》民国九年十一月初版，民国十二年九月八版，民国十七年十二月十六版。这些印次之外，还不包括推出的不同版式，比如《新体广注秋水轩尺牍》印行三版之后，又分别做成普通本和大字本，后来与《雪鸿轩尺牍》合订，又做成《广注秋水轩雪鸿轩尺牍合璧》。

世界书局改组股份有限公司之后，将"新体广注"和"自修"结合，出版了一系列针对自学者的读本，有《新体广注骈体文自修读本》、《新体广注纪事文自修读本》、《新体广注书翰文自修读本》、《新体广注论说文自修读本》、《新体广注古今诗自修读本》、《新体广注唐诗三百首读本》等，可说是世界书局教科书出版的先声。自然，这

---

① 《编辑大意》，《新体广注古文观止》，世界书局1919年版，第2页。

些书也都成了世界书局的常销品种，比如《新体广注唐诗三百首读本》，自 1922 年 9 月推出之后，1925 年 11 月 6 版，1931 年 7 月 14 版，1935 年 10 月 20 版。

这种成绩，既回答了为何四年时间，沈知方就能从破产境地重回上海出版业中心的四马路，也值得我们再次借用《新体广注唐诗三百首读本》"编辑大意"，来回眸这一被忽视的现代出版品牌：

> 唐诗三百首一书，精彩纷披，联篇珠玉。久已脍炙人口，惟原注颇多谬误，以后释前。习非胜是，在所不免。而词句简奥，行之今世，尤多枘凿之弊。兹为便于初学起见，特用语体诠释，务求浅显，繁简亦斟酌得当。学者手此一篇，可免翻阅群集之劳，而有无师自通之乐。[1]

总的来说，1917—1921 年，是沈知方出版生涯的困顿时期，也是他自立门户的创业阶段。这一时期，他的出版活动多以积累资本的营利为依归。但沈知方能跻身出版家之列，就是在营利诉求之外，还有明确的出版理想。这一时期的一些书籍，尤其是"新体广注"系列，问世之后，从石印到铅印，从畅销到常销，历时二十余年不衰，有些读本到了 20 世纪 40 年代仍在重印。如果没有扎实的出版创新和内容质量，仅靠营销上的噱头和滑头手段是根本不可能的。这些因素，是沈知方四年之内就能摆脱困境，并在十年之内就把改组后的世界书局发展成为民国三大书局之一的核心原因。

---

[1] 《编辑大意》，《新体广注唐诗三百首读本》，世界书局 1922 年版。

第四章

通俗文学出版之王

1921 年 8 月 10 日，农历七月初七，星期三。

对沈知方来说，这是一个大日子。世界书局发行所的新屋，这一天在上海市的书业中心——四马路，正式落成开业了。

长年压抑，一朝得展，沈知方的扬眉吐气可想而知。他把设在四马路中市的新屋门脸漆成红彤彤的颜色，在四马路上大老远就能看到。他自己也很兴奋，书局的地点有时叫"四马路中市"，有时就直接写"四马路红屋"。

红屋落成不久，这一年的秋天，沈知方约了学徒时的师兄魏炳荣，还有陈芝生、罗坤祥、赵文焕、李春荣、张云石、林君鹤等人，把世界书局改成了股份有限公司，资本额从一年前的一万五千元增加为二万五千元。改组之后，沈知方对自己的三个书局进行了合并，此前声名甚大的广文书局彻底停业，并入世界书局。舍"广文"而取"世界"，1921 年就进入世界书局工作的朱联保说，是因为世界书局出售的书销路好，加上"世界"一词要比"中华"为大，所以沈氏就以此为名了。这种理由只是当事人为尊者讳的说法，重要原因是与泰东图书局赵南公的版权官司，导致广文书局不得不歇业。

1917 年新文化运动开始之后，胡适、陈独秀等人提倡的白话文开始流行，虽然当时白话文的出版市场还不大，但正处于资本积累时期的沈知方也不愿放过。他选取当时各种杂志和报纸上的名流文字，用广文书局的名义出版了"世界知识新文库"和"新文精华"等图书，销路颇佳。不同于"验方大全"、"古文观止"等传统公版书籍，这些选文并没有获得全部授权，有些是商务印书馆和泰东图书局结集出版过的内容，作者又是健在的社会名流，很容易引起版权纠纷。除了有些作者对其提出质疑之外，泰东图书局老板赵南公更是不依不饶，向书业公所控告沈知方侵犯版权。1921 年 8 月 19 日，世界书局红屋开业不到十天，赵南公跑到上海书业公所，当面向书业公会委员质问："对广文翻印泰东书籍，予已送来公函及书，想大家已看过，究竟对此有何意见？"① 然后提出如果广文、世界等书局不服公所的决定，就把信件和书籍呈送给书业公会的会长商务印书馆的总经理高凤池定夺。

现代出版界中，赵南公是一个傲气十足、自视甚高的出版人，在他眼里当时的上海"除泰东外实无出版家，真真可怜，彼等全是一丘之貉"，更不用说广文书局和世界书局了。沈知方如果是一个文弱书

---

① 赵南公：《赵南公日记手稿本》第四册，上海交通大学出版社 2016 年版。

生，大概赵南公这一番举动能取得不错的效果，可惜沈知方的心性比他还高，怎会吃他这一套。于是赵南公恨恨不已，决定重拳回击。他设想的报复措施，是一方面将自认为被侵权但还没有进行版权登记的书赶紧登记，委托律师起诉；另一方面登报宣告，同时让书业公所对沈知方进行道义上的惩罚。他在日记中写道："予初意本不愿如是办理，但沈子芳太不知进退，如能以正当理由及法律，或将封闭其世界书局，而治沈以罪"①。赵南公的设想很好，而且这次高凤池主导的"书业公所坚定地站在了赵南公一边，颇有借机报复沈子芳的意味"②，似乎颇有胜算。但沈知方是出版行业的老手，加之赵南公临时登记版权的做法不无瑕疵，一番争斗下来，沈知方和世界书局全身而退，只对广文书局进行了处罚，要求其抽掉选录泰东图书局、商务印书馆和亚东图书馆的文章，纸型由书业公所予以销毁。

这一场"赵沈之争"，沈知方看似略占上风，但在赵南公的一番折腾之下，广文书局也失去了存在的意义。这个在沈知方困顿之时为其带来资本积累和心灵慰藉的出版机构，只好终结。不过对沈知方来说，这也不是坏事，自此之后，沈知方和世界书局开始一对一地紧密联系在一起。一家改变现代书业版图的出版机构，就此扬帆入海。

一、红屋开业大吉

红屋落成这一天，世界书局在《申报》头版做了广告"上海四马

---

① 咸立强：《中国出版家·赵南公》，人民出版社 2020 年版，第 201 页。
② 咸立强：《中国出版家·赵南公》，人民出版社 2020 年版，第 202 页。

路中市世界书局新屋落成开幕纪念",重头戏就是特别酬宾的"新书大竞卖":

> 七月七日,七夕佳节,原是本局开幕纪念大竞卖大赠品的第一天。灯下观书,焚香乞巧,其乐何如,快哉羡似!红闺佳人,绿窗雅士,宜备好书,以消永夜。本局为结善缘,不惜牺牲。除下列办法外,特别赠品三天,满洋一元,赠送价值五角之精雅赠品一件,风趣美艳,助兴不浅,谓予不信,盍请试之。

广告所说的"下列办法",就是对上海本埠的读者奉送茶点券,每购书五角送五分茶点券,以此累计,在书局二楼专设茶室,购书后可立即享受美妙时刻。对外埠的读者,则免除邮寄费。同时特别制作了"精雅赠品",一本标为第一号的《世界》大画册。全书精装,长一英尺,宽一英尺四寸,用上好纸张印刷近百幅图片,有仕女美人、山水风景、经典画作等。广告词也写得煽情:"精雅生香,人人恋爱,风趣美艳,个个欢迎。不惜牺牲,广为赠送,有情男女,鸿运亨通。得此一卷,乐在其中,左图右字,制法甚工。谓予不信,请看内容"。[①] 原书实价五角,现在买书一元直接赠送,第一批印了五千册,三天不到赠送一空,又紧急加印了三千册。

世界书局改组之后开业大吉,可以说是满堂彩。为了这一天,沈知方准备多日。1920年底,还未改组的世界书局搞了"廉价一月"售书活动:"本局开办以来,已历三载,出版并经售各书,俱内容丰

---

① 《世界书局开幕纪念日发行第一号世界》,《申报》1920年8月10日。

富，趣味浓郁。印刷精良，售价低廉。早蒙各界赞许，兹为普及起见，特设三周纪念，廉价一月，藉答惠顾诸君盛意，以极低之代价，得极多之书籍，获极大之知识，想亦诸君所乐闻也。时机难得，幸勿交臂失之"①。那时候的活动地址还在一个弄堂——四马路怀远里内。一旦搬到四马路中市的大街，以沈知方的营销能力，怎能不人潮涌动。果然，红屋开业不到三个月，世界书局专门在报纸上发布了一条特别启事："本局因营业发达，全体局员异常忙碌，自早至暮，不得休息。形神交疲。兹顺世界潮流，提倡人道卫生，特于星期日上午休业半天，午后一时照常营业"。②

发行生意蒸蒸日上，出版业务也日渐繁忙。除了不少畅销书的再版之外，新书种类也日渐增多。1921 年 11 月底，世界书局惯例开展"廉价一月"售书活动，广告中说："本局所出之书，类皆利人益世之作，深蒙各界踊跃争购，欣感良多。为特力求进步，日事扩充，广聘编辑名流，搜罗海内秘本，统计本月份出版新书不下六十余种，或有益于学生，或有裨于社会，莫不有浓郁深长之趣味，流传久远之价值。兹为普及起见，特将各种应用书籍，举行冬季大廉价二十一天，奉送赠品，藉答盛情。各界诸君，冬寒无事，速备好书，可资消遣，围炉静看，趣味奇绝，增长识见，获益不浅"③。以此所见，每天两本新书的出版速度，即使大书局也不过如是。

沈知方喜欢搞廉价促销，效果确实不错。但一年连搞几次，不但遭到同行非议，也有不少读者质疑，认为其故弄玄虚。为此，世界书

---

① 《上海世界书局廉价一月》，《申报》1920 年 11 月 22 日。

② 《上海世界书局特别启事》，《申报》1921 年 10 月 6 日。

③ 《世界书局冬季大廉价二十一天》，《申报》1921 年 11 月 24 日。

局专门对自己的廉价策略进行了解释：

> 本局偌大一个公司，房租薪工，需用甚大，而日"照本出售"，岂非坐吃山空，要大亏其本，令人疑心本局是滑头廉价么？其中却有种种缘故，听在下道来，方知本局是比众不同的真正廉价……
>
> （一）推行新书顷因新书出版很多，不得不介绍于诸君之前，俾知本局新书的价值，联络日后的生意。故不惜照本发售，推行新书。
>
> （二）联络顾客。语云：一回交易二回熟。故初次的顾客，则是将来永久的顾客，现在虽觉无利可赚，只要顾客源源而来，将来自有好处。本局不惜照本发售，原为巴结顾客，联络感情起见。
>
> 总之本局实行新式贩卖政策，重信用抬高商人之资格。滑头骗术，获利一时；信用固结，获利永久。（多中取利）其利溥。故本局认真照本廉价、收买顾客之信仰心，务请诸君，放开眼光，细细比较，方知我们的廉价不错，一切书籍，比众便宜。[①]

这段话堪称沈知方的营销独白。"滑头骗术，获利一时；信用固结，获利永久。（多中取利）其利溥。"这种"新式贩卖政策"的提出，既是广文书局阶段的结束，也是世界书局阶段的开始。此后的世界书局，便沿着这种运作模式，走上了鼎足而三的大局之路。

---

① 《上海四马路世界书局各种新书照本放盘》，《申报》1921 年 12 月 9 日。

二、首攻：通俗文学出版

改组后的世界书局营业鼎盛，但主体书籍还大都是学校家庭必备书、医卜星象奇书、时事黑幕小说、各种经史子集等旧书坊的常见读物，要想可持续快速发展，非有新的生长点不可。沈知方确定的第一个新领域，就是通俗文学出版。做此选择，原因有二。

第一个原因，是世界书局的现实条件所限。世界书局开业风风光光，但最初两年的资本实在太小，到1922年资本额只有3万元，1923年增加到6万3千元。人手也不多，1922年底只有北京、广州、奉天、汉口四地设了分局。他的老东家中华书局在1913年底资本额就达到了50万，次年又提高到了100万，分局更是遍布全国。相较之下，沈知方没有办法复制商务印书馆和中华书局的出版模式。出版的另一个要素是作者资源，沈知方当时的作者资源主要是以王均卿、喻血轮、包天笑等为主的旧派文人。如果他不想走出版旧式传统读物的老路，也不想走侵犯版权选录新文学的邪路，那么对于1921年的沈知方来说，通俗文学出版是他为数不多的切入点。

第二个原因，是当时上海出版业的市场现实。陈独秀、胡适等人依托北京大学开展的新文化运动，以西洋人文思想，对传统文化进行了猛烈抨击。余波之下，出版业的龙头商务印书馆也未能幸免，屡屡被指认为守旧的代表。这种情况之下，张元济等人开始对商务印书馆进行与时俱进的改造。商务印书馆办有通俗文学刊物《小说月报》，当时由鸳鸯蝴蝶派文人王蕴章主编，也是新文化运动的主要火力攻击点。为了应对风起云涌的新文化热潮，商务印书馆聘请年仅24岁的沈雁冰担任主编，从 1921 年开始，对《小说月报》全面改版。

《小说月报》改版，是上海通俗文学期刊界的一件大事。最直接的结果，就是通俗文学作家失去了最大的阵地，也失去了在上海文坛的强势地位。《小说月报》被改造之前，旧派通俗文学也经常受到攻击，然而旧派通俗作家基本安然不动，原因就是他们手里有全国最大出版机构支持的《小说月报》。依靠着商务印书馆的市场影响力，新文化人士的批判固然猛烈，但还是奈何不了他们许多。但作为执通俗小说之牛耳的杂志，《小说月报》突然被釜底抽薪，这对旧派通俗文学作家来说，冲击何其大哉。他们再也顾不得原来的斯文了，开始直接叫战。袁寒云在《小说月报》改版后，曾给沈雁冰写信挖苦道："遂走到这店里，把这本月刊，递给那老板，说是送他包酱鸭的。那老板接过去，打开了书，并不看，凑在鼻上，闻了闻，摇摇头，说是，谢谢你先生，纸倒是上好的洋纸，可惜印的字，太臭了些，包起食物来，有些不大好呢"[1]，这样的文字，丝毫没有了林泉名士的风度。

但谩骂终究只能发泄怨气，要做出真正有力的反击，还是要以其人之道还治其人之身，那就是创办新的通俗文学期刊。1921 年 3 月，《小说月报》全面改版后不久，《礼拜六》在终刊 5 年之后再次复刊。1923 年初，商务印书馆又创办了刊载旧派通俗文学的《小说世界》。这些举措，面对的是上海读者群体中占据主流的大众读者。提倡科学民主的新文化运动，最初的影响所及，还主要是以高级知识分子为主的精英群体。对于广大市民来说，欧化甚至诘屈聱牙的新文学，不是他们喜欢的读物，要想体会阅读的愉悦，那还得是流行的口头禅：宁

---

[1]　寒云：《小说迷的一封信》，《晶报》1922 年 8 月 12 日。

可不娶小老婆，不可不读《礼拜六》。

沈知方敏锐地感知到了这个阅读市场，这里有广大的读者，有他熟悉的作家资源，投资又不用很大，而且他还有办《小说大观》的经验，这么好的商业机会，怎可随之流失。于是他稍事准备，从 1922 年起，就开始在通俗文学市场上大显身手了。

沈知方的通俗文学出版规划，大致分为两个路径。一是创办期刊。在当时的媒介生态之中，与报纸一样属于新媒体，尤其是通俗文学期刊，是都市大众主要的娱乐产品。对于书局营业来说，既有增加收入的好处，同时还能刊登书局的图书广告，扩大影响，起到一举两得的作用。二是出版图书。依托世界书局创办的期刊，沈知方将不少作家囊括局内，拥有丰富的内容资源。以张恨水为代表的社会小说，以平江不肖生等人为代表的武侠小说，以程小青为代表的侦探小说，以严独鹤等为代表的言情小说等，都是 20 世纪 20 年代市场上的畅销读物。此间种种细节，且在下面一一叙说。

三、创刊《快活》

在沈知方的手里，世界书局一共创办了五种通俗文学杂志，依照时间先后，分别是《快活》旬刊、《红杂志》周刊、《家庭杂志》月刊、《侦探世界》半月刊、《红玫瑰》周刊。其中《红杂志》与《红玫瑰》都由严独鹤参与主持，作者群体大致一样，而且前者终刊之后，后者很快接续，常常被视为一体刊物。此外，这时的世界书局还承接过已创办多期的《新声》，出版过系列性的书籍《花花世界》等。但主要是前述的五种刊物，让世界书局接替了商务印书馆《小说月报》的位置，成为 1920 年通俗文学期刊界的领军力量。

五种刊物中，首先创办的是《快活》旬刊。1922 年 2 月 7 日，农历正月十一，春节刚过，世界书局就在《申报》上刊登了"快活旬刊征求稿件启事"：

> 本旬刊筹备多时，内容丰富，除订定文学巨子撰著文词外，特再破格重酬，征求佳作，规例如下：（一）小说笔记谐文杂作诗词，只须材料新鲜，文辞优美，均所欢迎。（二）短篇小说最优等者，每千字筹银十元，余则以次递减，刊登满一月后，凭券支付。（三）凡属抄袭剽窃或一稿两投，一经查实，或经人告发，均即停支酬金。（四）本旬刊各门文词均力求优胜，凡草率平庸无文学价值之稿，幸勿轻投。（五）美术照片亦所欢迎，刊登后酌送本旬刊。

一周以后，又专门发了"征求小说"通告，"出版界欲得精美之著作，先应提高著作家之价值。本旬刊征求短篇小说，如有特别佳作，每千字酬银十元，余则递减。重赏之下必有勇夫，空谷足音，企予望之"①。经过两个月的筹备，1922 年 4 月 11 日，农历的三月十五，《快活》正式问世。当天的《申报》，每一版都有一个咧嘴大笑的漫画人像，男女老幼不同，文字如一：我猜着了，原来他是《快活》，看了快活小说，能使人人快活。

---

① 《征求小说》，《申报》1922 年 2 月 15 日。

《快活》的主编，当时叫"主任"，是李涵秋。李涵秋1873年生，大沈知方9岁，扬州人。名应漳，字涵秋，号韵花，别署"沁香阁主人"，20岁时曾中晚清秀才，后在多地担任教员。李涵秋一生著作颇丰，著有长篇小说30余部，同时有短篇小说、诗集、杂著、笔记等多种。1914年推出代表作《广陵潮》，由国学书室出版，获得广泛赞誉。《广陵潮》后来一连出了六集，成为现代鸳鸯蝴蝶派文学的代表作，他也被视为民国初年扬州派作家的领袖。主编《快活》之前，李涵秋曾主持过《新声》杂志的"说海"栏目。

《快活》是沈知方自立门户之后创刊的第一本杂志，他颇为看重，专门撰写了一篇发刊词《快活宣言》：

方隐子独居小楼，凭栏闲眺，见墙外桃花怒放，艳若晚霞，杨柳垂丝，随风荡漾，枝头好鸟和鸣，时近时远，忽聚忽散。田塍间绿浪起伏，农夫荷锄往来，行歌互答，怡然自得。举目遥盼，则远山一抹，苍翠欲滴，澄湖千顷，碧波荡漾，点点风帆，出没于云烟飘渺之间。

方隐子顾而乐之，既而叹曰：夏溽暑而秋萧索，冬则朔风凛冽，景色惨淡，一岁之中，气和而景丽者，唯此暮春，此殆一岁中之快活时乎。苟于是时而不求快活，人生之乐趣尽矣。然或为生计所驱，或为事务所迫，遇快活之时而不知所以快活者，何可胜数。吾岂可苟图一己之快活，而不贻之于人耶？

夫当枯寂劳苦之际，使人心目间，别开境界，欣然喜，跃然起，豁然开朗，愁闷顿释，疲劳忽忘，惟佳小说有此魔力。我苟欲以快活贻之人，乌可不组织一别开境界之小说社乎？遂走叩诸大小说家之门而与之谋。金曰：此盛举也，吾侪无不从命。

阅数日而名著毕集，有离奇诡变，如云烟之出没者；有情绪绸缪，如柳丝之婳娜者；有妍丽如桃华者；有婉转如好鸟之和鸣者；汇而录之，如异珍瑰宝之罗列于一堂，如奇卉名葩之粉植于一园。

方隐子于是大乐曰：行役之人，长日震撼于舟车之中，风尘扑面，雨淋日炙，欲息不得，欲止不能，读是一编，则心旷神怡，可以忘劳矣。风雨之际，枯坐一室，欲谈无友，欲出不得，读是一编，则奇事异态，百变不穷，可以破闷矣。愁苦之中，心烦虑乱，昏昏扰扰，左牵右掣，读是一编，则清言佳景，层出涌现，可以扫愁矣。

自辑是编，而吾之快活，乃得贻之于人，吾之快活，乃不可言喻。即撰述之诸大小说家，虽朝夜辛勤，而告成之后，文辞壮丽，名声震于遐迩，亦未尝不快活也，故定名曰快活旬刊。是刊也，苟能日进无疆，则读者之快活将无涯矣，而吾与诸大小说家之快活，亦永永不巳（应为"已"——引者注）矣。①

这是沈知方不多见的文字之一。"方隐"是他在隐匿躲债时期给自己起的字号，也是圈中人称他为"方先生"的由来。自立门户重出江湖之后，这一时期沈知方的心情可谓春风得意，欢快之情溢于言表。宣言之中，沈知方不忘提及阅读《快活》的娱乐功能：可以忘劳，可以破闷，可以扫愁。传输知识和提供娱乐，是出版的两大功能，当

① 沈知方：《快活宣言》，《快活》第一期，1922 年 4 月 11 日。

《小说月报》被改换为新文化的传输平台之后，原来供给广大市民的娱乐功能就需要及时填充，《快活》的命名，可谓正当其时。

《快活》出版之后，发行量很大，第一期的印数首发就是两万册，后来一再加印。第五期出版时编者发布启事："本旬刊每期销数已达数万册。第一期至第四期再版已出，欲购从速"，可见市场反响之好。其中原因，除及时满足了读者的忘劳破闷需求之外，和沈知方注重细节的出版手段也紧密相关。《快活》第六期的时候，曾有过叙述：

> 大概创办杂志，起初都用全副精神，办到后来，就渐渐的退化了。因而一般看的人也一个个少下去了。本刊却不是这样的。第一二期虽受读者欢迎，然本社仍觉选材太平，没有惊人夺目之处，同人因此开了一个讨论大会，一般社员再三讨论，都主张从第三期起，各做拿手的著作，谅读者诸君想必非常满意。第四五期比第三期更有精彩，第六期是端阳号，材料比平时加了一半，售价仍和平时一样，如此便宜好货，恐怕数天之内，就要卖完，爱读快活的诸君，请早些来定才好。[①]

沈知方策划的杂志，确如文中所述，大都重视有加。民国期刊动辄拖期出版，是一个常态。但世界书局的刊物，要求提前四周准备稿件，所以基本都是准时甚至提前一两天上市，信誉颇佳。发行几期之后，《快活》每期经常有一个特定主题，有时是根据办刊日期，如第六期端阳号，第十二期7月28日出版的避暑号，第十五期七夕

---

① 《快活第六期大增料》，《申报》1922年5月30日。

号，第十九期是中秋号。有时是根据内容或社会热点，如第九期妇女号，第十四期新婚号，第十七期滑稽号，第廿三期侦探号等，都体现着编者的用心。推销上，沈知方沿用了图书的销售策略，主打"定价最便宜　材料最丰富　特别大赠品"的卖点。市场表现好，编者也自信，"小说要艳侠哀奇都有的，首推杂志。杂志到了现在，可算得多极了。这部《快活》，在杂志当中是不是一位领袖，是不是一位霸王，看小说的人自然有一种公平的评判"①，言语之中，似乎很有踌躇四顾的样子。

1923年3月24日，第三十六期《快活》出版，比预定日期晚了三天，编者做了解释，"本期原定初五出版，适值订作罢工，迟至今天始出，这层原因要请读者诸君原谅的"。但在这一期的广告之上，更重要的信息则是"快活杂志特别启事"：

> 本期适届周岁，所以大增材料，自第二年起加入涵秋的《新广陵潮》、不肖生《客窗志异》两大篇长篇名著，一则衔接《广陵潮》，一则步趋《聊斋志》，逸趣横生，均属不可多得。且印刷装订，格外改革，体例编制，亦有更变，在此新旧交替，手续繁琐，不得不暂停数期，从容布置。续刊有期，最行布露。
>
> 本杂志另刊《结束号》一册，将未完长篇小说。全篇刊入，以资结束，正在印刷，不日发行。②

之后，就再也没有了《快活》杂志出版的消息。更让人唏嘘的是，

---

① 《看小说之好机会》，《申报》1922年6月15日。
② 《快活杂志卅六期出版》，《申报》1923年3月24日。

两个月之后，因不耐沪上的都市喧嚣，主编李涵秋返回扬州居住，这位民国时期扬州最知名的文人，回乡不久却突发脑溢血，与世长辞，年仅 50 岁。

四、《红杂志》与《红玫瑰》

《快活》一纸风行，让沈知方认识到仅有一份旬刊远不能满足读者需求。他决定另创他刊，从刊期上进行全方位覆盖，《红杂志》是这项计划的第一份刊物。《快活》刚出第七期，世界书局便发出了《红杂志》的出版预告：

> 本周刊谨请严独鹤先生为主任，并由施济群先生襄助辑务，特约海内著作名家百有余人担任选述。搜集极有价值之作品，成为极有趣味之杂志，务使读者万分满意而后已。
>
> 独鹤先生编辑《新闻报·快活林》几及十年，文章声价久为各界所景仰。济群先生编辑《新声》杂志，亦为爱读者所称许。益以李涵秋、天虚我生、天台山农、何海鸣、袁寒云、李浩然、程瞻庐、马二先生、海上漱石生、柴小梵、颍川秋水、朱大可、苏少卿、徐枕亚、胡寄尘、陆澹庵、陈小蝶、徐卓呆、姚民哀、海上说梦人、郑逸梅、刘星坡、严天侔、严谔声等诸先生之杰作。从此二难既并，百美毕臻，行见出版之后，为杂志界特放一异彩，并为文字界另辟一蹊径。
>
> 刻在筹备期内，积极进行，一俟确定出版日期，当再登报布

告，爱读诸君，幸拭目俟之。如蒙惠赐鸿文，不胜欢迎之至，惟请以有趣味之短篇小说，及各种有趣味之小品文字见赐。酬资每千字自两元至十元，陈腐抄袭之作，一概谢绝。稿寄本局红杂志编辑部收，幸弗注个人名姓，以免遗误。①

相较《快活》，沈知方对《红杂志》的投入更大。稿费政策如旧，刊物定位依然选择"趣味"，但刊物主任约请了严独鹤担纲。严独鹤是通俗文学界泰斗级的人物，创作和编务俱佳，在旧派通俗作家队伍中人脉广泛，请他主持可以号召群雄。《红杂志》的日常编务，沈知方另外聘请施济群负责，以保证办刊质量。作者方面，《红杂志》与《快活》大致类似，但更为庞大，这是严独鹤的力量，也体现出沈知方在通俗文学群里的能量。

沈知方对《红杂志》寄予厚望，筹备也格外用心。几次发布征求读者、征求稿件、征求照片的公告，以求一鸣惊人。经过两个多月的筹备，1922年8月8日，农历六月十六，一个非常吉祥的日子，《红杂志》第一期出版。出版之日，世界书局大做广告，还附有一段"精彩说明"：

我们红屋里发行红杂志，好像红日初升，红光满地。红杂志的式样，和红蔷薇、红玫瑰一样的美丽。红杂志的作品，和红楼梦一样的百读不厌。红杂志的内容，好像红尘十里一样的繁华。一般红运亨通的红顾客读了，自然更加红光满面。

---

① 《红杂志预告出版》，《申报》1922年6月12日。

　　这段话解释了《红杂志》的名称由来。沈知方对热烈奔放的红色情有独钟，"红屋里发行红杂志"，在他看来是一个绝配。《快活》的发刊词略显佛系，主要是安慰疲惫的人生，《红杂志》的气势就大了许多，红日初升、红光满地、红尘繁华、红运亨通，一片通红之下，最终红光满面，让人感觉不是在说一份杂志，倒像是沈知方对自己和世界书局的期许。《红杂志》也以两万册起印，很快售罄，一周之后第二期的印数就增加了五千册，编者乐不可支："红杂志第一期销路有这样好，我们自己都推想不到的。这种好结果，竟出于我们的希望之外。这莫非红屋里发行红杂志，是有一种销路上的红运吗？"①

　　《红杂志》的势头确实兴盛，随着后续发展，一度达到了五万册的销量，成为当时通俗文学刊物的冠军。世界书局曾说及《红杂志》畅销的原因：

　　　　杂志好比是个舞台，做小说的好比是个角色，独鹤的戏，大家都欢喜看的，现在用全副精神做起来了。着实有精采，着实好看，而且着实有魔力号召坐客。其余像海上说梦人、瞻庐、海上漱石生、陆澹庵，这几位角色，都不肯轻易出马的，现在也出台来了。②

　　世界书局此言不虚。在 20 世纪 20 年代的通俗文学期刊阵营，《红杂志》的作者队伍和作品质量，确可称为当之无愧的龙头杂志。当时

① 《申报》1922 年 8 月 18 日。
② 《红杂志第六期广告》，《申报》1922 年 9 月 15 日。

的超级畅销作品《江湖奇侠传》，就是不肖生在《红杂志》上的长篇连载。《红杂志》不是这一批中最早问世的刊物，却是后来居上，后出转精。也因为《红杂志》的影响，世界书局的通俗文学期刊后来也被称为"红色系列"，与大东书局的《紫罗兰》、《紫兰花片》等"紫色系列"相映成趣。

《红杂志》办了两年，1924年7月出到第一百期，无疾而止。20天之后的8月2日，农历七月初二，周刊《红玫瑰》问世。两份刊物之间可见的变化，是《红玫瑰》由严独鹤和赵苕狂联合主编，曾经担任《红杂志》具体编务的施济群不再参与。1926年第三卷开始，严独鹤也退出，由赵苕狂单独主持，直到1932年因一·二八事变的爆发而终刊。1927年底，《红玫瑰》由周刊改为旬刊，当时的《申报》上还发了一篇《红玫瑰杂志改周刊为旬刊之露布》，广而告之。因为内容风格和周刊的形式，后人说《红玫瑰》是对《红杂志》的延续，但在当事人的眼里，《红玫瑰》却是一份全新的杂志。"红玫瑰是名家合作的新杂志"，"阅趣味浓郁的新杂志，精神勃发"，"请看《红玫瑰》的新组织"等，都是《红玫瑰》发刊预告之中的文字。

《红杂志》和《红玫瑰》依靠着沈知方高价约来的大批作家，后来居上，很快就取代复刊后的《礼拜六》，成为当时通俗文学作家的最大聚集地。《礼拜六》因竞争不过，出版到1923年2月便终刊了。《红杂志》与《红玫瑰》持续的时间，有10年之久，贯穿了整个20世纪20年代。《红玫瑰》的最高销量，达到了每月七万份，这是与它同时的《半月》、《紫罗兰》等刊物远不能望其项背的。沈知方和世界书局在通俗文学期刊界的地位，也端赖于此。

五、《家庭杂志》与《侦探世界》

1923 年 3 月 31 日，沈知方策划的第三份通俗文学期刊《家庭杂志》刊登了出版广告。《家庭杂志》的主编，是江红蕉。江红蕉是苏州人，与通俗小说名家包天笑有姻亲之谊，在包天笑的影响下，走上了通俗文学创作的道路。沈知方用人真是不拘一格，前面的李涵秋和严独鹤担任主编时都是文坛名手，但这时的江红蕉还只是 24 岁的年轻人。《家庭杂志》的发行预告于 1922 年 9 月就刊发在了报纸上，最初的设计是月出两次，逢农历初一、十五出版。经过半年的筹备之后，问世的《家庭杂志》变成了月刊，每逢十五发行。可能这时就体现出来不同的主编所拥有的资源差异了。

《家庭杂志》定位包括"男子、女子、童子、家长"[1]在内的家庭成员。第一期上有一篇《家庭杂志宣言》，里面提到编者的一些思路：

> 我们说句实话，这册家庭杂志，并不是研究学问和提倡什么主义，来标榜很高大而自夸的意思的。我们这册家庭杂志，是给各人家庭里的男女老少消遣的，是本书局营业物的一种。但是这本书里，至少有许多赤红的良心在里面，至少可以给人们一种愉快，不至于有害而无益罢。
>
> 我们这杂志里，所采取稿件的目的有四种，不妨告诉给读者：一、文字要浅显，文言白话是不拘的。二、趣味要多一些，

---

[1] 《家庭杂志第一期出版》，《申报》1923 年 3 月 31 日。

没有了趣味不如买教科书读。三、思想要新，但是偏激的，我们也不赞成……四、材料大都可以实用……①

相比《快活》和《红杂志》的说辞，这份宣言相对朴实，"是本书局营业物的一种"，"没有了趣味不如买教科书读"，"材料大都可以实用"，更具有沈知方的特征。《家庭杂志》每期约有十二万字，精订一大厚册，小说占十分之六，小品文字及家庭知识、家庭游戏等，占十分之四的篇幅。装帧上倒是比较用心，"用上等白洋纸印刷，排法最为美丽，选材十分新颖，冠以谢之光君三色铜版封面，及名贵铜版插画四大幅"②。

在沈知方这一时期的四大杂志里面，《家庭杂志》的存在感最弱。一个原因是定位比较模糊，家庭成员都想满足，导致内容上很杂，通俗小说之外，有女人减肥，小儿游戏，还有如何养鸡养鸭，用煤气要当心的提醒等。对于一份杂志来说，这简直是一种致命之病。当然，主编的资历不深也是原因，刊物上并未见到多少优秀的稿件。而且作为月刊，虽然每期出版后也会例行在报纸上刊登广告，但相对于《红杂志》的周周见面，给人的冲击力就小多了。

1924年2月，《家庭杂志》出版了第十二期脾气号之后，偃旗息鼓。

1923年6月14日，在《家庭杂志》将要发行第四期的时候，沈知方策划的第四本通俗文学刊物《侦探世界》半月刊问世。

《侦探世界》的阵容强大很多，主编者有四位：严独鹤、陆澹庵、

---

① 《家庭杂志宣言》，《家庭杂志》第一期，1923年3月。
② 《家庭杂志第一期出版》，《申报》1923年3月31日。

施济群、程小青。编者来头大，自然备受重视。沈知方也亲自操刀，写了篇幅不短的发刊《宣言》：

愚既与编辑诸君子，先后创行《快活》《红杂志》《家庭杂志》以问世，赖读者不弃，助赞而掖进之，幸底于成。今复有《侦探世界》之辑，与读者相见之始，敢一抒其款款之愚焉。

夫虞初九百，昔人目为寓言，其讽世缋化之意，足以入人者深也，故街谈巷议、道听途说之辞，汉时设稗官掌之，视之不可谓略矣。今世欧化东渐，学者且以小说列为文学之一，与圣贤诸子百氏之说，分庭抗礼，不稍轩轾。诚以小说之力，为功不在儒术下，故能久而弥宏耳。近世言小说，泰西尚矣，百余年来，作者云起，人人握灵蛇之珠，家家执和氏之璧，鬼斧神工，不可究诘。我国文士踵之而兴，亦既斐然有成矣。然寻其涂辙，率以社会言情之作为多，虽流派各成，机杼不一，而考其侦探之作，仅十之一二而已。此固由于国人心性之和易，不尚机智，故阅侦探小说之兴味，远不若社会言情之浓郁，需要弗亟，仅备一格而已。

然愚谓机械巧诈，虽非君子所许，顾吾人虱身人海中，亦不可不知有其事。知之悉，则备之严，备之严，则奸邪莫由而乘矣。故疾奸不能废禹鼎，疾怪不能废温犀，其理一也。方今举世尚险猾，奸夺巧取，相循无已，谈笑之中寓刀剑，袵席之下伏干戈，世道人心，盖已不可复问矣。此实佛氏之所谓劫运，有若江河之下流，一泻千里而弗能御，断非圣贤劝善之说，可以力挽而正之。其必使人人于无形中，设一堤防以自卫，勿令奸邪之侵入。

堤防者何？盖即侦探智识是也。夫智囊可以括四海，侦探智识，智之大者也。而侦探小说，不啻举智囊以授人，人挟智囊而更受蛊，未之有也。书中所述，虽皆取诸理想，然理想者，成功之母也。是刊也，期将以理想之酝酿，济之以寓言讽劝之力，使人人获有侦探智识之益，而潜弭人心之恶机，且以造成中国将来之侦探事业，扶持人道于垂危。星星之火，可以燎原，则是刊之力虽微，而所以有裨于世人者，他日或可征也。

老子曰，圣人不死，大盗不止。其意盖谓天下之大，人类之杂，非一以圣人之道所得而尽化之。善者闻圣人之道而日善，恶者不受其教，而见善人之日众，益将易于为恶焉。譬之治病，不中其要而药之，虽参苓之贵，转足致之于危。今日人心之败坏既若此，对症之药，厥惟以侦探智识破之耳。然则此区区之小册，其有系于人治之污隆，盖非浅泛矣。

抑本刊舍侦探小说之外，更丽以武侠冒险之作，以三者本于一源，合之可以相为发明也。惟三者之中，取材以侦探之作为多，故定其名曰《侦探世界》，以宾属主，夫亦示其所归而已。至其编次选材之何若，凡有可以助长读者之深趣者，当与主是刊者，蚤夜以图，不敢懈也。[①]

《侦探世界》出版之前，筹备了十个多月。主要原因是侦探小说属于通俗文学中的小众体裁，约稿不易。整本杂志以侦探小说为主，兼收武侠、冒险两种体裁，由当时大著作家二十余人，分任撰述。《侦

---

① 知方：《侦探宣言》，《侦探世界》1923 年第一期。

探世界》每月出两期，逢农历初一、十五日发行。每期约十万言左右，字体放大，篇幅宽阔，封面排版，也都十分雅丽。为了吸引读者，《侦探世界》第二期开始连载不肖生的《近代侠义英雄传》，第三期又刊登了李涵秋的遗作《中国侦探之趣史》，"涵秋在日，爱读小说诸君，都仰着脖子盼望他的新作品，但是侦探一门，素不经见。不意他的侦探遗著，竟发现在本杂志中，何等名贵啊"①。

四个编辑联合操持的局面持续了半年，自第十三期开始，赵苕狂加入担任主编。赵苕狂十分卖力，约请了一批名作，又增加了"银幕上侦探"、"侦探茶话会"、"五分钟小说"等栏目，预定半年杂志的，还可以获赠一本他编辑的《人人笑》，颇有中兴的气象。不过毕竟时代在前进，侦探小说作者和读者都不多，赵苕狂操持了半年之后，1924年5月20日，第二十四期《侦探世界》终刊号，在"大结束——大放光明"的广告词中，宣告终刊。

与世界书局的通俗期刊相前后，有《紫罗兰》、《半月》、《小说世界》、《紫兰花片》、《星光》、《游戏世界》等二十余种刊物，基本都是在1921年《小说月报》改版之后问世的。但发起迅速，结束也快。1923年8月，时人的一篇文章总结当时的通俗小说杂志时说："自前岁以来，小说杂志，风起云涌，气象万千。凡稍求进取之各书局，无不发行一种，更有发行数种者。最盛之时，计有念余种之多。惟其众多，乃难免于优劣败之天然公例，陆续停刊者，居其大半。现今仍按期出版之杂志，仅有九种。"②九种之中，世界书局有《红杂志》、《侦探小说》、《家庭杂志》三种，显示着沈知方的世界书局在20世纪20

---

① 《侦探世界第三期出版》，《申报》1923年7月16日。

② 梧：《现今各杂志与各式人物的比照》，《申报》1923年8月26日。

年代通俗文学市场上的地位。

通俗文学期刊的黄金时代，是在 1925 年之前。《侦探世界》停刊之时，沈知方创办的四大通俗文学期刊，只剩下出版了 92 期的《红杂志》一种，后来便是《红玫瑰》一枝独放延续到 20 世纪 30 年代。1927 年，随着国内政局的变化，一大批新文学作家离开北京，上海依靠着强大的出版优势，适时地做了承接。等到鲁迅也到了上海以后，上海便成了实至名归的新文学中心。1928 年以后，随着"革命文学"的兴起，海上文坛充斥耳膜的是创造社、太阳社的才子们乒乒乓乓的攻击声，海派通俗文学期刊更加式微。这时候通俗文学的市场，更多地体现在长篇通俗小说上面。

六、买断张恨水

世界书局通俗文学出版的大旗一树，应者云集，群贤毕至，是当时海上文坛的盛景。从后人旁观的角度，似乎对鼎足而三的世界书局来说，这就是招呼一声的事情。可当时的世界书局，其实资本额还不到三万元，是名副其实的小书局。规模不大，又能招呼群雄，这就是沈知方神通广大的约稿能力。

少年奔走江湖的沈知方，待人接物有一种豪气。长期当他助手的刘廷枚说："沈氏有一特点，手面较宽，当需挖用某人时，即不惜一切牺牲，出高薪，优待遇，签订聘约。"[1]《快活》筹备时约稿，稿费开

---

① 刘廷枚：《我所知道的沈知方和世界书局》，《文史资料存稿选编 23》，中国文史出版社 2002 年版，第 319 页。

到每千字十元，这是前所未有的标准，同时期青年毛泽东在北京大学图书馆打工，月薪八元，还抵不上严独鹤他们的一篇小文章。沈知方的口头禅是"重赏之下，必有勇夫"，这种思路，在《快活》的广告中就直白地明示过。当然，重赏之下的效果也是有目共睹，通俗文学出版成为世界书局前期最重要的利润来源。

沈知方对通俗文学作家的豪举，故事甚多。负责《红杂志》具体编务的施济群，原本是位小有名气的中医，1921 年创办了杂志《新声》，被视为通俗杂志中兴之新王。沈知方看到之后，颇为倾心，重金相邀之下，不但《新声》转归世界书局，施济群本人也被沈知方罗致麾下。更广为人知的，则是沈知方高价买断张恨水和平江不肖生的故事。

张恨水是现代通俗文学的一代大家，安徽潜山人，早年从事记者工作，1924 年在《夜光》上连载长篇小说《春明外史》，1927 年 2 月在自己主持的《世界日报》副刊上连载《金粉世家》，两部小说都历时五年方才连载完毕。张恨水的小说吸收章回小说的传统，又结合报人眼光的社会视野，令人耳目一新，获得了新旧两派作家的共同赞许，给他带来了很大的名声。张恨水初期的小说连载，都是在京津之地的报纸上，1929 年偶然的机会结识了严独鹤之后，才开始在上海的文坛露面。他在南方刊登的第一部长篇，是严独鹤主持的《新闻报》副刊《快活林》上连载的《啼笑因缘》。

1930 年秋天，张恨水离京南下，到达上海，打算为《春明外史》寻求出版机会。畅销作家到沪，小报上各种消息满天飞，四马路的出版商也是宴请不断，但一说起购买这部近百万字的长篇小说的版权，却无人应承，他的好友赵苕狂后来说起这件事，揶揄说："则以海上固多空心老官也！"① 无奈之下，张恨水托赵苕狂询问可否由世界书局出版。赵苕狂受此委托，去找沈知方。沈知方听到之后不置可否，只说："我亦慕恨水之名甚，君能速之来一见，则大佳。"②

张恨水与沈知方的见面共有两次。第一次是在世界书局的办公大楼，沈知方问他有什么稿子可以出售，张恨水回答说有《春明外史》和还没有连载完毕的《金粉世家》。沈知方一听，认为这是登过报的，不能照新写的作品算，愿意卖的话，可以出四元每千字，张恨水答曰考虑考虑。

初次见面半小时而散。不久，沈知方在上海最豪华的饭店之一礼查饭店专门宴请张恨水。在这次饭局上，沈知方给张恨水开出了两个条件。第一是已经连载完毕的作品如《春明外史》，一次性付清稿费，条件是张恨水把北平的纸型交世界书局销毁。正在连载的《金粉世家》，分四次交稿，每交四分之一，支付一千元稿费。第二是将张恨水接下来的写作买断，约定一年之内，专门为世界书局写四部小说，十万字以上，二十万字以下，稿费每千字八元。按照这个价码，两部连载的小说《春明外史》、《金粉世家》的稿费就有八千元之多。买断的新作品按每一部十五万字左右计算，都有过万元的稿费收入，这在当时不啻一笔惊人巨款。张恨水即席答应，整顿晚餐不到两个小时。这个事件传出之后，震惊沪上，各小报津津乐道，《上海画报》以"小报告"为名报道："世界书局总理沈知方先生，近屡与张恨水先生接洽，欲其每月著长篇小说五六万字，每千字酬报银元八元，定期五

---

① 苕狂：《沈知方与张恨水》，《总汇报》1940 年 1 月 18 日。
② 苕狂：《沈知方与张恨水》，《总汇报》1940 年 1 月 18 日。

年。张只允试办一年，刻已定约。"①而且越传越虚，有的说张恨水在十几分钟内，收到了几万元稿费，用这笔钱，在北平买下了一所王府，自备了一部汽车。张恨水认为这些都是浮夸，稿费并没有传言那么多，但多年之后他回忆起来，还是坦诚地说："不过在当年卖文为活的遭遇说起来，我这笔收入，实在是少有的。"②

沈知方做事干脆利落，一旦决定，立即执行。当年他约包天笑办《小说大观》，后来包天笑突又发奇想，想办一本《小说画报》，就去找沈知方商量，沈知方认为这是一个新鲜玩意，一拍即合之后，沈知方督促他即日筹备。这种干练作风让包天笑感慨不已，说"和这些商家合作，他们往往行一种'说着风，就扯篷'的脾气"③。这次和张恨水的合作，同样如此。礼查饭店餐叙的第二天，赵苕狂就给张恨水送去了一份合同，让他签字，然后立即拿出四千元支票一张。遇到这么豪爽的书局老板，不知道张恨水当时是什么心情，但这笔款项让他的生活大大改善，却是他在回忆录中专门记了一笔的。几个月之后，1931 年 3 月 15 日，张恨水的《春明外史》正式在世界书局出版，每部四元。《申报》还发了一条消息："《春明外史》为全国闻名之小说家张恨水所著。世界书局以该书名震一时，不惜重金，向张君购得全稿，当付剞劂。因求装订与印刷精良起见，颇费时日，闻已于今日开始发行。"④《金粉世家》在《快活林》连载完毕之后，1932 年 12 月 7日出版，当天世界书局在《申报》的"每日新书"栏目，重点推出了

---

① 《小报告》，《上海画报》第 657 期，1930 年 12 月 18 日。
② 张恨水：《写作生涯回忆》，人民文学出版社 1982 年版，第 38 页。
③ 包天笑：《钏影楼回忆录》，中国大百科全书出版社 2009 年版，第 378 页。
④ 《〈春明外史〉出版》，《申报》1931 年 3 月 15 日。

这部社会长篇小说，分订六大厚册，附赠锦盒，售价五元。

沈知方签约买断的四部小说，张恨水后来完成了三部。最先出版的是 1931 年 11 月的《落霞孤鹜》，世界书局以"张恨水继《啼笑因缘》后之第一部精心杰作"为题，大做广告，不吝赞美之词：

> 张恨水君以新颖之头脑，丰富之思想，撰作小说，一编出世，无不风行一时。所作以描写细腻，结构严密见长，写一人有一人之特性，状一物有一物之真像，跃然纸上，使读者有如目睹。
>
> 其文字上组织与写作，步步不肯放松，处处均极紧凑，开合自如，指挥如意，始终一贯，有如天衣之无缝。社会各界之热烈欢迎，盖非幸致。[1]

《落霞孤鹜》号称三十万言，广告中列出了全部的回目，分装四巨册，定价三元五角。此后又在 1932 年 12 月推出了《满江红》四册，定价三元五角。1934 年 5 月出版了《美人恩》三册，定价二元。张恨水交稿拖拉近三年，未能完成一年之约，也少交了一部小说，沈知方却对他照旧履约。《美人恩》出版的时候，世界书局正面临极大的资金危机，但张恨水说："他们的稿费，倒是按约付给我的。"[2]

张恨水确实有市场号召力，《春明外史》出版不久，"虽未登广告，然不胫而走者，日以数百部计，且同行批发尚不在内"[3]。1932 年

---

① 《〈落霞孤鹜〉业已出版》，《申报》1931 年 11 月 6 日。

② 张恨水：《写作生涯回忆》，人民文学出版社 1982 年版，第 38 页。

③ 《春明外史》，《申报》1931 年 3 月 20 日。

12 月，《金粉世家》和《满江红》出版，世界书局以"万金购稿　名家小说"的名义，把两部小说与再版的《春明外史》、《落霞孤鹜》打包售卖，为张恨水赢得了不少读者。一位居住在北京八道湾的老太太鲁瑞，这时已经七十多岁了，却是一个颇为狂热的"张粉"。1934 年 5 月 16 日，她的大儿子鲁迅给她写信："三日前曾买《金粉世家》一部十二本，又《美人恩》一部三本，皆张恨水所作，分二包，由世界书局寄上，想已到，但男自己未曾看过，不知内容如何也。"[1] 两部小说有一百多万言，鲁老太太三个月就看完了，于是就催促儿子赶紧采购新书。1934 年 8 月 21 日，鲁迅写信给母亲："张恨水们的小说，已托人去买去了，大约不出一礼拜之内，当可由书局直接寄上。"[2] 十天之后又发函禀告："小说已于前日买好，即托书店寄出，计程瞻庐作的二种，张恨水作的三种，想现在当已早到了。"[3] 为了母亲的阅读爱好，鲁迅对绍兴老乡沈知方的支持也算不小。

沈知方高价买断某个作家的做法，开了现代出版界的先河。张恨水提交世界书局的三部小说，也是他九十多部小说之中，仅有的三部没有在报刊上连载而是直接出版的单行本。因为买断版权[4]，此后陆高谊时代这些图书又多次被世界书局重印，近乎一本万利。在时人眼里，沈知方一掷万金买断作家，是出版界了不得的创举，但在追随

---

① 鲁迅：《鲁迅书信集》，人民文学出版社 1976 年版，第 544 页。

② 鲁迅：《鲁迅书信集》，人民文学出版社 1976 年版，第 618 页。

③ 鲁迅：《鲁迅书信集》，人民文学出版社 1976 年版，第 619 页。

④ 1932 年 1 月，张恨水曾给负责《大公报》副刊的毕树棠写信，谈论自己在《啼笑因缘》之后的创作动向，"弟紧接撰有《落霞孤鹜》一书，惨淡经营，虽声情之作，自视不落旧套，而友朋读之者，亦谓价值在《啼笑因缘》之上。（附注：《落霞孤鹜》世界书局去冬出版共三十六回约二十万言版权非弟有）"。见 1932 年 1 月 25 日《大公报》第 211 期《文学副刊》。

他二十多年的老友赵苕狂看来，对沈知方来说，这种举措实在算不得什么：

> 然在知方先生，固实不得谓之为创举，类此之大手笔，固亦时时见之！且皆出自独断，从不就商于人！即如今日，一言之诺，所关亦在万金左右，初不得目之为细事，其非率意而行，早已胸有成竹，固人人所敢断言！顾在事先，不特余未能知其意，即日侍左右之理事辈，亦无一人能探知之，事后反争向余询其真相也！ ①

七、平江不肖生与《江湖奇侠传》

张恨水把格局狭小的鸳鸯蝴蝶派小说，拓展到了社会言情一脉，格局为之一大，从而成为世界书局通俗文学出版的一个代表。经常与沈知方买断张恨水一起说起的，还有南派武侠小说的领军人物平江不肖生。沈知方与平江不肖生和《江湖奇侠传》的关系，要比张恨水早，世界书局的武侠小说出版，风头也比言情小说更健。

平江不肖生本名向恺然，籍贯湖南平江，1890 年 2 月 26 日，出生于湘潭市油榨巷向泰隆伞厂。向家三代营商，向泰隆的油纸伞也小有名气，算是当地富户，向恺然打小在私塾就读，培养了良好的古文功底。十五岁的时候，向恺然东渡日本，两年后返国，后来再次赴

---

① 苕狂：《沈知方与张恨水》，《总汇报》1940 年 1 月 18 日。

日，曾在法政大学读书，到民国初年再次返国。向恺然精通武术，他少年曾经习武，东渡日本之后，又学习了日本的剑道和柔道。当时留日的湖南同乡王志群，人称"拳王"，向恺然又拜他为师，学习拳法。写作成名之后，向恺然、王志群和另一位精于棍法的范庆熙一起，被称为湖南武术界的三绝："王拳"、"范棍"、"向文章"。

归国之后，向恺然与王志群等在长沙、上海等地设立国技学会，以教习武术为主业。1915 年 11 月 21 日，霍元甲创办的上海精武体育会举行第三届毕业典礼和技击运动会，向恺然登台表演，被称为"南派技击名家"①。授拳的同时，向恺然开始写作，他以在日本的生活为素材，写成了一本谴责小说《留东外史》，1916 年 5 月由民权出版部出版。这本小说当时影响不小，但民权出版部只给他每千字三角的稿酬，一本书的收入几十元，令他感到索然寡味。加上他的小说揭了不少留洋学生花天酒地、不务正业的底子，引起很多人攻击，谴责小说的题材就没有继续下去，而是转向了他擅长的武术。他见于报端的第二部书，是 1919 年 3 月出版的《拳术见闻录》。打拳是向恺然的拿手戏，写拳术自然有本有源，头头是道。出版者泰东图书局称许他说："向恺然先生本精武术，曾于长沙上海两设国技学会，提倡拳技。是书即本其生平所见所闻，精心结撰。于拳术之源流派别，及治拳术者之授受不诚，代代相延致失真传，无不剀切言之。冀得藉挽既往之失，而启后学之门径也。彼小说家，徒炫其事藻其词者，何足以语此哉"②。《拳术见闻录》记录的人物，不少是向恺然的武林友好，但讲述之中，已经有了小说色彩，算得上是他武侠系列的发轫之作。

---

① 《精武体育会运动会记事》，《申报》1915 年 11 月 23 日。
② 《拳术见闻录》，《申报》1919 年 3 月。

只是，向恺然的这本书卖得并不好，他一个人待在上海，颇为潦倒，外人也大多不知其踪，有点类似当时正在躲债的沈知方。1922年3月，包天笑办《星期》杂志，想找向恺然写稿，不知何处可见。无意中遇到向的湖南老乡张冥飞。张也是一位通俗小说作家，他告诉包天笑向的住址。包天笑按图索骥，找到新闸路一条破旧的弄堂，见到了正在烟榻过瘾的向恺然。一番晤谈，向恺然重出江湖，在包天笑负责的《星期》上，开写《留东外史补》和《猎人偶记》。《猎人偶记》颇引人注目，包天笑说："这个《猎人偶记》很特别，因为他居住湘西，深山多虎，常与猎者相接近，这不是洋场才子的小说家所能道其万一的。"①

沈知方注意到了这部作品，也注意到了向恺然。这时沈知方已经开始创办《红杂志》，急需别开生面的小说作品。他找到几年前的老伙伴包天笑，通过他极力约请向恺然给世界书局写小说。沈知方延续重赏之下必有勇夫的策略，开给向恺然的"稿资特别丰厚。但是他不要像《留东外史》那种材料，而要他写剑仙侠士之类的一流传奇小说。这不能不说是一种生意眼，那个时候，上海的所谓言情小说、恋爱小说，人家已经看得腻了，势必要换换口味，好比江南菜太甜，换换湖南的辣味也佳"②。经过沈知方的一番操作，1923年1月5日，《红杂志》第二十二期开始连载平江不肖生的《江湖奇侠传》：

　　向恺然先生，别署不肖生，《江湖奇侠传》就是他老人家的杰作，登在本期中，何等热闹，何等好看，比水浒三国还要高上

---

① 包天笑：《钏影楼回忆录》，中国大百科全书出版社2009年版，第381页。
② 包天笑：《钏影楼回忆录》，中国大百科全书出版社2009年版，第381页。

几倍，阅者但知向先生是演社会小说的名家，不知他的武侠小说，更是超人一等。①

沈知方对向恺然给足了排场，广告之中重点推出，招眼大字就是"《红杂志》廿二期出版，请阅不肖生杰作《江湖奇侠传》"，小字又专门解释："红杂志内容，素不增多减少，本期因有特别原因，故大增篇幅，却是仍照旧价。本期特加《江湖奇侠传》一篇，所以添出许多页数。"②

与沈知方强强联合之后，一个会写作，一个会推销，平江不肖生这个名字响彻海上文坛，《江湖奇侠传》也成了《红杂志》的镇刊之宝。小说连载到一定篇幅，沈知方就进行二次开发，将其单独出版成书。1923 年 7 月 4 日，连载六个月之后的《江湖奇侠传》第一集出版。

单行本的发行量超出沈知方的想象，半年内行销三万余部。沈知方尝到了甜头，就随着小说的持续刊登，不停结集出版，到 1929 年时《江湖奇侠传》居然出了十一集。在沈知方的通俗文学版图中，《江湖奇侠传》的吸金能力，算得上位居头排，为了防止被别人撬台子，沈知方又玩起了买断的拿手好戏。包天笑说："以向君的多材多艺，于是《江湖奇侠传》一集、二集……层出不穷，开上海武侠小说的先河。后来沈子方索性把这位平江不肖生包下来了。所谓'包下来'者，就是只许给世界书局写，而不许给别家书局写，就像上海戏馆老板，到北京去包了名伶来唱戏是一个典型。"③

---

① 《红杂志廿二期出版》，《申报》1923 年 1 月 5 日。

② 《红杂志廿二期出版》，《申报》1923 年 1 月 5 日。

③ 包天笑：《钏影楼回忆录》，中国大百科全书出版社 2009 年版，第 381 页。

因为沈老板的稿费高，买断之后又一掷千金，改编电影也带来不少收入，几年之后，平江不肖生就成为写作致富的典范。但写着写着，他心生倦怠，连载到第 106 回的时候，便决定收工。在这一回的结束，他写道："至于两派的仇怨，直到现在还没有完全消释。不过在下写到这里，已不高兴再延长下去了，暂且与看官们告别了。以中国之大，写不尽的奇人奇事，正不知有多少？等到一时兴起，或者再写几部出来给看官们消遣。"①

平江不肖生的任性举动，让沈知方很受伤。这时的《江湖奇侠传》正是如日中天的超级畅销书，一旦停笔，对于刊登连载《红玫瑰》也是重大损失。沈知方岂能允许这种情况出现，急忙找人说项，无奈平江不肖生不为所动，坚决不写。于是沈知方玩了一出李代桃僵，由赵苕狂出马担任捉刀人。赵苕狂拆了自己的赵字，取了个高仿的笔名"走肖生"。很快，《江湖奇侠传》的第 107 回就出现了。在这一回的开篇，作者煞有介事地先做解释：

在下近年来，拿着所做的小说，按字计数，卖了钱充生活费用。因此所做的东西，不但不能和施耐庵、曹雪芹那些小说家一样，破费若干年的光阴，删改若干次的草稿，方成一部完善的小说。以带着营业性质的关系，只图急于出货，连看第二遍的工夫也没有。一面写，一面断句，写完了一回或数页稿纸，即刻匆匆忙忙的拿去换钱。更不幸在于今的小说界，薄有虚声。承各主顾特约撰述之长篇小说，同时竟有五六种之多。这一种做一回两回交

---

① 平江不肖生：《江湖奇侠传》，河南人民出版社 2015 年版，第 902 页。

去应用，又搁下来做那一种，也不过一两回，甚至三数千字就得送去。既经送去，非待印行之后，不能见面，家中又无底稿。每一部长篇小说中的人名、地名，多至数百，少也数十，全凭记忆，数千万字之后，每苦容易含糊。所以一心打算马虎结束一两部，使脑筋得轻松一点儿担负。不料一百零六回刊出后，看官们责难的信纷至沓来，仿佛是勒逼在下非好好的再做下去不可。以在下这种营业性质的小说，居然能得看官们的青眼，在下虽被逼勒得有些着急，然同时也觉得很荣幸。因此重整精神，拿一百零七回以下的奇侠传与诸位看官们相见。①

赵苕狂补写了五十四回，全书凑成了一百六十回。虽然自己不愿续写，但对好友私自代笔，平江不肖生还是略有不满，向沈知方提出了交涉。当时的《上海画报》还特发消息，"听说向恺然先生从北平写信到上海世界书局，提出一个小小的交涉，就是江湖奇侠传要从第十集重新做过，沈老板大为赞成，赶忙托李春荣君亲自赴平，答应向君的要求，并且要请他结束全书，李君现在已经到了北平了。不久我们又有好小说可看了。"②

不过这只是一厢情愿的规划，向恺然还没来得及返回上海，就因为家事又匆匆返回湖南：

小说家不肖生（即向恺然先生）复活之声，腾诸本报，一般读者咸谓江湖奇侠传可以完璧成书矣。乃向由其尊人忽抱沉疴，

---

① 平江不肖生：《江湖奇侠传》，河南人民出版社 2015 年版，第 902 页。
② 耳食：《世界书局迎向记》，《上海画报》第 506 期，1929 年 9 月 20 日。

得电匆匆，即行就道，向君可谓孝思不匮者矣。又闻上海书局曾托李春荣来平与向接洽，结果酬报现金八千元。此中纠纷，非片言所能罄，大致不外江湖奇侠传之著作权问题。盖向君以十至十一两集，非其手笔，深致不满，世界乃以此慰之也。[1]

最终不肖生没有完成续写《江湖奇侠传》的计划，但这本书的长期热销，引起了电影界的注意。1928年底，与沈知方早有交集的两位老朋友，创立民鸣社的张石川与被称为"现代电影之父"的郑正秋，节选《江湖奇侠传》的部分内容，以明星公司的名义联手拍摄了武侠电影《火烧红莲寺》。电影引起前所未有的轰动，续集一拍再拍，几年之内居然连拍十几部。沈知方自然不会错过这个跨界营销机会，1929年6月27日，张石川导演的《火烧红莲寺》第五集开始在中央大戏院上映，报纸广告介绍胡蝶等主演之外，同时提及故事原本《江湖奇侠传》，"世界书局刊印这部小说，销数因亦大增"。在第二日的《申报》上，世界书局则刊登《江湖奇侠传》第十一集出书的广告，也不忘提醒读者，"阁下看过明星影片公司的《火烧红莲寺》吗？……看过《火烧红莲寺》的影戏，要知他的收成结局者，必须再看这部《江湖奇侠传》"。[2]

从刊到书再到电影，沈知方对《江湖奇侠传》进行了一次完美的跨界营销，也使之成为世界书局武侠小说出版的代表之作。《江湖奇侠传》之外，世界书局还出版过其他不少武侠小说，不肖生的《近代侠义英雄传》（全八集）、《绘图山东响马传》（十一集）、《绘图江湖小

---

[1] 振振：《向恺然返湘省亲记》，《上海画报》第524期，1929年11月6日。
[2] 《江湖奇侠传十一集》，《申报》1929年6月28日。

侠传》（全二集）、《现代奇人传》（全一册）；姚民哀的《江湖豪侠传》（全五册）、《绘图山东响马传》（全一册）、《盐枭残杀记》（全一册）；赵焕亭的《北方奇侠传》（全三册）；张冥飞的《江湖剑客传》（全四册）；何海鸣的《朔方健儿传》（全一册）；陆士谔的《今古义侠奇观》（全一册）、《绘图雍正游侠传》（全二册）、《八剑十六侠》（全二册）、《绘图剑声花影》（全一册）以及其他名家的《侠女奇男传》（全三册）、《清代剑侠大观》（全一册）、《绘图四大英雄传》（全四册）、《百侠英雄奇观》（全二册）、《绘图红闺碧血记》（全一册）、《绘图红粉奇侠传》（全一册）、《绘图侠义鸳鸯》（全一册）等，蔚为大观。世界书局也多次举行"春季大廉价"、"武侠小说大竞赛"等促销活动，打出"精神萎靡，到老无一事可成。打起精神，万事得称心如意。如何而能精神焕发？——请阅名家武侠小说"①的广告词。过后来看，世界书局得以成为当时的通俗文学出版之王，这些武侠小说可以说立了首功。

八、创制连环图画

沈知方的通俗文学出版中，另一个可写入出版史的，是创制连环图画。郑逸梅曾说："沈知方看到街头巷尾的小书摊，总是挤满一群孩子，在那儿租看小型图画书，这种小型图画书，文字既欠通顺，图画又很粗俗，他就想办法，要把图画画得鲜明生动，以增加吸引力。"②沈知方的办法，就是聘请名家，提高质量，首次出版了"连环

---

① 《精神》，《申报》1928 年 3 月 20 日。
② 郑逸梅：《书报话旧》，中华书局 2005 年版，第 63 页。

图画"。

广义的连环画在美术史上由来已久。汉代武梁祠的壁画《出巡图》，宋代韩熙载《夜宴图》、张择端《清明上河图》，明代仇英《文姬归汉图》等绘画长卷，因为画面连贯，内容较丰富，就被视为连环画的雏形。鲁迅在《"连环图画"辩护》一文中，也把连环画的前身溯源到中国的传统艺术中。他说，"宋人的《唐风图》和《耕织图》，现在还可找到印本和石刻；至于仇英的《飞燕外传图》和《会真记图》，则印本现在就在文明书局发卖的。凡这些，也都是当时和现在的艺术品"[1]。明朝万历以后，坊刻兴盛，图画书得到了更大的发展。阿英说："清初绘的《西游记》，我曾见到两种，每种都达数百幅，彩绘，有一部极其工整，有现在四开报纸半页大小。还见到清后期绘的《白蛇传》残页一种，亦达数十页"[2]。晚清时期石印技术引入之后，图画出版物开始在都市大规模兴起。一方面，都市的人口带来了广大的信息和阅读需求；另一方面，当时多以文盲或基础教育为主的市民，又只能以看图或浅近白话读物为主。

晚清流行的图画书，又被称为"回回书"，以其章回小说每一回目均有一幅插图而言。在图像阅读愈发兴盛之后，1899 年，上海的文益书局出版了一部《三国志演义全图》，版权页写明"同文书局原本，百新公司影印"，售价洋一元。文益书局约请绘画名手朱芝轩操刀，绘制主要人物近百位，每回一图百二十幅，除了画面旁边有少许文字介绍之外，传统图画书的长篇介绍文字都已经没有了。也就是说，从"三国志全图演义"到"三国志演义全图"，直接改变了文图之间的比

① 鲁迅：《"连环图画"辩护》，《文学月报》1932 年第 4 期。
② 《阿英全集》第八卷，安徽教育出版社 2003 年版，第 592—593 页。

例关系。因为阅读上的直观便捷，这种以石印为主的图画书在北京、上海、汉口、广州等大城市开始流行，有的叫"图画书"、"小人书"，有的叫"公仔书"、"回回书"，不一而足。这些都可视为连环画的前身，但他们拥有现在统一的名称"连环画"，是从世界书局创制的"连环图画"开始。

1927年6月，世界书局出版了《连环图画三国志》，编辑者刘再苏，绘图者陈丹旭。每集八册，共计三集二十四册，价洋一元五角。这是"连环图画"的名称在中国出版界第一次出现。1927年10月，全套二十四册出齐。世界书局的广告解释了"连环图画"的名称由来：

> 就是把极工细极活泼的图画，来表演全部三国志的情节！从"刘备看榜起"，到"大晋一统止"，有七百六十八幅图，幅幅连贯。
>
> 上面文字，就是全部三国演义的情节！下面图画，无异全部三国演义的影片！
>
> 读一段文字，看一幅画图，如身入其境，十分有趣。[1]

《连环图画三国志》之后，世界书局1928年6月出版《连环图画水浒》（王剑星编，李澍臣绘，全二十册），1928年10月出版《连环图画岳传》（朱亮基编，陈丹旭绘，全二十四册），1929年3月出版《连环图画西游记》[吕云彪（圣祥）编，章育青（兴瑞）绘，全二十册]，5月推出《连环图画封神传》（刘再苏编，陈丹旭绘，全二十四册）。

---

① 《活的连环图画三国志出世》，《申报》1927年10月7日。

每一部书所列的编绘人员，其实只是主创队伍，此外也有他人参与，比如《连环图画西游记》就由金少梅和章兴瑞联合绘制。上列五种之外，1930 年世界书局还预告有《连环图画红楼梦》（刘再苏编，陈丹旭绘），但后来并未问世。

创制连环图画之时，世界书局已经跃居全国第三大书局，因此对于连环图画的出版，世界书局特请名手精工绘制。1929 年 5 月 16 日，世界书局"著名的连环图画已出五种"之时，世界书局专门提及绘画和文字上的特点："名家绘画，极精小楷，又可作临池学画的范本。连环图画，皆是海上著名大画家所绘，名画家书稿，字画双绝。大可作习字学画之模板，又可作小说看。"①

说是名家，并非一种宣传的浮夸之语，担纲《三国志》、《岳传》、《封神传》绘图的陈丹旭，早年即入世界书局，为世界书局教育部新课标教科书《国语新读本》等绘制插图，功力深厚，也被视为连环画大家之一。担纲绘画的李澍臣，又署李澍丞，终生以绘制连环画为业，是连环画界的扛鼎人物。编写多本文字的刘再苏，苏州吴县人，曾是 20 世纪 20 年代畅销一时的《新体广注古文观止》的注释者。编写《连环图画水浒》的王剑星，曾编著世界书局的小学教科书《常识课本》。他们改编的文字，深入浅出，"浅显完密"。这些文字，世界书局也约请书法名家誊写，可做习字范本的极精小楷，看起来赏心悦目，无愧"字画双绝"的雅称。

同时世界书局重视装帧，整套连环图画，选择后世常见的小开本，不但印刷精美，版式悦目，而且每一套书都配备纸套或者布套

---

① 《著名的连环图画已出五种》，《申报》1929 年 5 月 16 日。

锦盒，典雅华美。这些出版手段，一定程度上将不登大雅之堂的"小人书"提到了艺术品的地位。百年之后，致公出版社影印"中国早期连环图画精品"，除了赵宏本先生的一种之外，其他全是世界书局的连环图画。世界书局原版的连环图画，品相佳者，一套的拍卖价格就高达数十万元，这也从另一方面证明了其出版和艺术价值。

世界书局对连环图画的改造，效果奇好。《连环图画三国志》"初版一万部，不到十天，门市悉数售完。惊人之狂销，打破各书销数之最高纪录"。1927 年 10 月 18 日，还专门在《申报》上发布"《连环图画三国志》再版出书告全国书业同行公鉴"："敝局出版之连环图画三国志一书，初版一万部，旬日之间。门市悉数售罄。以致各同业来款现购者，因之无书可发。今再版三万部已出，用特通告。请速汇款现购，回佣当格外加重。但廉价期内，此书必款到始发，敬请鉴洽"。而同日第十三版的广告，以半版的篇幅详细宣传，宣称这是"世界书局创造连环图画三国志成功纪念"，得意之情溢于言表。

连环图画的问世，是沈知方通俗文学出版的另一个经典案例，其成功原因主要有三。

一是通俗。上方简易文字，下方精美图画，追求一看便懂的阅读效果，是世界书局宣传连环图画的基本要义。每出一部，通俗易懂都会宣传一次，如《连环图画岳传》已是第三部，还是在强调"虽不识字者，单看书中图画，已能了解情节"①。

---

① 《连环图画岳传》，《申报》1928 年 10 月 29 日。

二是娱乐。在娱乐性方面，世界书局的连环图画突出两点。首先针对快节奏的都市生活，世界书局指出阅读连环图画的便利性。"叙述情节，简洁明了，首尾相应。任你在百忙之中，亦可阅看，而不费时光"①。对于有闲有钱的市民，世界书局则强调连环图画是"影戏"的替代品。《连环图画三国志》问世，世界书局说"活灵活现，无疑全部三国演义的影片"②。此后每一部连环图画问世，都会重述一遍连环画是简化版的影戏。1928 年 10 月《岳传》出版，世界书局说"有头有尾，人心大快。图画活灵活现，维妙维肖。包你看得津津有味，不肯放手，比京戏好看十倍"③。1929 年 5 月《封神传》问世，世界书局建议"到舞台里去看封神榜连台新戏，请先到世界书局购买新出版的连环图画《封神榜》"④。这句话简直成了屡试不爽的灵药，也成为后来其他书局宣传连环画时的普遍说辞。

三是划算。连环图画的阅读群体，大多是中下层市民。标榜"比看京戏有味，比看影戏有趣"是沈知方抓住了读者"痒点"的话，那么进一步强调看"连环图画"比看电影看京戏划算，则可说是解决了读者的"痛点"。世界书局的连环图画出到第三种，开始强调"阅连环图画，胜观京剧影戏"："化一大注钱：看一趟京剧或影戏，过眼就完！费一元洋钱：买一部连环图画，永看不尽！购置一部：全家皆大欢喜；一经寓目：包你爱不忍释"⑤。1929 年 5 月 16 日，《西游记》和《封神传》出版，世界书局高调宣传"著名的连环图画已出五种了"，里

---

① 《连环图画岳传》，《申报》1928 年 10 月 29 日。
② 《连环图画三国志》，《申报》1927 年 10 月 7 日。
③ 《连环图画岳传》，《申报》1928 年 10 月 29 日。
④ 《连环图画封神传》，《申报》1929 年 5 月 24 日。
⑤ 《连环图画三国志水浒岳传》，《申报》1928 年 11 月 4 日。

面同样说及：

> 看舞台的连台新戏，看了头二本，三四本隔着几个月，方才
> 接演。看一本戏，出两三块洋钿，看过就没有了。
> 看本局的连环图画，从头至尾，接连看来，一直看到收梢结
> 局，不卖关子。所费一块洋钿，再有十元银行券的希望，再稳得
> 蔴纱巾一条……

世界书局对性价比的宣传还进行了细分。对于上海读者，提醒"到共舞台、天蟾舞台看《西游记》《封神传》连台新戏，请先到《世界书局》购买新出版的《连环图画西游记》《连环图画封神传》"。对于外地读者，则说"外埠诸君，慕名上海的封神榜新戏者，只要买一部《连环图画封神榜》，真情节，真布景，尽在此中"[①]。这种直击普通市民消费痛点的煽情词语，对中下层读者简直是致命诱惑。

相较于此前的图画书，沈知方策划的连环图画，具有质变的意义。对此一点，世界书局也有明确的自觉。《连环图画三国志》问世，世界书局用"敝局创造"一词，宣布这个新的出版品类。后来模仿者日益增多，世界书局开始使用"首创"一词，来强调自己的发明专利权。如 1929 年 5 月 23 日《申报》广告，世界书局直接标明"连环图画：是世界书局首创"，此后每一部连环画的重印，也大都在正文后的宣传附页上，印着"连环图画是世界书局首创"的字样。

至此，沈知方的通俗文学出版达到了顶峰。创办通俗文学期刊，

---

① 《连环图画封神传》，《申报》1929 年 5 月 24 日。

买断知名作家，系列出版言情、武侠、侦探等通俗小说，联合摄制《火烧红莲寺》、《落霞孤鹜》等电影，最后创制连环图画，一系列的出版举措之下，沈知方和他的世界书局，成了 20 世纪 20 年代通俗文学出版之王。

沈知方（1882—1939）

世界书局总发行所

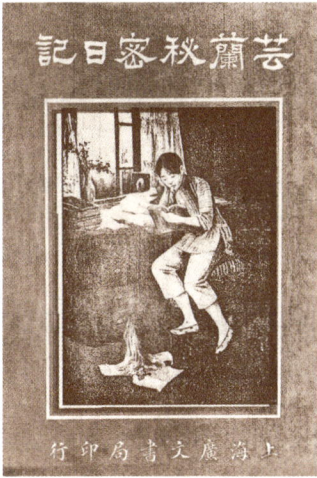

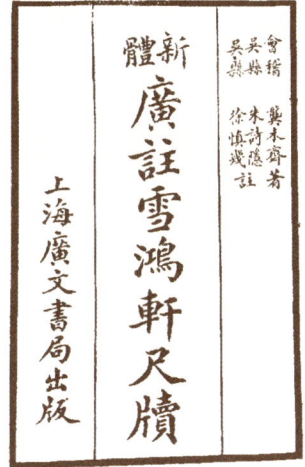

广文书局的出版物

世界书局主办的通俗文学刊物

世界书局声誉卓著的"ABC丛书"

世界书局出版的教育读本、教科书及相关广告

近年部分出版社翻印的世界书局国语读本、课本

第五章

三足鼎立：教科书出版

教科书是出版业的重要品类，也是民国大型出版机构的标配出版物。在教科书市场能否占据一席之地，决定了民国书局的出版界地位。清末新政之后，新式学堂兴盛，对新教科书的出版提出了迫切要求。主要从事印刷的商务印书馆乘势而起，继文明书局之后发力教科书出版，民国成立之前，商务印书馆一度占到教科书市场 90% 的份额，[①] 一家独大。打破这个局面的，是 1912 年成立的中华书局，借助提前准备的共和内容教科书，一战成名。沈知方曾参与是役，深知教科书对于一家书局的重要意义。世界书局改组为股份公司之后，沈知方

---

① 汪家熔：《陆费逵：教育"减负"第一人》，《中国图书商报》2001 年 4 月 5 日。

就跃跃欲试。和大众出版物相比，教科书出版需要相当水准的编辑团队。1907年，沈知方幕后主持乐群书局，曾出版小学教科书，还没等到组建完整的编辑队伍，就被夏瑞芳起诉抄袭，以罚款和销毁告终。十五年后，如果再走这种投机取巧的路子，无异于自毁前程。但组建一支完善的教科书编辑队伍，对改组不久的世界书局来说，谈何容易。而且教科书市场已被商务和中华两大书局高度垄断，强行进入，更是难上加难。面对这种困境，沈知方只能默默准备。

一、前奏: 教育读本

沈知方的准备工作，是出版教育读本。教育读本是一种教辅读物，针对中小学生使用，不过按照出版规定，教辅读物不需要像教科书那样，由北洋政府的教育部审定，内容也不需要完全按照教育大纲进行，操作起来要容易很多。此前"新体广注"系列的成功，也让他看到了知识类读物的前景。不少教育读本，沿用的正是"新体广注"体裁。

世界书局出版教育读本，开始于1920年春，沈知方"请了几位新教育家，编辑言文对照和白话的书，格式最新，出版最早，到了年底，方才出全"[①]。1922年3月，世界书局推销出版了中学和师范学生的教科自修读本。读本大致有三类：第一类是白话文学，有《新时代文学大观》和再版重编的当代名人新文选集、新书信集、新演讲集、

---

① 《新教育之先声　男女学生适用》，《申报》1921年2月19日。

新小说集等。第二类是"新体广注"系列，有《论说文自修读本》、《骈体文自修读本》、《书翰文自修读本》、《古今诗自修读本》。第三类是写作书，包括《新时代国文大观》、《新时代国文精华》、《全国学校成绩　国语文精华》以及《新文学作法入门》、《白话文作法初步》、《做白话文秘诀》、《白话文笔法百篇》等。[①]

一年之后，教育读本的品类暴增。1923 年 8 月 27 日，世界书局举行"十全十美大酬宾"活动，其中的学生用书，分为学校读本、作文书类、学生作文成绩、乐歌地图、自修用书、文学专书、社会学、字典词典、修养用书、习字法帖等十类。每一类包括多种，总数超过百种。借助日益兴盛的教辅市场，世界书局的教育读本销售极好，与通俗文学读物一起，成为世界书局改组之后的两类当家出版物。

这些教辅书籍，都由世界书局自行编订。此外，沈知方也重印了一些有影响力的成品书。1922 年 2 月，世界书局出版咸阳李孟符编辑的《国史读本》，标注为第十版校正本。这本书此前由广智书局出版，被称为有系统有条理的史学书中唯一善本，被全国中学师范各校采用，数年之间，重印九次，销数过万。1921 年，世界书局盘入广智书局，沈知方决定对其重加校正，再次付梓。1926 年，世界书局出版了《评注版国史读本》，在李孟符版本的内容上，新增清史二卷、民国史一卷，思想上"注重平民思想，发扬民治精神"[②]，一度被采用为中等学校史学教科书。

世界书局的教育读本，开始主要面对中小学生，后来向下覆盖到学龄前儿童。1923 年 3 月，世界书局对作文书类进行了一次专门促销，

---

① 《中学师范教科自修适用书类减折出售》，《申报》1922 年 3 月 19 日。

② 《评注国史读本之发行》，《申报》1926 年 3 月 13 日。

学生一律对折。广告中说"本局编辑作文用书，及作文范本多种。蒙全国学校先后采用，内容丰富，体例完备，文言白话，兼善其胜，成语典故，批解详明，实为学生必备之要书"①，列举的书目中，首先就是两本《儿童作文初步》、《儿童作文入门》。另一份呈送给奉天省教育厅的教育类书籍推广申请中，甲类是各种读本，乙类是儿童读物。儿童读物有十二种，包括《儿童识字百日通》（二册）、《儿童作文初步》（二册）、《儿童作文入门》（二册）、《儿童智识读本》（二册）、《儿童模范》（一册）、《少年模范》（正集四册，续集四册）、《国民模范》（四册）、《言文对照二十四孝》（一册）、《白话伊索寓言》（一册）、《童话大观》（正集九册，续集九册）、《儿童游戏大观》（一册）、《小学生》（十二册）。②

世界书局的教育读本出版，1923 年是关键一年。一是出版种类大幅增多，开始形成品牌；二是沈知方开始按照教科书的模式进行编纂。这一年的开春，世界书局推出了一套配合新学制的读本，供应高级小学和初级小学使用，有历史、地理和国文三科，共八册。其中，历史读本分为新学制历史读本（高级小学用书）和新式初级历史读本（初级小学用书）两种，内容"注重历代之生活、疆域、文化、制造等，一洗旧时家谱式之弊"。地理读本也分供高级小学的"新学制"和供初级小学的"新式初级"两种。两个版本"一用旅行体，一用分省体，并附极精之地图及各省象形图，引起读者之兴味"。国文读本有四种，分别是供高级小学使用的新学制国文读本和新时代国文读本，以及供初、高级中学使用的国文读本，内容上"古今文体及人生

① 《世界书局出版作文书类》广告，《申报》1923 年 3 月 10 日。
② 《上海世界书局呈请采用抄发书目》，《奉天公报》1924 年 1 月 31 日。

必要之知识，包括在内，循序而进，无躐等之弊"①。

这是世界书局第一次称自己的教育读本为"新教科书"。此后也经常在广告中指明，这些读本可以当作教科书使用，如"本局新出各种国文读本，选材精警，注解详明，对于教学上异常便利，学校采用为教科课本，固甚合宜，即学生置备为课外自修之读本，亦极适用"。同时，沈知方也开始寻求教育主管部门的支持，1923 年 12 月 1 日，江苏教育厅通令所属各县学校，一体采用四马路世界书局新出大批教科儿童用书：

> 案：据上海世界书局总经理沈知方呈称，窃以教育之隆替，全系乎教科用书之优劣；欲正童蒙之始基，又赖文艺读物之编辑。一则辅导青年学业之进步，一则引起儿童求学之兴趣，有裨教育，述非浅鲜。敝局有鉴于此，特聘教育名流，分别加以研究，历年以来，编成中小学校教科书籍儿童文艺读物，计共二十二种。所有内容编制，无不力求审慎，既顺现时教育潮流，复合儿童求学心理。素谂厅长提倡教育，不遗余力，对于学校用书，自必征求善本，乐于奖励。为此不揣冒渎，检呈各书样本，伏乞厅长鉴核，俯赐通令所属各县，转饬各学校一体采用，以宏教育，而利推行。并候批示只遵，实为公便等情，并附教科书样本暨清单一纸。据此，除批示外，各将清单抄发，令仰该知事转饬所属各学校酌量采用。此令。②

---

① 《世界书局出版小学校中学校读本》，《申报》1923 年 3 月 9 日。
② 《出版界消息》，《申报》1923 年 12 月 1 日。

此后，上海县知事沈宝昌也对所辖的教育局长发布训令，"谓世界书局总经理沈知方，历年编成中小学校教科书籍暨儿童文艺读物，计共二十二种，内容编制，力求审慎，可供各学校酌量采用云云"①。这些呈请里面，能清晰看出沈知方教育读本的出版思路。他一方面出版准教科书的各种读本，包括与绍兴老乡屠思聪合作的《表解说明中华新形势一览图》；另一方面，出版课外文艺读物，各种言文对照或新体广注的文学读物和童话等。

教育读本可以作为教科书使用，但毕竟不是真正的教科书。想进入教科书市场，沈知方还需要天时、地利、人和。

天时，是民国时期经常变动的学制。民国建立之后，实行西式现代教育，在中国教育史上处于探索和重建的时期，教育制度、学科学制等常常出现变动。每一次变动，都牵动着教科书的编纂，为一些书局提供进入的机遇。这次的变动，是 1922 年开始的新学制改革。而 1923 年第八届教育联合会推选的新学制课程标准起草委员会制定和刊布的《新学制课程标准纲要》，则明确了中学施行分科制与选课制。② 这次学制调整，成为沈知方进入教科书市场的"天时"。

地利，是全国范围的发行网络。民国的大型出版机构，都是编印发三位一体。如果没有自己的发行网，对书局来说就像缺了双腿。因此，1921 年世界书局改组之后，沈知方便大力开设各地分局，同时积极联系各省教育部门，打造"地利"之便。

这时，沈知方的教科书出版就只缺一个条件：人和。

---

① 《出版界消息》，《申报》1924 年 2 月 24 日。

② 杨东平：《艰难的日出：中国现代教育的 20 世纪》，文汇出版社 2003 年版，第49 页。

时间来到了 1924 年。

二、开局：新学制教科书

1924 年 2 月 21 日，《申报》上刊登了一则"范云六启事"：

> 祥善业已告辞商务印书馆编译所职务，亲友如有函件，请寄下列三处。上海闸北香山路口世界书局编辑所，新华草织公司，嘉定城内县立师范学校。①

同日的报纸，还有一则"世界书局扩充内部"的新闻，提及"闸北虹江路世界书局印刷厂，本设有编辑部，近复添聘范云六君等及富有经验之编辑多人，内部大加扩充，另赁香山路两宜里三层楼房为编辑所"②。

这个范云六，便是沈知方的"人和"。世界书局改组之后，仿照商务印书馆的架构，设立编辑所、发行所和印刷所，因人手不敷使用，编辑所长由总经理沈知方兼任。但要出版教科书，非有一位既懂教育又懂出版的专业编辑所长不可，在当时的书业行当，要找这种人物谈何容易。于是改组之后，这个人选一直空缺。直到 1923 年底，范云六突然被商务印书馆辞退了。

范云六，又名范祥善，上海嘉定人，民国初年在江苏第一师范

---

① 《范云六启事》，《申报》1924 年 2 月 21 日。
② 《世界书局扩充内部》，《申报》1924 年 2 月 21 日。

附小担任教师。"民国初年最盛行的初等小学'单级教育法',他极有研究,曾经在苏州附近各县小教比较发达的各乡镇作过巡回讲演"①。范云六在小学教育上的专业素养,引起了商务印书馆张元济的注意。1916年3月13日,张元济日记写道:"托范云麓编《春季单级国文》十二册教科、教授,并编《学生自习字典》一本。合二千四百元,即与定约。约今年十一月交一、三、五、七并教授法。"②8月16日,张元济和庄伯俞讨论编译所的人才问题,又提到了范云六,"伯俞言,编辑事应否进,宜留意人才。余言,如有教育编辑之经验、学界之资格者,总宜收罗。伯俞言,如范云麓者,似可罗致。问月薪几何。伯言,在校四十元。有吴某,已为中华约去,月六十元"③。这次讨论之后,范云六作为人才引进,入职商务印书馆编译所,成为正式员工。

范云六进入商务印书馆不久,1920年1月,北洋政府教育部通令全国,"自本年秋季起,凡国民学校一二年级,先改国文为语体文,以期收言文一致之效"。此后又规定,到1922年,凡用文言文编写的教科书一律废止,采用语体文。为了推广,教育部举办全国性的国语培训班,要求各省与重要出版机构等派员参加。1920年3月23日,张元济与庄伯俞商定,派范云六赴京充讲习国语练习生,约两个月毕业。一个新员工能被张元济亲点,可以说是被寄予厚望的。

但这种境况未能长期持续。1921年9月,胡适推荐的王云五加入商务印书馆,不久担任编译所所长职务。王云五具有改革家气魄,

---

① 朱剑芒:《在世界书局服务期间的一些回忆》,中国人民政治协商会议江苏省常熟市委员会文史资料研究委员会:《文史资料辑存》第6辑,1966年版,第1页。
② 《张元济日记》,商务印书馆2008年版,第27页。
③ 《张元济日记》,商务印书馆2008年版,第97页。

从 1922 年开始，对编译所进行改组，辞退了一些编辑。在编译所编辑小学教科书多年的范云六，亦被裁撤。

对于自己被解聘，范云六颇为不满，恰逢这时的沈知方正在寻觅良将，于是范氏"一怒之下，就投奔沈知方。沈氏正计划编辑教科书，但还没有物色到主编人才，范氏之来，正中沈的'下怀'"[1]。对家大业大的商务印书馆来说，范云六的离开似乎影响不大，但对于刚刚拉起队伍的沈知方，范云六的加盟宛如刘邦得韩信，他直接委任范云六为编辑所长。

有了范云六，沈知方组建了一支小学教科书编辑队伍，范云六牵头，局内有魏冰心、朱翊新、董玉林、戴渭清、吕云彪、朱剑芒等人，局外又聘请多人。范云六入局半个多月后，世界书局开始"征求新学制小学教科书编辑方法"：

> 敝局现拟编辑新学制小学教科书全部。但此事关系重大，不得不审慎周详，特先提出五大问题，征求教育家指示。另印问题及答案用纸，除已寄各学校征求外，如承函索，请开明通信地址，即当寄奉。上海闸北香山路世界书局编辑所小学部谨启[2]

一年多的时间里，世界书局收到了一千多则回应稿件。诸多意见来自基层教师，具有很强的实操价值。通过审慎地舍短取长，最终形成了以新教育新学制为主旨的编辑方法。课本样式方面，面对低龄儿

---

① 刘季康：《世界书局的发行工作回忆》，《文史资料存稿选编 23》，中国文史出版社 2002 年版，第 338 页。

② 《世界书局征求新学制小学教科书编辑方法》，《申报》1924 年 3 月 10 日。

童该如何编排？世界书局也是直接向全国的小学教师征集样本。如其所言："小学教科书，首重教材。有活泼之新教材，然后可以引起儿童读书之兴趣。但编辑教科书者，每以搜集教材为困难，本局为此特备重金，登报征求全国小学教师实地试验之良好教材。汇模拟较，多方抉择，始克成书。适应儿童环境，迎合社会潮流，于教学两方面，均极便利。允推为新制小学教科书中最有精彩之作。"[1] 此外，世界书局又大力联系当代教育专家，富有经验的教科书编辑人员，著名师范附属小学的主事教员等，对教科书稿进行不厌其烦地修改。

1924 年冬，世界书局筹划几年的第一套教科书，教育部审定完成。1925 年 1 月 16 日，《申报》报道教育部审定世界书局初小教科书："世界书局编印新学制初级小学教科书，所有国语、国文、常识、算术四种读本及教学法，共计六十四册，现已完全出齐。前经呈请教育部审定，均蒙批准。"[2] 后面还附有教育部对《国语读本》、《算术课本》、《常识课本》的批语，多有褒扬之词。

有了教育部的背书，沈知方在沪上各大报纸大加宣传。《国语读本》说了八大特色：材料有文学与语言两种；排列力求相互联络；注重韵文；材料处处顾到儿童生活并可表演；日常应用文字应有尽有；生字排列力求匀称；字句注重有变化的间歇反复；插图都活泼而有变化，低学年并插入彩色图。《国文教科书》更是罗列十大好处：偏重儿童文学；课文多切合儿童环境；力求言文接近；教材相互联络；多用韵文；散文轻圆流利；文法及内容逐渐增高程度；各课之生字务求平均；插图十分精美；字体清秀印刷明晰。《算术课本》的创新，在于低

---

① 《教育部审定世界书局出版新学制初级小学教科书》，《申报》1925 年 2 月 2 日。

② 《教育部审定世界书局初小教科书》，《申报》1925 年 1 月 16 日。

年级利用游戏和故事，高年级注重实用，使儿童学习计算，不感困难，只觉津津有味。《常识课本》则合并社会自然为一科，内容包含卫生、公民、历史、地理、自然、园艺等，前两册不列文字全用图画，后六册增加文字，但也很浅显，多用韵文，以求容易理解。

这套教科书的编写队伍，第一次广告时，列有王翼臣、沈知方、胡仁源、陆泰生、董文、印鸾章、汪蓉第、范祥善、陈友文、钱选青、朱鼎元、畲恒、秦同培、盛志良、戴渭清、朱建侯、何恭甫、马客谈、曹芝清、谢季超、吕云彪、李乃培、张肇熊、杨喆、魏冰心[①]等25人。此后再刊发的时候，沈知方的名字隐去了，也不再以姓氏笔画排列，改为由胡仁源牵头，范祥善、秦同培等人随后。

这里的胡仁源，是沈知方出版教科书的另一个"人和"。胡仁源（1883—1942），字次珊，浙江吴兴人。1902年光绪壬寅科举人，1914年曾任北京大学校长。1924年秋，胡仁源被沈知方聘入世界书局，直接担任编辑所长。胡仁源在世界书局任职不到一年，1925年8月4日，他发布离任北上的声明，"上海世界书局前聘鄙人为该局编辑所长，现因有事赴京，不克兼顾，已向该局正式辞职，特此声明"。[②] 胡仁源此去，是到北洋政府的教育部任职，1926年3月，他出任教育总长。胡仁源的世界书局经历，与范源濂在中华书局相似，都在短暂担任编辑所长（中华书局称"编译所长"）后，北上就任教育总长。从而使得他们的编辑所长之职，更多地是为书局带来人脉和道义支持。世界书局的这套小学教科书，就是以胡仁源的名义送审。

当时具体负责教科书审订工作的，是黎锦熙。这位曾在湖南一

---

① 《教育部审定世界书局出版新学制初级小学教科书》，《申报》1925年2月2日。
② 《胡仁源启事》，《申报》1925年8月4日。

师担任毛泽东历史老师的语言学家，"认为小学教科书只由商务、中华两家出版，对取材编辑等各方面，尚少比较，如今世界书局再编辑一套来，当有所进步，从教育方面讲是有利的，表示原以为世界书局在编辑上尽点力量。后来教材的斟酌、词句的修改，他费了许多心机和智慧，于是陆续出版的新学制小学教科书送审都很顺利，教科书发行后，颇得当时教育界的好评"[1]。黎锦熙后来还曾认购世界书局的股票，被书局视为贵人。

世界书局的教科书，也离不开马邻翼和马寅初的支持。两人都曾以教育部次长身份署理总长职务，前者为世界书局介绍了胡仁源和黎锦熙，后者是沈知方的绍兴老乡，沈知方送审教科书的 1924 年冬，马叙伦正署理教育总长。抗战时期，马叙伦隐居上海法租界拉都路，以著述维持生活，世界书局特聘其为编辑顾问，每月致送薪水。另外接受其还未完工的《说文解字六书疏证》一稿，每月交稿若干，发送稿酬若干，以供马叙伦生活之用。

世界书局的小学教科书，第一批出版了初小的四种。1925 年 7 月，又推出了高小的九种。包括国语、国文、公民、历史、地理、算术、自然、卫生、英语，每种另有配套教学法。除了英语和教学法是各两册外，其他都是课本与教学法各四册。这批高小教科书，编校人员有严独鹤、严畹滋、平海澜、朱翊新、范祥善、魏冰心、芮听鱼等 27 位。

至此，世界书局的小学教科书出齐，凡十三种，一百三十册，蔚为大观。但沈知方并未止步，宣告九种高小教科书出版的第二天，就

---

[1] 刘弘任：《回忆世界书局北京分局》，《文史资料存稿选编 23》，中国文史出版社 2002 年版，第 343 页。

在报纸上"征求新制初中教材"：

> 敝局出版新学制初高级小学各科教科书全套，内容精审，体例最新，叠蒙教育部审定，各省教育厅嘉奖，各校来函称誉，苟无全国各小学校供给新教材，曷克臻此。兹拟继续编印新学制初级中学各科教本，如有体裁新颖，材料谨严，曾经实地试用，适合新制课程之教材，请直寄敝局编辑所（中学教材研究会）。一经审查合格，当即函商代价，藉答高义。此请全国中等学校校长教员　公鉴　上海闸北香山路世界书局编辑所谨启①

这次征求后一年半，1927 年 3 月 2 日，世界书局发布了一套"新学制中学校教本"。这套教本分初级中学和高级中学两个层次，每个层次又有国文和英文两类。初级中学教本，国文部分有《言文对照初中国文读本》三册、《初中国语文读本》四册、《张编初中模范文读本》三册、《初级中学国文读本》三册、《广注四书读本》十四册、《言文对照孟子读本》三册、《言文对照论语读本》二册、《言文对照详注国文四种读本》十二册；英文部分有《英汉对照泰西三十轶事》一册、《英汉对照泰西五十轶事》一册。高级中学教本，国文部分有《高级中学国文读本》三册、《增修评注国史读本》十二册、《评注近代史读本》三册、《高级中学评注国文读本》三册、《评注文选读本》二册、《广注国学文库》十四册；英文部分有《近代英文选》一册、《近代英文短篇论说》一册、《近代英文短篇小说》一册、《汉译英文格言类编》

---

① 《征求新制初中教材》，《申报》1925 年 7 月 12 日。

一册。

憋了一年，推出的中学教本只涵盖国文、英文两种科目，似乎有点少。世界书局解释说，"在中学课程中，国文与英文，是最重要的科目。本局出版的各种中学国文和英文教本，第一，延聘硕学通儒慎重编辑所以内容形式双方都十分优美；第二，精选成书增评价注，学生既易诵读，教员讲授亦非常便利。本学期采用后，定能获极良之效果"[1]。言之凿凿，似乎这就是世界书局中学教科书出版的成果。但这套科目不全的新学制中学校教本，有不少是新体广注式的教育读本，比起商务、中华两大书局的中学教科书，实在不孚众望。莫非沈知方已经后继乏力，难以持续？

事实上，这只是沈知方的一个障眼法，在这套"新学制中学校教本"之外，他准备了一个大招。

三、逆袭：新主义教科书

1927 年 3 月 18 日，上海的报纸上出现了一条"各书局党化教材到杭"的新闻：

> 浙江各处党部对于推行党化教育颇为积极，各书局为供给需要编有党化教材多种，商务中华均编有活页，以便插入原有各书教授之用，世界书局则有三民主义读本。闻昨日（十三）该三书

---

[1]　《世界书局出版中学校教本》，《申报》1927 年 3 月 2 日。

局共到二百多大箱，门市骤行拥挤云。

这条新闻的背景，是 1927 年 1 月上旬，蒋介石担任总司令的国民革命军决定继续北伐，进军杭州、上海，会攻南京。一个月之后的 2 月 19 日，北伐军占领杭州，孙传芳的势力在全浙被逐步扫清。新的政权需要新的教科书，国民革命军要求的三民主义教材成为春季学期的紧缺图书。沪上几大书局闻令而行，便是这条新闻的内容。

《申报》的新闻，传递出两个消息。一是"各处党部对于推行党化教育颇为积极"，预示着一场新的教科书革命即将展开。二是各书局为了迎接北伐胜利，准备了多种党化教材，"商务中华均编有活页，以便插入原有各书教授之用，世界书局则有三民主义读本"。也就是说，南京国民政府即将成立的时候，两大书业龙头几无准备，只能临时编了活页，世界书局却提前编好了完整的三民主义读本。

这种场景是不是有点熟悉？

1927 年 3 月 21 日，北伐军占领上海。一周之后，世界书局公告"三民主义教科书出版"：

> 国民革命军成功以后，国民政府成立以后，对于儿童的思想应积极的设法改革。贵校采用何种读本？本书迎合潮流，适应需要，是唯一完善之教科用书。
>
> 本书根据国民政府教育行政委员会颁布之小学规程编辑，供前期小学第三四学年之用，全书四册，每学期适用一册。
>
> 本书取材，包括孙文主义的全体，就孙文学说、民权初步、实业计划、三民主义、五权宪法、建国大纲、国民党代表大会宣

言、中国国民党纲各要义，撷取精华，兼收并蓄。

本书编制方法，间接法与直接法并用。凡讨论主义用间接法，以增加儿童研读之兴趣；凡解释主义用直接法，以免除儿童认识之错误。

本书为教师教授便利计，特另编教学法四册，详载各课教学方法，以供教师之参考。[①]

《三民主义教科书》是世界书局"新主义教科书"的第一种。四个月之后，供小学使用的全套"新主义教科书"发布："我们这套书，用革命的精神，革命的方法，在儿童教育范围内，把革命的思想尽量的灌输到小学生的脑子里去。一切不合于时代潮流的材料，如封建思想国家主义思想，完全根本铲除。尽力培养适于革命的性格如平民化、团体化，俾合党化教育。"[②]

这就是沈知方的"大招"。1926年7月，国民革命军开始北伐，沈知方感知山河即将变色，他立即把编制初中教科书的力量，转移到用三民主义修订全套小学教科书上来。提前准备的"新主义教科书"，让世界书局第一次超越商务、中华两大书局，占据了主动地位。1929年8月，世界书局出版教育部及大学院最新审定的初中教科书，有党义、国文、历史、地理、自然科学等，每种六册，另有初中英语三册。到了年底，又出版了初中本国史、初中世界史、初中本国地理、初中外国地理、初中动物学、初中植物学、初中矿物学、初中物理学、初中化学、初中生理卫生学、初中算术、初中代数学、初中几何

<hr>

① 《三民主义教科书出版》，《申报》1927年3月27日。

② 《世界书局发行新主义教科书》，《申报》1927年7月30日。

学、初中三角术。1930 年 1 月，推出新版的高中教科书，包括高中党义、高中国文、高中本国史、高中外国史、标准英语读本、实验英文文法读本等。1930 年 3 月，又出版了新版的"民众课本"，包括民众千字课本、民众珠算课本等。

政治的加持，让世界书局的教科书如虎添翼。1930 年底的《市校教科用书统计》一文调查显示，上海市立小学各年级所用的国语、算术、常识、自然、卫生、公民、社会、历史、地理等教科书，商务印书馆、中华书局、世界书局和国民书局四家总计 2734 种：其中商务印书馆的 881 种，占 32.2%；世界书局的 874 种，占 32%；中华书局的 546 种，占 20%；国民书局的 433 种，占 15.8%。[①] 另一份数据显示，1930 年，商务印书馆资本额 500 万元，职工人数 1353 人，营业额 556 万元；中华书局资本额 200 万元，职工人数 975 人，营业额 367 万元；世界书局资本额 60 万元，职工人数 160 人，营业额 222.7 万元。[②] 就人均营业额来说，商务印书馆人均 0.41 万，中华书局人均 0.376 万，世界书局人均 1.39 万，分别是前两者的 3.39 倍和 3.697 倍。

对一个改制十年的书局来说，这个成绩实在优秀。尤其是 1925 年随着小学教科书之后，沈知方急剧扩大资本，"原定资本仅有三万元，近因学业发达，特增加四十七万元，其为五十万元"[③]，暴增近 20 倍。后来他又开始搞品牌建设，世界书局的教科书都印一个小地球，原因是"地球是包含全世界的意义。故世界书局出版教科书的封面上，

---

① 《市校教科用书统计》，《上海教育》1930 年第 12 期。
② 《上海市书业同业公会会员录》，1930 年 6 月。
③ 《世界书局扩大资本》，《申报》1925 年 10 月 4 日。

统用'地球商标'"①。可见在沈知方眼里，教科书已成为世界书局的核心资产。

上面的叙述，围绕世界书局的教科书出版展开，似乎在沈知方的操持之下，一切美满。先循序发展，又抓住时机，最后渐入佳境。但现实之中，哪有这种岁月静好？从出版教科书的第一天起，沈知方就被他的老东家合力围堵，随时面临被扼杀的困境，一路走来，步步惊心。

四、突围：斗败国民书局

1924年底，北洋政府的教育部审定了世界书局第一批教科书四种。这个时候，全国的教科书市场被两家书局垄断，即商务印书馆的新学制小学和中学教科书，中华书局的新小学教科书和新中学教科书。教科书出版的门槛甚高，资金要求也大，数年来少有其他书局尝试。1924年初夏，得知沈知方正在编制小学教科书而且即将完工，商务印书馆和中华书局大为震惊。他们对沈知方这位老员工知根知底，太了解他八面玲珑的发行能力了。有此异动，怎能置之不理？于是"两家为了梦想继续垄断教科书市场，乃合谋对付办法"。商务和中华沟通之后，决定先礼后兵。先由陆费逵代表两家书局出面与沈知方协商，"劝告世界停止出版教科书，由两家出资十万元收买世界教科书稿本"②。一开始沈知方略有犹豫，但听到要以世界书局永远不出

---

① 《地球商标》，《申报》1925年8月16日。
② 刘季康：《世界书局的发行工作回忆》，《文史资料存稿选编23》，中国文史出版社2002年版，第338页。

教科书作为条件，谈判立即破裂。招安不成，商务和中华决定重拳暴击，要让沈知方知道什么叫知难而退。两大书局采用了两个策略，一是正面围剿，二是釜底抽薪。

先说正面围剿。1924 年 7 月 16 日，中华书局召开了一次董事会。第一个议案，就是商议抵制世界书局的教科书："为抵制某同行教科书，商务、中华联合另组一书局，股本额定廿万元，商务三分之二，中华三分之一，陆续支用。议决通过。"① 当天出席的董事签名有"陆费伯鸿、吴镜渊、戴懋哉、高欣木、范静生李默非代、沈陵范、徐可亭、黄毅之"。

这里的"某同行"，就是世界书局。联合另组的书局，叫国民书局。商务印书馆和中华书局讨论这个议案的时候，沈知方的教科书只是刚刚完成，还没来得及送审，陆费逵单刀赴会的谈判刚破裂而已。股本额度 20 万元，直接让国民书局进入当时上海书业的前三名，世界书局超过这个额度，还要等到一年半以后。面对沈知方，两大书局可谓下了血本。

国民书局组建之后，公开露面的时机也很有趣。1924 年底，世界书局教科书通过部审。1925 年 1 月 10 日，《申报》刊登了一则出版消息，"世界书局范祥善等编辑之初级国语国文常识算术等四种课本及教学法，已完全出版，该书系依照新学制编辑，并经教育部审定，昨承惠赐全份，谢谢"②。三天之后，私下运作了半年的国民书局就在《申报》刊登了启事："本书局聘请海内教育家编辑中学小学教科书参考书，现在已编成初级小学国文国语常识算术四种，名曰新国

---

① 《中华书局董事会档案（六）》，《中国出版史研究》2018 年第 4 期。
② 《致谢》，《申报》1925 年 1 月 10 日。

民教科书，即日出版，先此预告。"① 两个月之后，1925 年 3 月 17 日，国民书局正式挂牌营业：

> 上海棋盘街中市国民书局开幕大廉价。七折发售，买一本，送一本。本局编印新国民教科书，欲对教育界有所贡献，特于开幕之始举行空前大廉价，以六个月为期，自十四年阳历三月二十日起，至阳历九月二十日止，除照定价七折外，每买一本加送一本，此举系为普及教育推销新书起见，不惜巨大牺牲，亏折在所不计。敬布区区，伏希鉴察是幸。②

国民书局对世界书局教科书的竞争，完全是贴身肉搏。世界书局第一批出版了四种，国民书局就同样科目也出版四种。世界书局主打廉价，国民书局就打七折，还买一送一，一出手就是半年期限。开业一个月之后，国民书局感觉七折和买一送一还不够力度，决定开始赠送样本，"本局鉴于各地教育费非常困难，生活程度日高，担负教育费不易……现在教科书已出版过半，特印样本；如承索阅，即行奉赠"。

打价格战其实就是烧钱，国民书局气吞山河，就在于身后有两位出版巨头投入巨款。有了巨款在手，国民书局不计成本的价格战，一浪接一浪。到了九月开学季，又打出了"半送半卖"的广告词。此后在国民书局的教科书广告中，"不惜巨大牺牲"、"半送半卖"、"样本普赠不取分文"等词语如影随形，就差直接说免费发放了。

---

① 《国民书局启事》，《申报》1925 年 1 月 13 日。
② 《国民书局开幕大廉价》，《申报》1925 年 3 月 17 日。

再说釜底抽薪。国民书局打正面价格战的同时，商务印书馆和中华书局侧翼夹击，形成了三打一的局面。作为教科书龙头，商务和中华两大书局不好自贬身份打价格战，他们就在背后阻断世界书局教科书的销售渠道。沈知方是发行老手，"他也知道推销教科书，必须在全国范围内有自己的分支发行机构，才能与商务、中华抗衡。于是在全国大城市凡商务、中华设有分支机构的地方，也逐步设立了分局，为日后出版教科书作好竞争据点的准备"①。1925 年初，沈知方在 15 个大城市设立了分局，但相较于商务、中华遍布全国的发行机构来说，还是势单力孤。于是两大书局依仗发行渠道的压倒性优势，开始压制。新学制教科书发行初期，沈知方想在东北地区打开局面，由沈阳分局经理李春生游说奉天省教育厅成功，获得该厅的推广批文，上海世界书局就向沈阳发了三百多箱教科书，准备销售。谁料被商务印书馆得知，马上向奉天教育厅游说，迫使此项批文被撤销。只因"当时的官厅，只要谁势大财多，谁就胜利。当然沈氏力不能敌，这一次就落了空，只得将原书退回上海"②。

如果说沈阳分局的图书退货属于定点清除的话，那么两大书局"用津贴的办法阻止同行经销世界书局教科书，由两家根据各个同业每年交易大小，给以相当数目的现金津贴"③，就是典型的釜底抽薪。在长三角地区，商务印书馆派出批发处职员王少峰，中华书局派出负

---

① 刘季康：《世界书局的发行工作回忆》，《文史资料存稿选编 23》，中国文史出版社 2002 年版，第 337 页。

② 刘廷枚：《我所知道的沈知方和世界书局》，《文史资料存稿选编 23》，中国文史出版社 2002 年版，第 317 页。

③ 刘季康：《世界书局的发行工作回忆》，《文史资料存稿选编 23》，中国文史出版社 2002 年版，第 337 页。

责批发业务的王竹亭，沿着沪宁、沪杭铁路线，从苏锡常到杭嘉湖，联络贩卖同行，订立口头密约，每家给予三五百不等的津贴，要求立刻停售世界书局出版物，否则两家书局与之断绝往来。在湖南市场，两家书局也分别与发行点，签订"特约"或"经销合同"，约定不得销售世界书局的教科书。又扬言世界书局缺少资力，搞不长久，如果想试试看搭销世界课本，则威胁同业收回"特约经销"，迫使同业不敢和世界书局往来。导致的结果，就是有些代理商拗不过世界书局的面子，答应代售一点，"可是一学期过去了，我们派员去了解经售情况，出乎意料之外，发去的课本原包原封不动高搁在书库里。这种恶劣手段使人哭笑不得"①。

类似的场景在其他地方层出不穷，手段虽然"恶劣"，但打压世界书局却颇有效果。面对两个老东家刀刀致命的招法，沈知方"并未因之气馁，相反的更促使他更加努力为教科书的销售找出路"②，他采用了两手策略应对。

一是正面硬刚。两军相逢勇者胜，面对咄咄逼人的三大书局围攻，沈知方毫不畏惧。对国民书局的低价倾销策略，沈知方一方面适度跟进，另一方面则以"比较"为口号，在报纸上连续发布广告，呼吁读者明辨是非：

　　售价的比较：本局赠送教科书免邮优待券，凭券购书可以享

① 翁稚棠：《世界书局在湖南省的经营》，《文史资料存稿选编23》，中国文史出版社2002年版，第352页。

② 刘廷枚：《我所知道的沈知方和世界书局》，《文史资料存稿选编23》，中国文史出版社2002年版，第316页。

受特别折扣之利益，比较他家是否便宜？

内容的比较：本局出版教科书，教材活泼，编制新颖，切合现代潮流，适应学生环境，比较他家是否优胜？

优待的比较：本局奉送教学法赠书券，凭券购教科书，赠送教学法全套，比较他家是否优待？ ①

二是巧施计谋。正面硬刚塑造了沈知方的勇者形象，也让世界书局同仇敌忾，上下一心。但要想真正突围，还得讲究策略。两大书局不让各地发行商代理世界书局教科书，世界书局就对发行商晓之以理，告诉他们虽然现在有两大书局的津贴可拿，但若世界书局被挤垮关闭，这项津贴会立即停掉。另外也给他们指明道路：两大书局的津贴该拿还拿，世界书局额外再给他们一笔津贴，只需他们另外搞个门面，挂上世界书局招牌，装作世界书局设立的分店即可。加之沈知方承诺低折扣、高回佣，一时之间，真真假假的世界分局遍地开花。商务和中华试图垄断发行商的做法，立即破功。

同时，沈知方紧抓关键少数。对于各省的教育厅，沈知方亲自出面，利用各种关系打通关节，让他们发出通令，批示全省采用世界书局的教科书。在当时的报刊上，江苏省教育厅长沈彭年通令六十县采用世界书局教科书、浙江教育厅计厅长通令全省七十五县知事采用世界书局教科书、浙教厅二次通令采用世界书局教科书、山东省政府教育厅通令一体采用世界书局新出三民主义课本及教科书，以及广州、汕头、上海县等诸多政府通令，不时出现。但有了政令批文，只是获

①《比较》，《申报》1925 年 8 月 15 日。

得了许可证，要想真正售出，关键在于拥有购书决定权的小学校长和教员。沈知方对他们施以恩惠，又不像其他书局只会赠送书券，沈知方给男教师赠送怀表、绸缎大衣，给女教师赠送化妆品、玻璃丝袜等。或者趁他们参加全省或全国教育会代表会议时，请吃请喝请游玩，临走再送小特产。这个举动看似微小，却收效巨大，因为"过去商、中对小学教师是不大理睬的，有事只向县府教育局讲话，未注意到基层"①。

为了打造用户黏性，沈知方还遍招小学教师入股，每股五元。告之曰如有赢利，则利润均分，条件是作为股东，需极力为世界书局推销。又给每个股东一个折子，即使不是股东的小学校，也赠送一张，凭此折可预领取五元以内的教科书。内地的不少小学校，经费既绌，薪水亦薄，这种名为赊账却从不索要的折子，大受欢迎。沈知方的一番操作猛如虎，市场成效立即显现。1925 年的冬天，一位记者就写道，"有某视学员告我曰，若某地某地，今已成鼎足势，所谓鼎足，则商务、中华、世界也。然世界进行颇猛，而各教员均啖其利，下学期不难成世界清一色也。故商务中华闻此消息，对于书业敢死队之沈知方君，不免慄慄危惧耳"②。

总之，经过一番刀光剑影，世界书局不但成功进入教科书市场，而且借助先人一步的"新主义教科书"，奠定了鼎足而三的地位。相反，充任正面打手的国民书局，因为创局之时就师出无名，加之商务和中华两局同床异梦，有时三家书局还互相误伤，导致发展之路每况愈下。创办之后，只出过一套小学使用的"新国民教科书"。1927 年

---

① 翁稚棠：《世界书局在湖南省的经营》，《文史资料存稿选编 23》，中国文史出版社 2002 年版，第 351 页。

② 天马：《书业敢死队》，《晶报》1925 年 12 月 6 日。

8月，为了适合党化教育，国民书局出了一个修正版，但在世界书局耀眼的"新主义教科书"面前，这个修正版不堪一击。再之后，国民书局的主要业务就变成了销售文教用品，举凡西洋名画、儿童玩具、仪器文具、贺年信片、信笺信封、碑帖画册、丝织风景，乃至橡皮套鞋、中山装和雨伞，都是国民书局在沪上报刊广告的销售内容。这样又维持了两三年，1930年4月底，国民书局宣布大廉价三十天。到了六月底，终于支撑不住了，在《申报》刊登了"国民书局停止门市，存货削本贱卖"的广告。清仓了近一个月，1930年7月21日，国民书局发布"国民书局正式停止营业启事"，进入历史。

国民书局倒闭一个月后，上海市教育局为所辖学校选定秋季小学教科书，每个科目推荐两到三种，公布的结果是"国语：世界、商务；三民主义：商务、中华、世界；历史：中华、世界；地理：中华、世界；自然：商务、中华、世界；算术：商务、中华、世界"①。所有科目之中，世界书局是唯一一家全部入选的。可以说面对三家书局的围剿，沈知方的突围之战是大获全胜。

但这场胜利来得好艰难啊！上面的推荐结果公布十天之后，世界书局在《申报》发布"世界书局宣言"，回顾了刚刚结束的这场小学教科书之争：

　　　　我们是出版界的一份子，我们不忘记我们的责任，所以我们在民国十三年时代，不避艰难，出版第一套小学教科书，全部目的在使教育界能够用到比较进步和价廉的教科书。当时即有两家

---

① 《市教局选定小学教科书》，《申报》1930年8月20日。

同业联合起来，百计破坏，强制外埠贩卖店不许卖我们的书，又特开一某某书局与我们为敌，欲作一网打尽之计。我们幸蒙教育界的爱护，我们也尽我们的力量奋斗，竟获相当地位。教育界方面也因我们出版教科书得到物美价廉的利益，大家称许我们是出版界的革命军。至于那某某书局，损失甚巨，最近业已清理。可见意图损失利（应为"人"——引者注）己者，结果既未损人，亦不利己。①

对手关门了，竞争结束了，沈知方可以松口气了吧。哪有这种好事。小学教科书不争了，可世界书局还出版中学教科书，难道那不侵占教科书市场的份额吗？于是，就在国民书局关门二十天后，一场围绕世界书局中学教科书的竞争，又开始了。

五、开明英文读本：赢了官司，输了舆论

围绕中学教科书的竞争，被世界书局称为本局教科书革命的"第二次竞争"。与第一次相比，除了竞争对象小升初之外，竞争场域也从现实的渠道战，变成了纸面的舆论战。这一次的主要手段，是攻击世界书局的教科书涉嫌抄袭，参与的对手有中华书局、开明书店和会文堂新记书店。

率先发难的是中华书局。1930 年 8 月 14 日，国民书局歇业的第

①《世界书局宣言》，《申报》1930 年 8 月 31 日。

二十天，中华书局于《申报》、《新闻报》、《民国日报》、《时事新报》等头版，同时刊登"中华书局悬赏二千元"的声明，悬赏"有能证明下列二项之一者，各给酬金一千元"：

（一）世界书局《初中本国史》，"历史之回顾"一节，与本局《新中学初级本国历史》全书结论一章，十同其九。有能证明本局此章文字，系从何局出版的教科书抄袭而来，以致与世界本不谋而合者，酬金一千元（两书文字分别附于后方）。

（二）世界书局《初中本国史》，附图"三国鼎力图"及"太平军图"，与本局《新中学初级本国历史》附图"三国鼎力图"及"清中叶及太平军图"，形式内容完全相同，有能证明本局此两图，系从何局出版的教科书或历史沿革图翻印而来，以致与世界本不谋而合者，酬金一千元。

"悬赏声明"于14、16、18日，在沪上几大报纸连续刊发了三次。一个月之后，中华书局公布悬赏结果："自登报之后，经过截止期间，承诸君纷纷惠函赐教，督勉有加，但无人证明敝局有从他书抄袭翻印情事"，"至世界书局方面，已由敝局函请其于两个月内，自行解决，庶于维持著作权之中，仍示推重同业之意，抑亦可共同努力，以期毋负教科书之远大使命也"。① 大费周章的广告悬赏，结果只是函请自行解决，没有提出任何诉求，那为何不一开始直接去函沟通呢？

因为醉翁之意不在酒。在世界书局编辑所任职二十余年的朱翊新

---

① 《为悬赏征求证明事件敬谢赐教诸君》，《申报》1930 年 9 月 14 日。

亲历此事，他回忆说，当时有不少书店编辑这类教科书，都依照部定《初级中学历史课程标准》编写，内容是大同小异，但四册的世界书局《初中本国史》在某册的一节结论中，有部分字句与中华书局《初中本国史》雷同，"这个问题是由于编写人工作不够严肃而起，本可通过适当方式解决，但是中华书局不惜支付巨额广告费，立即在上海各大报纸上刊登封面全幅广告，将两书部分文字雷同的各一页，制版对照"。这样做的目的，就是"中华此举，意欲斗倒'世界本'，使对方大受损失；抬高'中华本'，使自己多获利润"。①

刚结束小学教科书的渠道之争，立即又陷入中学教科书的漩涡，对方还是自己参与创办和担任过副局长的中华书局，让沈知方深感无奈，"我们的中学教科书，毫不违背著作权法。假使果有违背著作权，他们何不走正常途径，而要用破坏的手段呢？"言语之下颇为苦恼。过后来看，这次与中华书局的笔墨官司，世界书局损失不大。因为被质疑的《初级中学本国史》，是黄人济等依照当时刚颁发的暂行课程标准编辑的第一部同类教本，在对中华书局提及的一幅图片略作修改以后，照常印行，销量还不错。但同时段展开的《开明英文读本》纠纷，却让沈知方颇受重创，也是"第二次竞争"中影响最大的一个。

《开明英文读本》由林语堂编订，开明书店1928年1月出版。林语堂是德国语言学博士，曾任北京大学英文学教授，英文素养甚高。林氏的英文读本参考西式教材理念，结合中国儿童特征，内容精审。尤其是聘请著名画家丰子恺配图，文图并茂，被称为"一扫旧式英语

---

① 朱翊新：《我在上海世界书局的编辑工作》，《文史资料存稿选编23》，中国文史出版社2002年版，第307页。

读本谬误浅陋粗劣之弊，为中国破天荒之英文读本"①。上市之后，自然畅销，一版再版，几乎把商务印书馆周越然编著的《模范英文读本》给挤掉了。对于创局不久的开明书店来说，"林编《开明英文读本》几乎成了开明书店的命根"。②

在《开明英文读本》赚得盆满钵满的时候，1930 年 5 月底，世界书局出版了一套三本的初中《标准英语读本》，编者是林汉达。林语堂见到之后，发现《标准英语读本》的形式与自己的读本相近，而且有几篇课文内容一样，认为抄袭了自己的，就让开明书店老板章锡琛去向世界书局交涉。当时负责世界书局编辑所实际工作的徐蔚南，与开明书店的夏丏尊和章锡琛都熟悉，章锡琛就请徐蔚南转达沈知方，要求自动停止出版。沈知方并不买账，也没当回事，置之不理。

一看未能奏效，1930 年 7 月 26 日，开明书店向世界书局发了一封律师函，要求三日内答复。这时的沈知方正忙于世界银行的扩张，无暇分心，就把信函交给了林汉达，让他自己去处理。林汉达不敢怠慢，第二天，就去拜访了林语堂，林语堂说如何处置，需要与开明书店商量一下。林汉达决定 28 日再去找章锡琛，这时还挂名世界书局编辑所长的范云六，曾与章锡琛在商务印书馆编译所同事，就为林汉达写了一封介绍信。

范云六的信写得很客气，"锡琛先生大鉴：久不聆教，企念何极。近来贵处营业非常发展，甚佩。兹启者，敝局出版标准英语，闻与贵处出版开明英语，有相似之嫌疑，刻由敝处原编辑人林汉达君前来声

---

① 《开明英文读本》，《申报》1928 年 1 月 18 日。

② 宋云彬：《开明书店与世界书局的争讼》，《文史资料存稿选编 23》，中国文史出版社 2002 年版，第 363 页。

明一切，希望免除误会。特为绍介，务乞台洽。是所感祷，此致暑祺。弟范祥善顿首七月廿八日"。林汉达见了章锡琛之后，交了范云六的介绍信，章锡琛表示愿意和平解决，但具体方法需要与书店其他人和林语堂商量以后再说，让其明日再来。

29 日上午，林汉达再次往访，恰逢章锡琛外出，林汉达就留了一个便条。"锡琛先生大鉴：昨日会晤，深知先生亦欲和平了结。然律师三日之约已到，敝公司欲知该事可否由达自行解决，或需由敝公司答复律师。倘如昨日所约，则祈转告贵律师。专此候示，此请撰安。林汉达，七·廿九"。章锡琛下午回信，说他们同意和平解决，但主要得听林语堂的意见来办。

得此意见，林汉达 29 日当天便去找林语堂，林语堂不在，林汉达留了名片，还写了一个便条，有"语堂先生：今为和平解决英语读本，讨教如何修改，以便答复之"等语。30 日一早，林汉达第三次拜访林语堂，终于见到。根据开明书店的陈述，林语堂提出，"（一）文句抄袭者（二）课中雷同至数处者（三）排法形式故意模仿者"，这三种情况都需要修改。

事情发展到这里，除了林汉达瘦小的身影穿梭各处让人感觉心酸之外，似乎正向和平解决的路子上进行。但没想到的是，8 月 26 日，开明书店突然在上海各大报纸的头版，以半版的篇幅刊登了"世界书局承认标准英语读本抄袭开明英文读本之铁证"的广告，指斥世界书局为抄袭者。

开明书店为何如此暴怒？根据广告中所述，是因为林汉达拿着林语堂的意见回去之后，世界书局向开明书店回了一封律师函，函中回复说这是作者林汉达个人的事情，也不承认书局曾经说过有抄袭一事。接到答复，开明书店大为光火，立即再发律师函质问：林汉达是世界的雇员，书也是世界书局出版的，怎能与你们书局无关？"至抄袭部分，事实具在，更非空言所能掩饰"，认为抄了就是抄了，否认是否认不掉的。世界书局再次回函，说林汉达承认第三册中有一首英诗，确实是采自开明读本，已自动修改，但不承认抄袭，因为诗歌作者并非林语堂，"事出无意，问题极小"。

接到这封回函后，开明书店未再答复。沈知方和林汉达以为这场纠纷告一段落，其实开明书店对沈知方这种无所谓的态度，已经气炸肝肺，认为纯属以大欺小，这口恶气不出实在心意难平。于是就在 8 月 26 日，在上海各大报纸刊出了控诉世界书局抄袭的广告。控诉广告将范云六的介绍信和林汉达的两封便条，全部拍照制版。结果呈现在读者面前的，就是世界书局承认抄袭的黑体标题和三张手写信函的大照片，以及围绕着照片密密麻麻的陈述文字。

从效果来说，这条广告符合有图有真相的传播特征，视觉说服力极强。更让世界书局不可接受的，是开明书店叙述完这场纠纷之后，专门另起一段，举报沈知方涉嫌欺骗，说沈知方宣传自己的教科书都通过了教育部的审定，但有的教科书上却未见审定的日期和批号，"倘确均经审定，未在书面上印明，已属显违部章。否则即为捏称审定，蒙蔽官厅，欺骗学校，地方检察官厅即应检举该局"。这一段指控委实厉害，以诛心之论，直接把沈知方和世界书局的教科书定位成了骗子。

自己的绍兴老乡章锡琛如此辣手，沈知方作何感想不得而知。只是第二天的沪上各大报纸，刊登了"陆绍宗施霖律师代表世界书局警告开明书店启事"：

    兹据当事人世界书局声称：本书局出版之标准英语读本，与
开明书店出版之英文读本完全不同，绝无抄袭情事。曾由本书局
委托贵律师等，详细答复该书店代表律师，来函在案。该书店理
屈词穷后，即未再来函有何主张。倘该书店果有正当理由，自可
根据著作权法为合法之交涉。乃竟不出此，忽登报散布文字，淆
惑听闻，公然毁损本书局名誉信用，实为有意妨碍本书局营业。
除请贵律师等代为依法救济外，并请登报警告该书店等语，委任
前来。为此，代为登报警告如右。

警告启事在 8 月 29 日重登了一次。8 月 30 日，开明书店的律师
袁希濂和王曾宪代表开明书店又警告世界书局，依然指明世界书局抄
袭，而且自己承认了。依据是范云六的介绍信中，有"敝局出版标准
英语，闻与贵处出版开明英语，有相似之嫌疑"一句，他的身份是世
界书局编辑所长。此外，林汉达的两个便条都有"和平了结"字样，
如若不是抄袭，何来此语？

看到开明书店如此反应，8 月 31 日，陆绍宗、施霖两位律师再
次代表世界书局警告开明书店。同日，世界书局也在当天的沪上各
大报纸，刊登了控诉出版教科书以来所受迫害的"世界书局宣言"。
对于正发生的中华书局和开明书店的指控，世界书局认为纯粹是
嫉妒：

    我们世界书局的中学教科书，是十八年秋季开始出版的，现
在已完全出齐了。各书的编校人，都是教育界的专家。他们多年
的经验、卓越的学识，都用在我们这套教科书里了，而且大多数

是符合教育部颁布的中学课程暂行标准的，在中学教科书中又是一队革命军。所以出版以后，即蒙全国中学教员不约而同的引为教授的善本，同时那种腐旧的书，当然不能立足。于是又引起了嫉妒，不惜用种种手段，欲破坏我们中学教科书的名誉信用。他们的居心，不过如此而已。[①]

世界书局还说，"现在出版教科书的同业中，有将我们的书抄袭了大部份去的，也有模仿我们中学书的式样的，我们对于同业一向推重，所以不愿起无谓的纠纷，连他们的店号也不宣布"。但是自己的教科书稍有差池，就被同行大肆炫耀，昭告天下，委屈之情溢于言表。接下来的事情，走马灯一样上演。世界书局继续发布《标准英语读本》的广告，同时还刊登多位学界名人对《标准英语读本》的赞语，力证清白。开明书店则坚持控诉，指斥抄袭。在报纸上，两家书店"警告"、"驳复"、"再警告"，来往十余次，热闹非凡。

沈知方何曾吃过这种亏，忍无可忍之下，他以诽谤名誉罪，向法院起诉开明书店。侵害的名誉有二：一是无中生有，公然污蔑《标准英语读本》抄袭；二是8月30日开明书店的回复中，有"以后编辑图书，务望多聘通人，慎重将事"的语言，直接鄙视世界书局的编辑水平，引起局内公愤。

双方各自聘请律师，展开法庭论战。第一次庭审，开明书店落于下风，法官初判两项诽谤名誉罪全部成立。开明老人宋云彬回忆说，这是因为沈知方聘请了上海滩上的知名女律师郑毓秀团队，她和南京

[①]　《世界书局宣言》，《申报》1930年8月31日。

国民政府的司法部长王宠惠有某种关系，只要是郑律师经办的案件，基本只胜不输。眼看要崩盘，开明书店急忙寻求南京政府教育部的帮助。当时的教育部长蒋梦麟，与林语堂曾在北大同事，也是英美留学派的代表。教育部的次长刘大白，与夏丏尊是密友，早年在浙江一师和白马湖的春晖中学都是同事。相对于司法系统，教育部才是开明书店的靠山。

这一招果然奏效。宋云彬说："那时候，林汉达编的英语读本正由世界书局送请南京教育部审查中，南京教育部里做实际审查的一些人，多认为《标准英语读本》确实比《开明英文读本》编得好，对林语堂硬压林汉达有不少人代抱不平，甚至有一位编辑者，还写了一段称赞《标准英语读本》的话"。但收到开明书店的请求，"南京教育部部长蒋梦麟，召开了一次会，经研究，批准了开明的请求。批词断定《标准英语读本》确有抄袭冒效《开明英文读本》之处，不予审定，并禁止发行"[1]。这份批文于1930年9月9日由蒋梦麟批出，序号"教育部批第458号"，被开明书店广告刊登在9月13日上海的各大报纸。

这份批文的刊登，是一招漂亮的先手棋，让还未等到二审的世界书局陷入了极大被动。最受伤害的还是林汉达，编著的第一本教材就被指控冒效，对这位以英语教育为业的年轻人来说，宛如灭顶。忿恨之下，他在9月15日的报纸上发布了"林汉达启事"：

> 鄙人本教授英文十余年之心得经验，编著《标准英语读本》一书，托由世界书局发行。历时未久，横被开明书店及林语堂诬

---

① 宋云彬：《开明书店与世界书局的争讼》，《文史资料存稿选编23》，中国文史出版社2002年版，第364页。

为冒效，冤遭不白，忿恨何极。除即日辞去世界书局职务，专心办理此事外，并（一）对于世界书局被开明书店破坏名誉一切阴谋，俟法律交涉解决后，鄙人当原原本本，公布社会，以明真相。(二) 向世界书局收回该书，暂时停售，以待水落石出。(三) 依据著作权法，呈请教育部重行审查，以明是非。（四）胪列本书确被诬告之实证，请求司法官厅救济。总之，鄙人一息尚存，誓当为公理而奋斗，求法律之保障。事实所在，虽只手空拳，亦决不屈服于强权之下也。①

林汉达满满的委屈，但开明书店并未因此放松对世界书局的攻击。针对林汉达的表态，第二天，开明书店就由"袁希濂王曾宪律师代表开明书店警告世界书局"，一方面指斥世界书局偷梁换柱，说世界书局此前一直说该书是世界书局出版，"今忽以林汉达名义在各报登载启事，改用托由世界书局发行字样，妄图诿卸责任"；另一方面则对林汉达上纲上线，"该项启事中竟敢公然指斥教育部命令为强权，教育部审查为诬陷，又指斥本店正当防卫为阴谋，尤属违抗注令，故意侮蔑官厅，毁损本店名誉，均有触犯刑法之嫌"②。

几番回合下来，世界书局一审胜利的优势荡然无存，但开明书店咄咄逼人的攻击，也未能获得全部支持。一周之后，这场引人注目的出版官司于 1930 年 9 月 23 日下午宣判。原告方世界书局沈知方的代表王锦南，自诉人林汉达，以及沈知方的律师陆绍宗，林汉达的律师郑毓秀团队的李辛阳等，被告方开明书店的经理杜海生以及章锡琛、

---

① 《林汉达启事》，《申报》1930 年 9 月 15 日。
② 《袁希濂王曾宪律师代表开明书店警告世界书局》，《申报》1930 年 9 月 16 日。

律师王曾宪等，到现场聆讯。判决结果，一是《标准英语读本》与《开明英文读本》中，有小诗两则系属雷同，但未标明出处，所以开明书店"对于世界书局散布诽谤文字，尚非捏造事实可比"。二是开明书店虽然不是完全捏造事实，但杜海生举"世界奇谈艾子宿于逆旅亡其狐裘得诸一旅客之箧"的故事作为类比，等于比喻对方为盗窃，尤其是"以后编辑图书，务望多聘通人，慎重将事"一句，"无异指斥对方编辑皆为不通，此种公然侵慢之词，实故意溢出其声述之必要范围，使人难堪，应构成刑法第三二四条之侮辱罪"①，判决杜海生赔款三十元。

虽然法院二审定案了，但开明书店却丝毫没有罢休之意。他们把法院的判词与教育部的批文，同时刊登在报纸上，制造出开明书店在法庭上弱者被欺的形象。两本书中认为相似的地方，开明书店全部放大复印，自 10 月 11 日起在四马路开明书店发行所张布一周，同时在报纸上以"开明书店揭布标准英语读本抄袭真相"为题大做广告，呼吁广大读者去现场查验。张布的次日，开明书店又在报纸做了"开明书店陈列开明英文读本标准英语读本两书比较敬请参观"的广告。

或许是感觉对方战斗韧性实在太强，或许以为互泼脏水毫无意义，法庭判决之后，面对开明书店的举动，沈知方和世界书局没有继续跟进。如是又延续了一个月，终于在 1930 年 11 月 21 日，上海的各大报纸上刊登了"世界书局开明书店紧要声明"：

> 窃世界书局与开明书店因英文读本交涉一案，兹经友人调

---

① 《开明被控案判词全文》，《申报》1930 年 9 月 27 日。

处，双方均已谅解，恢复同业情感，特此声明。

民国十九年十一月二十日

第二天，两家书局换了个位置，这份声明又以"开明书店世界书局紧要声明"的标题刊登了一遍。至此，历时三个月的开明英文读本官司告一段落。若从 5 月份私下接触算起，这场现代出版史上著名的版权纠纷历时半年。出版双雄持续争斗之时，广大读者也不无看热闹的心态，如记者报道庭审之时，不忘指明"惟两造俱为智识阶级，所言殊雅驯"①，令人哭笑不得。过后来看，在这场竞争之中，开明书店作为相对弱小的一方，尽得弱者为大的舆论场之利，借助林汉达《标准英语读本》编写上的一些相似之处，大做文章，而且始终直指世界书局，让沈知方在教科书的竞争中第一次栽了跟头。经此一役，章锡琛的开明书店声誉更广，在几年之后持续发力教科书市场，奠定了"商中世大开"的出版业称谓。

世界书局尤其是林汉达虽然在名誉上有所受损，但也没有伤筋动骨。在蒋梦麟签发的禁止发售通令之后，《标准英语读本》很快改名《英语标准读本》，继续送教育部审定，并在 1931 年 4 月 21 日，获得了教育部"审字第八十四号"的执照，"林汉达编之《英语标准读本》合三册，兹经本部审定，认为合于初级中学校英语读本之用"②。这时的部长签名，是兼任教育部部长职务的蒋中正，后面还有次长李书华和陈布雷的名章。

当时一家杂志说："听说林汉达君认为此事实在是林语堂污蔑他

① 《世界开明两书局讼案判决》，《申报》1930 年 9 月 24 日。
② 《教育部审定英语标准读本》，《申报》1931 年 6 月 7 日。

的，他现在收入了证据，证明林语堂的开明英文读本也是抄袭外国书来的，何能称为著作，预备印一本单行本，搜集了种种的证据，与开明书店作第二次的交涉。"① 或许看到图书修订之后继续印行，林汉达没有作第二次的交涉。1937 年，林汉达赴美国留学，考入科罗拉多州立大学，先后获得硕士、博士学位，成为近代知名的教育家。1949年之后，随着新中国的成立，林语堂的英文读本已经没有了出版的空间。各地中学普遍采用了林汉达的《英语标准读本》为教材，这时的世界书局已经被定为军管单位，改由其他多家出版社联合出版承印，开明书店也是其中之一，似乎已经忘记了当年与林汉达的恩怨。当然，这是后话了。

中华书局和开明书店之外，另一场纠纷发生在会文堂新记书局。1931 年 4 月 21 日，上海法学编译社曾在报纸上发布紧要启事，指责现代法学社出版、世界书局总发行的《现代法学讲座》书籍，侵犯了上海法学编译社出版、会文堂新记书局发行的"法学丛书"等版权。这次的世界书局只是发行方，出版主体是现代法学社。而且上海法学编译社的丛书作者，不少都是现代法学社的成员。只是上海法学编译社认为作者授权让自己出版，就是默认让渡了全部版权，即使作者个人也无权再出版相似内容。这似乎有点店大欺客了，所以在 4 月 24日的《申报》刊登了《现代法学社驳复上海法学编译社启事》之外，这次争论并无余波。

整体来看，世界书局这次与中华书局、开明书店和会文堂新记书局之间的纠纷，与其说是版权之争，远不如说是市场之争。这几轮的

---

① 《开明书店与世界书局涉讼》，《读书月刊》第一卷第一期，1930 年 11 月 1 日。

竞争，沈知方均是被攻击一方，他没有第一次竞争时的主动出击，这与宣言中说的"对于同业一向推重"有关，也与这一时期沈知方的精力已经转入银行和地产有关。比如《开明英文读本》的官司，对开明书店来说是一等一的大事，但对于当时的沈知方来说，只是公司多元业务中的一类，诸多教科书中的一种。沈知方和世界书局成为众矢之的的原因，还是朱联保说得透彻，沈知方"个性骄傲好胜，看不起同业中人……又因世界书局早期发展太快，锋芒毕露，所以同业中人对世界书局关系很不好，如开明书店为英语读本（1930 年），中华书局为历史课本，会文堂为法学丛书（1931 年），分别与世界书局在报纸上打笔墨官司"①。

虽然有纷纷扰扰的官司，但世界书局借助"新主义中学教科书"，彻底奠定了教科书市场上与商务印书馆和中华书局三足鼎立的地位。1931 年，世界书局在改组十周年的回顾中，谈及了教科书的出版：

> 教科书是教育的工具。但教育史跟着时代而革新而前进的，教科书当然也非跟着时代而革新而改进不可。在这十年来的中国，新思潮汹涌而来，政治上又起了巨大的变动的时代，我国的教育思潮真是日新月异，但是我国旧有的教科书却腐旧不堪，不仅不能适合教育的新思潮，而且竟成为时代错误的出版物了。本局有鉴于此，于是就毅然负起编辑教科书的重大责任来了。②

---

① 朱联保：《回忆上海世界书局》，《文史资料存稿选编 23》，中国文史出版社 2002 年版，第 300 页。

② 《十年来的世界书局》，《世界杂志·十年》，世界书局 1931 年 9 月。

　　自陈之语或有博彩之嫌，但世界书局教科书的崛起，打破了市场垄断，降低了使用成本，为广大师生带来极大实惠，却是当时就已被时人指出的功绩。百年之后，世界书局的国文读本等教科书被几家出版社重印出版，也能见出其质量的优秀。

　　1932年的冬天，南京国民政府又进行了一次学制改革。这一次的世界书局，因为已经站稳市场，就成了此前商务印书馆和中华书局曾有的保守角色，提前印制的大批教科书积压，受了不少损失。此后沈知方又陷入了世界银行的危机，未能再创辉煌。但回望历史，在1924年编制第一批小学教科书之后，沈知方在五六年间迅速崛起的市场突围，堪称现代出版史上的图书发行风采之战。他书业巨子的身份，也由此而起。

第六章

宏阔思路：跨界经营举措

通俗文学和教科书出版，奠定了世界书局的发展基础。在此之外，沈知方长袖善舞，走着一条综合性的办局之路。借助前期的积累，他用"ABC丛书"等学术书籍奠定了世界书局的品格，同时创办了现代出版业中唯一的一家银行。纵横捭阖之间，有不少可圈可点的举措，使之得到了"才气宏阔"的评价。

一、联手陈嘉庚

1927年8月2日，《申报》的头版，刊登了两则相邻的《启事》：

南洋陈嘉庚总公司启事

本公司各种橡皮国货，出品精良，取价低廉，备受国内人士欢迎。际此提倡国货，挽回利权，本公司特运到大批货物，以供各界采购。如蒙赐顾，本埠请向南京路第一分行、四川路第二分行暨四马路世界书局本公司总代理处接洽。外埠请向各地本分行或各省世界书局分局接洽，亦可所有门市批发。售价咸归一律，无不格外克己，以答盛意。此启。敬请公鉴

南洋陈嘉庚总公司谨启

上海世界书局受南洋陈嘉庚橡皮公司
委托为中国全国总代理处启事

敬启者　橡皮为伟大实业之一，惜我国人不知种植，采用外货，岁在数千万元以上，金钱外溢，漏卮堪虞，困国病民，此其一端。南洋陈嘉庚橡皮公司，系华侨陈嘉庚先生独资创设，惨淡经营，十有余载。各种出品，纯属国货，畅销中外，备受奖誉，只以祖国远隔重洋，除自设分公司外，兹特委托敝局为中国全国总代理处，藉便爱国诸君，就近采购，抵制外货，挽回利权。谊属同舟，敢不勖勉。此后各界惠顾，趸批零购，无不格外克己，竭诚欢迎。此布敬请　公鉴

上海　四马路中市世界书局谨启

两则启事，说的是一桩现代出版业中少见的国际合作。合作的双方，一个是南洋的华侨实业巨子陈嘉庚，一个是国内的出版企业新秀沈知方。陈嘉庚大沈知方 8 岁，1874 年出生于福建同安县集美社（今

厦门集美村）。陈嘉庚被称为"橡胶大王"，早年在南洋一带经营橡胶事业，在新加坡建有橡胶制品厂，产品有胶鞋、各种轮胎等，花式繁多；同时在南洋多地设有制革厂、皮鞋制造厂、呢帽制造厂、制药厂、机器锯木厂、凤梨制罐厂、生胶制造厂、橡树种植园等十余处产业，规模宏大。但在国内市场，陈氏橡胶制品却并不流行。1927年前后，随着北伐次第胜利，国内政局逐步恢复，他很想将胶鞋、皮球等产品推销于国内，但苦于对国内市场不熟悉，分销处不多，急需有人襄助推广。

1927年的沈知方，率先出版三民主义小学和中学教科书，成功奠定了世界书局在教科书市场的地位。为了进一步扩大教科书的发行，沈知方将眼光投向了南洋各国。同时苦于资本不充足，他也很想在南洋的华侨之中，寻得新的投资伙伴。陈嘉庚是南洋的华侨领袖，热心教育。民国建立不久，他就在家乡创办了厦门大学与集美系列学校。对于侨胞学生，陈嘉庚认为也应该接受祖国文化教育，因此对沈知方的推销计划颇有好感。加上他的橡胶制品正要寻找各地代理商，而世界书局在全国各地已经设立了二十余家分局，因此在看过世界书局致送的多份业务计划书之后，他欣然同意与世界书局的合作，并投资两万元入股。

1927年1月，沈知方派刘廷枚到新加坡，面见陈嘉庚协商。双方约定：一、陈嘉庚公司将全部橡胶制品委托世界书局在全国各地分局经销，并悬挂陈嘉庚公司全国总代理处牌号，往来额为30万元，可以逐步增加到50万元，其中10万元作为给书局存货常欠额。期限6年，第一年为试办期，在试办期满后双方认为满意，再实行正式合约5年。二、世界书局全部出版物委托陈嘉庚公司在南洋各地分公司经销，定名为世界书局南洋总代理处，并设总办事处于新加坡，派出曾在广州分局任协理的虞润生，常驻新加坡，协助指导业务。往来限额暂定为 10 万元，亦可逐步增加，合约期限与前面相同。①

合作之初，效果不错。与世界书局订约以前，陈嘉庚公司在国内的上海、无锡、南京、杭州等地已经设有分公司。但当时日、美橡胶制品泛滥市场，陈氏的产品未能打开销路。与世界书局合作之后，一方面代售渠道大大增加；另一方面适逢北伐胜利，使用国货又成了社会热潮，加上不少部队都开始改换胶鞋，一时之间销量大增。世界书局又设计了一款"中山鞋"，向陈嘉庚公司订制了 10 万双，鞋子到货后大受欢迎，不到两个月全部售完，可见畅销程度。

可惜好景不长，"中山鞋"正打算订制第二批时，南京国民政府下发指令，今后不准以孙中山名义作商品名称，"中山鞋"只能昙花一现。没了孙中山的名头，陈氏胶鞋的销量也大受影响。同时陈嘉庚公司的工厂都在南洋，运到国内销售，虽然广告中自称国货，但海关依然视为洋货征收高额进口税，这样一来，价格上与日、美商品相比也并无优势。陈嘉庚曾派人会同世界书局一起，向南京国民党政府财政部申请按照国货生产税率课收。陈嘉庚的理由也算充分，一是完全华侨投资，华侨劳工生产，应视作国货；二是此项商品在国内推销，旨在抵制外货，并且售得的货款，主要是用来支付陈嘉庚在国内所办的集美学校和厦门大学两校的常年经费，情理上应可得到政府的优待。可惜申请并没有得到批准，曾参与此事的刘廷枚回忆说："这也

① 参见刘廷枚：《我所知道的沈知方和世界书局》，《文史资料存稿选编23》，中国文史出版社 2002 年版，第 318 页。

说明该政府对华侨所办实业和教育事业，是不予支持的"①。

这次申诉失利，对双方的合作打击不小。在商言商，当没有了共同的利益之后，合作也就失去了基础。在报纸公告双方的合作之前，1927年5月15日，世界书局召开第六届股东常会，陈嘉庚当选为世界书局的十一名董事之一。等到双方的生意遇到了挫折，1928年6月10日，世界书局召开第七届股东常会时，陈嘉庚已经在董事和候补董事名单之外，会议另选举监察二人，陈嘉庚名列监察候选人的第三名，为次多数，未直接当选。到了1929年，在世界书局的董事会中，陈嘉庚已不见踪迹。说好的试办一年之后，再定五年正式合约，只完成了第一步。

合作没有继续，一个原因是未能达到双方的期望，另一方面也与陈嘉庚委托世界书局承印的一本医学书籍有关。陈嘉庚早年离家经商，心怀济世心肠，二十多岁的时候，他在新加坡见到一本日本横滨中华会馆出版的《验方新编》，听说效果不错，就委托日本方面自费印制了数千册，广为赠送，前后印了几次。后来因为日本印刷机构的失误，最后一次印制的五千册书全部丢失，还百般推卸责任，令他颇为恼火，与日本方面断了来往。多年之后，他又想续印，并在一二十个城市登报征求单方，扩充篇幅，打算委托商务印书馆代印。这时，正好沈知方委托刘廷枚到达新加坡，于是开始接触。不意却成了陈嘉庚后来耿耿于怀的事情：

　　　新方编竣未寄，适上海世界书局派代表来洋招股，乃向其定

———————
① 刘廷枚：《我所知道的沈知方和世界书局》，《文史资料存稿选编23》，中国文史出版社2002年版，第318页。

印二万本，国币五千元。将新征各方抄一份，及《验方新编》一本，备交该局代表带去。数月后如数印就。除分送诸赠方者及余国内诸分行取去赠送外，约存一万本。以半数在闽省分送，半数寄来南洋应各处需求，已存无几。后接厦门某君来函云："前日寄赠某方，其中某味药只重二钱，而所印书作二两，关系至重，请查谁错。"余乃急查，原方单及书稿均为二钱，始知系世界书局印错。乃请人将全书查对，又觉印错不少，事关人命，抱憾无似。虽欲收回，然分散各处无法办到。即向世界书局严重交涉，只有认错而已；若认真计较，或须兴讼公堂，亦非余所愿，由是该书遂复失意停顿也。①

陈嘉庚多年以后，对自己赠送医书的善举却白璧有瑕念念不忘："不图前为日本中华会馆运寄失误，而后复为世界书局印错所沮，使余志愿未达。"②现在来看，这种失望心理，对于他不再延续与世界书局的合作，关系重大。

对沈知方来说，与陈嘉庚公司的合作，可谓得失参半。从得益方面来看，陈嘉庚成为世界书局董事，让世界书局的声誉为之一振，在海内外的影响亦由此扩大。从不利的方面来看，试办一年之后就解约，双方均未达到预期成绩，世界书局的高调宣传，也"招致同业嫉妒，开始散布对沈氏的不利流言"③，1930年与同业的教科书官司都伏

---

① 陈嘉庚：《南侨回忆录》，上海三联书店2014年版，第2页。
② 陈嘉庚：《南侨回忆录》，上海三联书店2014年版，第2页。
③ 刘廷枚：《我所知道的沈知方和世界书局》，《文史资料存稿选编23》，中国文史出版社2002年版，第318页。

笔于此。

　　沈知方联合陈嘉庚，除了双方互相帮助推销产品，更希望获得资本的加持。无奈陈嘉庚投资不多，双方合作受挫之后，陈嘉庚仅有的两万元投资也逐步撤出。沈知方为解决书局扩张之中的资本困难，开始了一项大胆的融资计划：开设读书储蓄部。

二、读书储蓄部

　　1928 年 4 月 21 日，《申报》上刊登了《世界书局创办读书储蓄部缘起》：

　　　　不论你是有守有为的青年，或是老成持重的长者，一朝事到临头，总不能无求于人，尤其是重心集注于一身的家长。在人生过程中，免不了育幼养老等事。倘无相当的预备，自非求人帮助不可。但是"别人求我三春雨，我求别人六月霜"。冷酷而险恶的世道人心，便会乘此时机，和你刁难。先逼你证实这两句至理名言，然后步步追紧，使你流离颠沛，使你艰苦备尝，书空咄咄，徒唤奈何。人生幸福，到这时候，便剥夺殆尽。这种普遍深刻的境况，要谋救济，只有服膺"求人不如求己"一语，才得解除痛苦，才能战胜冷酷而险恶的世道人心。

　　　　"求己"诚然是最简捷的解除痛苦之良法，要实践求己，自非及早有充裕的准备不可。但是，世运递进，万事不能墨守旧法，做一个人，除需要经济外，更需要学识。浅言之，就是——

人人都应有书读，人人都应有储蓄——这才是服膺求己的信徒，求己的实践者。

我们抱服务社会的决心，本宣扬文化的志愿，眼见得一般人有这样急迫的需要，遂本办理普通储蓄多年的经验和心得，来创行这个读书储蓄。唯一目的，是在适应"都有书读，都应储蓄"的需要。一切手续，都较其他储蓄机关进步，另有各项约章规定，这里可无需详述。最重要的赠言，便是一切表同情于储蓄的，要立即实行，勿苟安自误。

读书储蓄，在办理之初，特别储蓄类之储款总额，暂以十万元为度。扩展之期，且俟再图。尚请　鉴谅。[①]

这则《缘起》，标志着沈知方的出版生涯进入新阶段。此前沈知方的多元经营，与当时大多数书局一样，是进行文具售卖，或出版日历、挂饰等文创产品。设立读书储蓄部之后，沈知方开始进入金融、地产等行业，成为现代出版人中少有的真正跨界之人。1927年的世界书局，拥有资本66万元。对一个成立十年，改制七年的书局来说，固定资本六七十万元，已经不算少了。但在沈知方心中，他一直以赶超两位前东家为目标，相较于商务印书馆和中华书局来说，资本额只有他们几分之一，就有点太少了，仅靠"新主义教科书"这种内容优势是不够的，必须要有更大的资本作为支撑。

设立读书储蓄部，是沈知方扩大资本的大胆尝试。沈知方深知，无论出版还是储蓄，任何一种产品想获得市场，都必须真正

---

① 《世界书局创办读书储蓄部缘起》，《申报》1928年4月21日。

解决顾客核心问题，也就是所谓的"痛点"。世界书局读书储蓄部的广告，也是针对这一点进行的。一是强调求人不如求己的保险价值，"万事能先安排，将来可免烦恼，若待临渴掘井，必致措手不及"，"男婚女嫁之费用，无须临时张罗，其乐如何！"①。二是强调急剧变化的社会中知识的重要性，"做一个人，除需要经济外，更需要学识"②。如何有学识？读书；书在哪里？世界书局。通过一番逻辑推演，沈知方设计了一箭双雕的计划，既获得读者的储蓄，又卖世界书局的书。

读书储蓄部的储蓄产品，分为活期储蓄和定期储蓄两种。产品分类，涵盖了大众群体的日常所需。为了与大型商业银行错位竞争，读书储蓄部主打四个第一："方法完善第一，手续简便第一，利息优厚第一，种类完备第一。"③ 同时，沈知方把购书赠奖的销售套路，也搬到了读书储蓄上，推出"百宝箱"吸引储户。根据不同的储蓄种类和存款额度，推出"儿童爱物游戏百宝箱"、"文房四宝案头百宝箱"、"家庭保安生活百宝箱"、"男女适用化妆百宝箱"、"旅行必携便用百宝箱"④ 五种作为赠礼。

1929 年，民国时期最大的博览会杭州西湖博览会举办，沈知方立即在杭州三元坊世界书局分局内添设临时办事处："以便游侣随时支款，既省汇费，可免携现风险，又有优厚利息及书券可得。"⑤ 为了吸引储户，还推出"随时支款，代定房间，代购车票，概不收费"的

---

① 《世界书局读书储蓄部广告》，《申报》1928 年 4 月 29 日。
② 《世界书局创办读书储蓄部缘起》，《申报》1928 年 4 月 21 日。
③ 《读书储蓄》，《申报》1928 年 4 月 24 日。
④ 《读书储蓄》，《申报》1928 年 4 月 24 日。
⑤ 《读书储蓄部添设驻杭临时办事处》，《申报》1929 年 5 月 25 日。

措施。临时办事处的业务，服务至上，用心备至。多方推广之下，世界书局读书储蓄部效果颇佳。当时的报纸上，疯传"该局自上年增设读书储蓄部后，以利率丰优故，一般人莫不趋之若鹜，致创设一年以来，竟吸收储款达三四十万，亦云巨矣"①。

运用读书储蓄部吸引来的存款，沈知方开始购置地产，作为世界书局的再生资本。1928 年 11 月 13 日，《申报》刊登了世界书局购入地产的新闻，"由总经理努力设法，业已托某洋行向外国地主，购入四马路地基二亩余，价值二十五万两"，此处地产颇为名贵，因"近年以来，四马路市面日益繁盛，而昼锦里以东望平街以西之一段，尤属中心。缘该处将来两面马路放阔，其发展必不亚于南京路"。"此次世界书局购入者，即自该局原有门面起，至大东书局苏瑞生之门面为止，包括怀远里全部房屋在内，地段方整，房租收入，每月有二千余两"②，作为读书储蓄的利息。有了这批地产，沈知方也得以扩充世界书局的店面。

读书储蓄部的设立，很大程度上缓解了沈知方的资金问题，出版业务也得到了很大的发展。1927 年 1 月到 1928 年 6 月，为世界书局第七届会计年度，在这十八个月之中，世界书局营业额是 128 万元，月均 7.11 万元。读书储蓄部设立之后，1928 年 7 月到 1929 年 6 月底这十二个月的时间，世界书局的营业额度达到了 286 万元，月均 23.83 万元。一年之间，月均营业额度暴增了 3.35 倍。图书品种也大幅增加，1927 年世界书局出版新书 127 种，1928 年新书品类增加为 201 种，到 1929 年，出版的新书达到了 326 种。这其中，就有世界

---

① 繁英:《沈知方长袖善舞》,《上海小报》1930 年 7 月 2 日。
② 《世界书局购入名贵地产》,《申报》1928 年 11 月 13 日。

书局的标志性出版物——"ABC 丛书"。

三、"ABC 丛书"

世界书局的"ABC 丛书"，常被视为该局的扛鼎之作。"ABC 丛书"的策划，是在 1928 年的春天。世界书局已经站稳了教科书市场，资本规模也稳居三大书局之列。朱联保说："这时的世界书局在大家的眼中，是一个大书局了。"① 但相较于商务印书馆和中华书局来说，世界书局还缺一块重要内容，那就是代表书局"局格"的学术类丛书。商务和中华两大书局能够望重士林，与他们对学术出版的重视分不开。商务印书馆在张元济的主持之下，注重出版的文化品格，自不待言。中华书局借助教科书起家之后，1927 年之前已经出版了"新文化丛书"、"哲学丛书"、"教育丛书"、"少年中国学会丛书"、"国学丛书"等数十种学术丛书，作者不乏梁启超、李达、马君武、周佛海、舒新城、余家菊等学界名流。而且在 1915 年的时候，中华书局就仿效商务印书馆的《辞源》，启动了《辞海》的编纂。这些出版物，为商务印书馆和中华书局带来了良好的声誉。沈知方看在眼里，急在心里。但限于资本和规模，大型学术丛书的计划迟迟未能行动，他说："世界书局早就想编辑一部有计划的，有系统的，人人所应有的知识的丛书。前年新国民丛书的出版，就是一个小小的尝试。但是要编一部内容优美，而文字浅显，使人人能看得懂，又须有系统的丛书，却

---

① 朱联保：《回忆上海世界书局》，《文史资料存稿选编 23》，中国文史出版社 2002 年版，第 291 页。

不是一件寻常的事业，屡经思考，终于未敢实行。"①

此话不虚，世界书局此前出版的学术类著作，多为零散的单行本，没有在知识分子群体中形成品牌效应。现在读书储蓄部解决了出版资金，时不我待，1928 年春，沈知方组织营业部与编辑部的重要人员，几次讨论，决定上马"ABC 丛书"。

ABC，即各学科知识的基础性介绍，来自西方的学术传统，是"解释各种学术的阶梯和纲领"。沈知方策划的"ABC 丛书"，是小型百科全书式的规模，有一个系统性的架构：

一、ABC 丛书分为五大部：(一) 文艺之部，(二) 哲学之部，(三) 政治经济之部，(四) 教育史地之部，(五) 科学之部。

二、ABC 丛书每部门之下又分为若干组，例如文艺之部下分：(一) 国学组，(二) 文学组，(三) 西洋文学组，(四) 神话组，(五) 艺术组。

三、ABC 丛书每组之内更分若干册，每册独立。

四、ABC 丛书每册虽各独立，但与同组之书籍，自然有密切的关系。每组虽各独立，但与同一部门的各组，自有相连的关系。各部门虽各独立，但就整部的丛书考察，各部又复连络。

五、所以 ABC 丛书的组织，犹如一大工厂，工厂中部类繁复，人口众多，但各有连带的关系。秩序井然，有条不紊。读者可依自己所学的，自己的趣味以及购买力而单购某一册，或购某

---

① 沈知方：《从计划到出书》，《世界书局 ABC 丛书内容提要》，世界书局，1929 年 7 月。

部的某组，或购一部门，或整购全部丛书，均无不可。①

丛书定位在学术基础知识的介绍，内容标准有二：（一）文字须亲切有味，明白畅快；（二）内容须充实，力避无谓繁文。为了更好地操作，世界书局设立了 ABC 丛书社，作为管理机构，专门从事丛书的计划和编辑。

规模定了，机构有了，最难的问题出来了，那就是作者。沈知方明白，"编辑一本通俗书易，编辑一本专门的书便难，要编辑一本通俗而同时又专门的书却便更难"。而且，"西洋的 ABC 书籍的编辑，都是请托知名的专门家来担任的。我们这部 ABC 丛书难道就可随便拉几个人来编辑吗？"当然不能。于是 ABC 丛书社的同人便四处接洽，广为延揽。

这个具体编辑阶段的操盘手，是徐蔚南。徐蔚南（1900—1952），原名毓麟，江苏苏州吴江县盛泽镇人。曾就读于上海震旦学院，后留学日本庆应大学，归国后在绍兴浙江省立第五中学任教。1925 年到上海，在复旦大学实验中学任国文教员，并从事文学创作，散文集《山阴道上》颇享盛誉。徐蔚南与柳亚子先生是吴江同乡，还有亲戚关系，得以结识诸多学界名人。当时，沈知方的儿子沈志明在复旦实验中学读书，因此关系，沈知方认识了徐蔚南。对徐蔚南的才能，沈知方颇为赏识，当时世界正处于发展的上升期，对人才的需求较大，便邀请徐蔚南到书局工作。沈知方给二十多岁的徐蔚南开出了每月五百元的薪资，堪比大牌教授，另外派汽车接送，被视为"沈知方笼

---

① 沈知方：《从计划到出书》，《世界书局 ABC 丛书内容提要》，世界书局，1929 年 7月。

络作家的手腕"①。诚意之下，徐蔚南于1928年起任世界书局编辑。入局之后，徐蔚南主要负责新科学与新文化的内容，与负责传统文化的编辑蔡冠洛齐名，是1930年前后世界书局编辑所的两根台柱子。

徐蔚南主编"ABC丛书"，不负众望，他对于丛书的认识很清楚：

第一，正如西洋ABC书籍一样，就是我们要把各种学术通俗起来，普遍起来，使人人都有获得各种学术的机会，使人人都能找到各种学术的门径，我们要把各种学术从智识阶级的掌握中解放出来，散遍给全体民众。ABC丛书是通俗的大学教育，是新智识的泉源。

第二，我们要使中学生大学生得到一部有系统的优良的教科书或参考书，我们知道近年来青年们对于一切学术都想去下一番工夫，可是没有适宜的书籍来启发他们的兴趣，以致他们求智的勇气都消失了。这部"ABC丛书"，每册都写得非常浅显而且有味，青年们看时，绝不会感到一点疲倦，所以不特可以启发他们的智识欲，并且可以使他们于极经济的时间内收到很大的效果。ABC丛书是讲堂里实用的教本，是学生必办的参考书。②

从徐氏自述可见，"ABC丛书"的读者群体，一是面向大众，二是面向大中学生。这个选择，把这套丛书定位在教科书与专著之间，非常有效地切入了当时的市场空档。在徐蔚南的操持下，"ABC丛书"

---

① 朱联保：《回忆上海世界书局》，《文史资料存稿选编23》，中国文史出版社2002年版，第298页。

② 徐蔚南：《ABC丛书发刊旨趣》，见"ABC丛书"各著作之扉页。

约请了一百多位作者。其中包括茅盾、谢六逸、孙本文、张若谷、夏丏尊、汪倜然、丰子恺、蒯世勋、曾虚白、胡朴安、赵景深、杨贤江、陈抱一、张东荪、陈之佛、曹聚仁、傅彦长、高希圣、杨哲明等一众名家。从1928年6月第一批出版，到1933年3月最后一本问世，五年之间，"ABC丛书"共出版发行153种，163册。[①]

"ABC丛书"寄托了沈知方的学术出版理想，因此对于印刷装帧格外注意，整套丛书"力求美丽清楚，最后决定印行平装本与精装本两种。精装本阔五英寸四分之一，长七英寸二分之一，布纹纸脊金字，异常悦目。铅字的排列更清楚显豁。平装本与精装本不相上下，惟定价更廉"[②]。从计划到出书的编辑、印刷、校对、装订等环节，世界书局投入了"数十百人的长时间的辛劳"，可谓是精益求精之作。

"ABC丛书"问世之后，声名鹊起，不少民国文人的记述中，都提到四马路世界书局的橱窗中，成排的"ABC丛书"带来的视觉冲击。这种成功，一方面成为小书局的仿效对象，如1931年8月15日，文艺书局在《申报》上刊登广告，推出自己的"青年作家ABC丛书"，但只有七八种；另一方面，也让大书局不再有同类竞争之想。1926年8月，开明书店初创之时，出版计划曾提及"在最近的时期内，我们

---

① 此数据为笔者指导研究生刘麦统计而得。其中剔除了曾被他人列入"ABC丛书"的杨明山的《新经济学ABC》，实为乐华图书公司1930年出版。此外，陈望道的《修辞学ABC》，徐调孚的《儿童文学ABC》，吴颂皋的《国际政治ABC》，马宗融的《人类学ABC》，华堂的《民法债编ABC（上下册）》等书目，仅在广告中见到一或两次，笔者目力所及，未有实物可证，各大图书馆书目也未能寻见，因此视为未能出版，暂时存而不计。

② 沈知方：《从计划到出书》，《世界书局ABC丛书内容提要》，世界书局，1929年7月。

准备刊行 ABC 丛书，介绍各科的常识"①，世界书局"ABC 丛书"出版之后，开明版的 ABC 计划就再也不曾提及了。

"ABC 丛书"的出版，也引起了国民党上海党部的注意。"ABC 丛书"之中，有署名李浩吾的《教育史 ABC》，署名玄珠的《中国神话研究 ABC》、《小说研究 ABC》、《骑士文学 ABC》，署名方璧的《希腊文学 ABC》、《北欧神话 ABC》。不知是否出版之后影响太大，有好事之徒向国民党上海党部告密，说"李浩吾"是杨贤江，"玄珠"和"方璧"是沈雁冰。这一信息惹得国民党上海宣传部颇为恼怒，1928 年 11 月底，专门开会，说"世界书局近编之 ABC 丛书，著述者颇多，'恶化'分子著名共党沈雁冰杨贤江诸人，亦且撰有数种，本部因特函知该书局，嘱将该书先行送部审查，否则不许发行"②。一周之后，再次开会审查"ABC 丛书"。

"ABC 丛书"是世界书局"先求普遍，而后求其提高"的学术出版计划的第一步。在沈知方的规划中，"本局的 ABC 丛书就是百科学术的阶梯；生活丛书就是百科初级的参考品，进一步，我们便有文化科学丛书，有社会学丛书，农村社会学丛书，经济学丛书等，更进一步，我们有世界学术界的名著丛书"③。这些丛书确实宛如阶梯，内容次第加深，如被视为"进一步"的"文化科学丛书"，仍由徐蔚南主编，1930 年 8 月出版，一年之中出版 11 册，包括《中国文学》、《西洋文学》、《哲学》、《言语学》、《政治学（通论)》、《法律学（通论)》、《社会科学》、《社会科学》、《心理学》、《生理学》、《地理学》、《戏剧论》。

---

① 《开明书店始业宣告》，《申报》1936 年 8 月 1 日。
② 《各部工作概况》《上海党声》第 29 期，1928 年 11 月 25 日。
③ 《十年来的世界书局》，《世界杂志·十年》，世界书局，1931 年 9 月。

相较"ABC 丛书"的分量，"文化科学丛书"的字数多了不少。像方璧（茅盾）所著的《西洋文学》一书，共 11 章，30 万余字，比他的《希腊文学 ABC》多了近一倍，已是学术专著的规模了。

"ABC 丛书"约请沈雁冰等人的稿件，与"孤岛时期"出版"大时代文艺丛书"一样，是世界书局经常被人忽视的红色元素。随着诸多丛书的陆续出版，世界书局奠定了学术出版重镇的地位。现代文化名人，没有与世界书局打过交道的甚为少见。朱生豪、胡山源、林汉达、詹文浒、孔另境等一批青年人，也在此时先后进入世界书局成为编辑。以"ABC 丛书"为代表的世界书局学术出版，其影响所及，八十年前的一段话，正可作为结论：

> 像 ABC 丛书那样，博得全国大中学校校长教员的如许真实的好评，销行得那么巨大，简直在中国的出版界上是空前的。《文化科学丛书》和社会学丛书等亦被认为紧接 ABC 丛书之良好读物。又如本局所出各种法律的解释，亦被公认为最完备、最精粹、最新鲜、最实用的。此外华文详注的英文书籍以及儿童用书民众读物等，无一不博得相当的声誉……①

四、世界商业储蓄银行

1930 年，南京国民政府为了保障金融安全，出台了一项金融业

---

① 《十年来的世界书局》，《世界杂志·十年》，世界书局，1931 年 9 月。

整顿措施，规定普通商业不再允许兼办储蓄。整顿的背景，是1928年"东北易帜"后，南京国民政府完成了形式上的全国统一，暂时的安稳带来了市面繁荣，银行和储蓄机构如雨后春笋般成立。最盛行的，就是像世界书局读书储蓄部这样由公司商号兼办的储蓄部。各种储蓄部对商家来说确实有融资便利，但对国家金融环境和个人财产安全也危机不小。为此，南京国民政府决定，不管公司大小，普通商业兼办的储蓄业务一律取缔，"总之公司商号，有无信用为一事，而普通公司商号不能兼办储蓄为又一事，不能认其为有信用，即可许其以此名义办储蓄也"[①]。规定之下，世界书局的读书储蓄部表示不再吸收社会存款，因其中不少储户为世界书局员工，在退还部分外来储户款项之后，改成了同人储蓄部。

　　这时的沈知方，要么遵从政府规定停止吸储，回归依靠经营积累资本的老路；要么申请设立真正的银行，进入融资更多同时也风险更大的金融业。相对于储蓄部，设立银行要有更多资本支撑，要求也更为严格。上海市社会局长潘公展说："就银行而言，亦非一概可办储蓄，要办储蓄之银行，必须于银行注册而外，另行划开资本，另订章程，声明由各董事经协理负完全无限责任，而其投资方法，以及资产负债之账目，尤应按期呈报政府，并向社会公开，方可核准其办储蓄，否则以注册有限公司名义之银行办储蓄，吸收银额存款，一旦发生意外，只负有限责任，储户受损太大矣。"可见设立银行，完全是一个质变的抉择。

　　对沈知方来说，这种选择困难根本不存在。1931年1月，《申报》

---

① 《潘公展谈取缔商店兼营储蓄》，《申报》1931年2月28日。

刊发新闻："世界书局发起组织之世界商业储蓄银行，筹备业经数月，已于十九年十一月二十四日，奉到财政部银字第六十一号营业执照。实业部注册，亦经照准。"筹备数月，1930 年 11 月世界银行获得营业执照，可见整顿风声一到，沈知方几乎没有任何迟疑，立即开始谋划设立世界商业储蓄银行。整顿期间，读书储蓄部表面上不再办了，但其实吸储并未停止，只是开始用世界银行的名义。这种换汤不换药的举动，被举报到了上海市社会局：

> 社会局对于世界书局之读书储蓄，何不取缔？据答，世界书局之读书储蓄，据报已于去年六月停止，至该局之存款部，关系该局之职员及股东所储蓄，期读书储蓄之存户，亦多领回本息，不愿领回者，将移归世界商业储蓄银行存储，至于该局领办世界商业储蓄银行，闻由财政部派员调查，已领到执照，惟查现在尚未开业，依理不应先行吸收存款，且读书储蓄之存户未领回储款者，依法应一律发还，待银行正式开幕后，始可依法办理储蓄。①

在这种"依理不应"、"依法应"的模糊运作中，时间来到了1931 年 6 月 3 日，农历四月十八，一个适合开业的黄道吉日。这一天，世界商业储蓄银行正式开业，《申报》、《新闻报》上刊登了开业的大幅广告。广告中的《开业宣言》，解释了这家唯一由民国出版机构主办的银行的发起始末，也是一份重要的出版史料：

---

① 《潘公展谈取缔商店兼营储蓄》，《申报》1931 年 2 月 28 日。

一、发起的宗旨

银行，是以信用为基础的一个金融机关，它在我国现时的地位，是很重要的，因为它可以周转社会的资金，调剂资金供给和需要的关系。

现在我国银行的开业，一天盛一天，然为银行的目的，而能致力辅助教育事业的，尚还没有。我们这银行最高的企望，就是要将每年盈余的一部分，提出来补助教育。怎样的支配呢？就是把章程上所订股东应得红利百分之五十中，提出五十分之十分，来补助贫民的教育。至于怎样补助的方法，到那时自然可以公开讨论的。

二、组织的渊源

世界书局在社会上的声誉，是大家很注意的。我们这个世界银行组织的渊源，就是世界书局一部分股东所组织。因为都是一般热心教育事业、深有银行经验的份子所组织，所以我们的企图，就是要达到为银行而补助教育之目的。但是资本方面，与世界书局完全独立，性质是完全为两个法人。这是应当声明的。

现在我们经财政部立案，已领到十九年十一月二十四日银字第六十一号执照，实业部注册亦经照准。总算我们志愿的初步，已告成功。因为都是世界书局一部分股东所组织，冠本行的名称。

三、经营的业务

本行经营的业务，现时暂定四部分。（一）各种存款（二）各种放款（三）国内汇兑（四）代理收解。

我们服务的精神，公的方面，认清顾客是为本行的主体，代替管理财产，必求稳妥灵便。私的方面，认清行员是受公众委托，经营一切业务，必须廉洁自持。大的方面，认清本行是为社会服务，代替投资放款，必求有益社会。小的方面，认清本行是为民众执役，对于大小顾客，必须同一周到。

本行发起的宗旨，组织的渊源，经营的业务，和我们服务的精神，既如上面所述。我们今后营业的方针，就是照这样继续努力地去做。务使对于社会能有一点贡献，对于一般求知的青年，能有一分帮忙。这是我们唯一的目的。

新成立的世界银行，由沈知方和股东罗坤祥、林君鹤等发起，沈知方任董事长，林君鹤担任经理。成立之初，世界银行设在世界书局自购的福州路世界里基地，地址为福州路105号。1932年11月14日，世界银行迁移至福州路中市140号，后来又搬迁到福州路400号。

世界商业储蓄银行的业务，分为商业和储蓄两种，商业有四种：（一）商业定期存款，期限自三个月至十年；（二）商业活期存款；（三）商业往来存款；（四）往来透支存款，均可随时支取。储蓄有七种：（一）活期储蓄存款；（二）整存整取储蓄，期限自一年至十五年；（三）普通零存整取，期限自一年至十五年；（四）特种零存整取，期限自一月至十五年；（五）整存零取储蓄，期限自一年至十五年；（六）按期支息储蓄，期限自一年至十年；（七）对本对利储蓄，期限一律七足年。[①]

从读书储蓄部到世界银行的成立，是沈知方出版生涯的黄金时

---

① 《辅助教育事业的世界商业储蓄银行》，《申报》1931年6月13日。

代。刘廷枚说："在出版方面沈氏常做多方面的打算"，有了资本加持，他的计划得以全面施展。首先扩大发行网络。在全国各大城市凡是有商务印书馆和中华书局分店的地方，沈知方全部跟进，设立了三十多家自营分店，堪称一时之盛。公司规模大了，业务繁荣，原来的房子就显得小了。上海的总发行所"红屋"原来有一大间门面，后来大东书局搬迁新址，将店房让给世界书局，改为4间门面，但相比世界书局的营业，场地捉襟见肘，门面显得小气。有了世界银行的存款，沈知方决定对总部进行改造。"红屋"旁边的福州路390号原为青莲阁茶楼，当时正在规划拆建，打算打通成为有13间门面的一排临街房。沈知方购买了中间的7间店址，花了10万银圆，指定式样，建造了三层钢筋水泥大楼。1932年冬，世界书局的新屋落成，世界书局在公历11月14日，举行了盛大的搬迁典礼。7大间门面房一字排开，中间是总发行所，西边是世界银行，东边是新成立的世界文具商店，"一天之中，三个大店同时开幕，颇具吸引力"[1]。尤其是总发行所，"新屋布置至为轩敞，兹后各界购书，可免以前时感拥挤之苦矣"[2]。

沈知方还改建了印刷厂。1925年，世界书局第一次大扩充，购买了虹口大连湾路10亩地，南沿平凉路，北沿榆林路，三面临路，交通十分便利。在这块空地靠北的位置上，沈知方建造砖木结构二层楼房，作为印刷装订一体的厂屋。随着书局发展，到了1930年已经不敷使用。沈知方又在中部的空地上，扩建了五层钢筋水泥厂屋一幢，在南面转角处，建造一层砖木结构仓库两个。1932年间大楼落

---

① 刘廷枚：《我所知道的沈知方和世界书局》，《文史资料存稿选编23》，中国文史出版社2002年版，第321页。

② 《世界书局定期迁入新屋》，《申报》1932年11月12日。

成，除了发行所放在福州路之外，世界书局的总管理处、编辑所、印刷厂、书库都集中在这里，从生产方式上，也和商务印书馆、中华书局一模一样。出版硬件的改善，极大地促进了世界书局的生产能力。"从 5 层厂屋落成以后，增加米利印机至 17 架，全张铅印机 20 架，生产力提高很快，曾开日夜三班制，月产量达 2 万令。其他如制模制字，照装有自动拨号对讲电话，增强了各生产环节的联系。在当时一个比较设备完善的凸版全能印刷厂崛起于虹口，是有助于出版事业的。一·二八淞沪战役中商务闸北印刷厂毁于日军飞机炸弹，一时生产无法恢复，造成这一期春季开学教科书不及供应全国，沈氏灵机一动，乃大量印刷，一方面的确解决教科书一时供应问题，另一方面亦得此机会争到许多新的地盘。"①

除提升硬件之外，沈知方大量扩充出版品类。1930 年 12 月，世界书局还创刊了《世界》杂志，这是类似于《东方杂志》那样的大型刊物。当时的商务印书馆和中华书局在全力影印古籍，如《四部丛刊》、《四部备要》、《四库全书珍本》、《古今图书集成》等。这种大部头丛书，在几年前沈知方绝对是有心无力，但有了世界银行，"以当时印刷方面生产力和经济运用方面来看，自可一试"②。只是限于版本征集需要时日，加之沈知方认为全部影印，卷帙浩繁，除了图书馆等购买外，销路不大。于是采用了精选缩印的方式，这就是 1935 年开始陆续推出的"国学名著丛刊"。

---

① 刘廷枚：《我所知道的沈知方和世界书局》，《文史资料存稿选编 23》，中国文史出版社 2002 年版，第 320 页。

② 刘廷枚：《我所知道的沈知方和世界书局》，《文史资料存稿选编 23》，中国文史出版社 2002 年版，第 322 页。

当时市面上还流行"一折八扣书",以樊春霖的新文化书社、广益书局附设的大达图书社、平襟亚的中央书店为代表。这些标点书,多以传统小说和古典名著为主,定价低廉,大力缩减成本,字体小,排行密,版口狭,纸张劣,装订坏,错字多。这个市场是沈知方的起家之地,但多年发展之后,"当时的世界书局正逐步向第一流大店看齐,未便随波逐流的与这二家竞争,乃别谋途径,采用提高产品质量,降低利润率,削减定价来争取广大读者。特在本厂新建大楼中,将4层全部辟为仿宋字排字部,专排一些常用古籍","另一方面由编辑赵苕狂等整理旧说部像《三国演义》《水浒传》《儒林外史》等,并于书前加考证和各种版本说明,术后加编人名辞典",以便于读者检查。这个出版举动,极大提高了传统小说的出版品格。如果没有储蓄部和世界银行带来的充裕资本,很难去做这种微利之事。

在图书期刊领域,沈知方与商务印书馆和中华书局展开了全面竞争。但图书期刊之外,当时的商务印书馆编纂有《辞源》,中华书局则编纂有《辞海》,只有世界书局没有大型辞典。沈知方岂能甘心,有了资金,辞典编纂立即提上日程。1928年读书储蓄部设立后,沈知方一边聘请徐蔚南主持"ABC丛书",一边在苏州设立第二编辑部,聘请当地教育界知名人士朱公振着手编纂世界大辞典。1932年一·二八事变之后,辞典编辑部搬到上海,先后在同孚村30号、世德里21号继续编辑。无奈工作量过于浩繁,后来朱公振又返回苏州教书,直到1939年沈知方去世,世界大辞典亦未能付梓。但这种纯属追求社会效益的编纂工作,也将世界银行对世界书局出版工作的促进体现得淋漓尽致。

世界银行设立时投入的资本是10万元,但吸收的储蓄额却远大于此数。1934 年挤兑之后，对剩余的储户改为分期付款，2000 多名储户就冻结了 180 余万元，可见高峰之时，沈知方手头的资本有多宽裕。"存款随之不断增长，给沈氏在运用上带来了问题：是从本业开展还是向外业投资？"[①] 上述眼花缭乱的出版品类，是沈知方的"本业开展"，但出版物的变现能力缓慢，尤其像大辞典和古籍影印，都需要不短的时间，但银行存款的利息却要随时支付，必须尽快设想抵补的办法。

煞费一番苦心之后，沈知方选择了此前就小试牛刀的房地产，作为"外业投资"。沈知方特设了一个房地产经租部，专门负责此事。出版业务达到高峰之时，大连湾路新扩建的印刷厂不能应付，尤其听说商务印书馆和中华书局都有了新型的卷筒印刷机，沈知方就通过利达洋行向国外订购一架。卷筒印刷机体型庞大，没办法在原有厂房安装，于是沈知方在齐齐哈尔路和龙江路转角之处，自购地皮建设了一所四层钢筋水泥新厂房，定名为"龙江大楼"。世界书局的起家之地福州路世界里，这时也被沈知方全款买进，打算改建一所十层大楼，下层作为书局门市和各部办公室，上层开设世界大饭店，作为招待场所。存款还是花不完，沈知方又购买了淮安路世德里、威海卫路沧州坊、打浦桥旁边 4 亩多的空地，还在苏杭两地购置房地产多处。威海卫路和同孚路转角的沧州坊，率先建成出租。有住宅，有店面，宣称"安乐的住宅阖家安乐，经济的房租十分经济"，房屋设施也很豪华，"拉水马桶，安全而卫生；男女浴室，阖家都便利；冷热水管，终日有

---

① 刘廷枚：《我所知道的沈知方和世界书局》，《文史资料存稿选编 23》，中国文史出版社 2002 年版，第 324 页。

沸水；交通便利，电汽车站近；建筑完竣，当日可搬入"①。打浦桥的空地，沈知方打算建造世界书局的职工宿舍和商品住宅，"曾印有计划书和设计草图，分发股东和存户来宣扬本身事业的宏图"②。

一番折腾，沈知方在"外业投资"拉开了不少的场面。除了在书业公会之中担任越来越重要的角色，上海滩的金融组织也开始出现沈氏的名字，一些房地产协会也有他的身影。③沈知方的初衷是好的，"沈氏原想房地产在必要时可出售获利或做押款周转"④，但随着房产投入越来越大，在世界书局整个资本比例中，房产所占额度超越了出版本业，呈现了尾大不掉的局面。更关键的是，房产受外界环境影响很大，在时局不靖的20世纪30年代，上海滩的炮声几乎没有停过。这种背景之下，沈知方的世界银行，还有他自己的出版人生，在1932年到1933年的时候，走到了即将坠入深渊的最高峰。

五、"明年从头再做起"

1931年，世界书局改组为股份有限公司十周年，《世界》杂志专门办了一期"十年"增刊，约请了潘公展等一众名人，对过去10年中国的社会、经济、教育、文学等进行了总结。刊物最后特载了一

---

① 《新建最优美住宅廉租》，《申报》1930年6月8日。

② 刘廷枚：《我所知道的沈知方和世界书局》，《文史资料存稿选编23》，中国文史出版社2002年版，第324页。

③ 《房产公会昨开大会》，《申报》1932年4月10日。

④ 朱联保：《回忆上海世界书局》，《文史资料存稿选编23》，中国文史出版社2002年版，第302页。

篇《十年来的世界书局》，简述了书局发展史。文章的开头，有一段"引言"：

> 每届年终，我们世界书局同人和局中总经理谈话时，老是听到总经理简洁干脆而用力地说："明年从头再做起"。
>
> "明年从头再做起"，岁月忽忽，年复一年，自本局创始迄今，忽已整整十年了。
>
> 回顾本局创业之时，资本仅二万五千元，而今将收足一百万元。本局发行所，最初仅上海、北平、广州三处，而今已遍布于全国各大都市。本局营业额，最初仅十余万元，而今已达二百余万元。本局财产统计，日积月累，至今已达二百四十余万元，本局的书籍最初仅为一小部人所爱读，而今已普遍于全国学校、全国商店、全国家庭的了。
>
> 十年来本局这小小的成功，未始非"明年从头再做起"的精神所致。啊啊，哪里能说是小小的成功呢，我们要"明年从头再做起"那！①

"引言"简述了世界书局 10 年的成绩，自豪之情溢于言表。这些辉煌成绩，被归因于一种精神："明年从头再做起"。这是沈知方的口头禅，"总经理"每次说这句话时的表情也得到了呈现：简洁干脆而用力。这两点很值得注意。"明年从头再做起"，说的是从管理的宏观规划角度；"简洁干脆"、"用力"，说的是从管理的微观执行角度。

---

① 《十年来的世界书局》，《世界杂志·十年》，世界书局，1931 年 9 月。

目标远大，永不满足，"明年从头再做起"是沈知方管理风格的第一特征。世界书局改组之后，沈知方复制了老东家商务印书馆的管理架构，与中华书局也异曲同工。1923年初，世界书局在《红杂志》第28期上面恭贺新禧，一起列名的职员有经理沈知方、编辑所秦同培、印刷所王碧如、发行所沈知方、总务部林君鹤、事务部张云石、杂志部施济群、出版部杨戌生、承印部朱子佳、会计部项鹤生、推广部周鸣冈、北京分局邵康钊、广州分局汤厚生、汉口分局邵时生、奉天分局李春生。这时的世界书局"资本增为三万元，出版物约三百余种，营业达二十八万余元；并于是年创设印刷所，设分局于汉口、沈阳"。

此后的世界书局发展十分迅猛。书局资本1923年是63000元，1924年增加了一倍多。1925年，资本额急剧扩增到50万元，总厂落成，一年新设了十个分局，"本局至此，规模略具，基础已定"。1927年的时候，资本增为66.64万元。此后几年，书局附设了读书储蓄部，加之购买了一些房地产，1931年的资产统计，已经达到了457.1万元。出版物的数量，1921年200余种，1924年600余种，1927年出书已达1000余种。1929年出版物1500余种，1931年6月出版物达到2000种以上，增速越来越快，世界书局很快就成了全国第三大书局。但沈知方好像从没满意过，总想更上层楼，他为书局设定了大步快走的宏伟计划。1925年世界书局资本刚暴增到50万元，沈知方就想尽快把资本提高到100万元。为此，"曾编印增股后业务开展计划书一本。初稿由沈氏自撰，再由秘书沈育光编写后付印，内容有里有表，设计周到，颇具雄心，受到华侨陈嘉庚先生重视，引起他投资兴趣"[①]。1929

---

① 刘廷枚：《我所知道的沈知方和世界书局》，《文史资料存稿选编23》，中国文史出版社2002年版，第317页。

年，有篇报道以《沈知方野心勃勃》为题，叙述沈知方的这种雄心：

　　　　出版书籍如最近之 ABC 丛书等，无不博得社会许多之好评。沈之计划，拟于此四年之中，务必追踪商务、中华而上。四马路之发行所，近已有不敷应用之感。沈业将旧址以西之一段房屋地基，如大东书局、苏瑞生药肆等，均被收归，拟于最短期内，构成一高大之新厦。其所附设之读书储蓄部，存款已达七十余万，初非沈氏意料所计及，故俟房屋扩充时，将此旧址组设一信托公司，而以储蓄部并入营业云。①

　　这里点明了沈知方的最终设想："务必追踪商务、中华而上"，时间定在了 4 年之内。只是过犹不及，4 年之后，世界书局反而陷入了一场几乎灭顶的危机。但沈知方永不止步的精神，却被当时很多人提及，"他纠集了少数资本，却抱着雄心壮志"②，"沈知方有他的雄心大志"③，等等。

　　"简洁干脆"，或者说现实执行力极强，是沈知方管理风格的第二个特点。目标远大固然气象宏阔，但若不从小处着手，就很容易陷入好高骛远的窘境。在这一点上，沈知方定义了执行力的含义。从创立之初，沈知方就不停开设分局，增加品类，购买地产，大兴建筑，

---

　　①　红屋：《沈知方野心勃勃》，《礼拜三》第二十八期，1929 年 9 月 11 日。

　　②　程小青：《我在世界书局的编译活动》，《文史资料存稿选编 23》，中国文史出版社 2002 年版，第 329 页。

　　③　刘季康：《世界书局的发行工作回忆》，《文史资料存稿选编 23》，中国文史出版社 2002 年版，第 337 页。

同时还必须提及的，就是他一直走在兼并的路上。比如早期的几年，1921 年秋合并广文书局，1922 年盘入广智书局，1923 年盘进俄国西比利亚印书馆，1924 年复盘入东亚书局，1925 年盘入古书流通处和进化书局等，毫不犹豫，每年不停。

兼并其他书局，一是获得出版人才，二是获得出版物资。出版物资可分为硬件、软件两个方面。硬件主要体现在印刷设备方面，盘入西伯利亚印书馆之后，"印刷能力于是大增"。后来世界书局的印刷能力冠于沪上，新中国成立后被征收成为上海市新华印刷厂，即肇始于此。软件方面主要是各书局的图书，其中最典型的当属广智书局。广智书局由康有为和梁启超于 1901 年底创办。1921 年 10 月 4 日，世界书局独家代理广智书局的图书销售，《申报》广告中提及：

> 广智书局成立于新民丛报产生之际，是时我国学术界，正当黑暗时代，而该局主人以开通风气为宗旨，不以谋利为目的，延聘之编辑员，如梁任公吴趼人等，皆一时鼎鼎名流。编纂之书籍，皆不惜巨资，不惜时日，精心结撰而成。或独出心裁，发救时之伟论，或旁搜博采，译欧西之名著，或有裨于学术，或有益于文艺，无一不具流传久远之价值。当时风行全国，交口互颂。继因该局主人游历欧美，办理无人，遂致中辍。近数年来，海内各界，欲读该局出版之书，而苦于无法购买，时托敝局代觅存书，久未报命。兹值该局主人由欧返国，敝局走往协商，即蒙俯允，将各种存书，概托敝局廉价拍卖，以慰各界渴望。①

---

① 《世界书局信托部特别启事》，《申报》1921 年 10 月 4 日。

过了几个月，沈知方直接将广智书局盘入，看重的就是"无一不具流传久远之价值"的图书和书局声誉。世界书局此后代卖或者重印，广告中大都会重述一遍背景。1923年3月21日，出售广智书局精本书籍，说"广智书局成立于新民丛报产生之际，编辑者如康有为梁启超等，皆一时名流。编印各书皆不惜时日，精心结撰，或发救国伟论，或译欧西名著，艺术文化，两有裨益，无一不具流传久远之价值"①。半年之后，世界书局重印广智书局的《经世书牍》，又拉出康有为站台，"曾胡左郭薛诸公，为清代有数人才，其学问事实，本为世人所景仰，其书函批牍，蕴藏经世实学，尤为后学所珍宝。当今之执政人员，机关书记，以及各校师生，莫不视若拱璧。康南海先生创办广智书局时，曾经印行问世，嗣以该局休业，以致各界诸君购取无由，来函委托，代觅存书者，日有数起，急速付印，以公同好"②。

"有力"，是沈知方管理风格的第三个特点。沈知方和同时代的陆费逵、王云五以及张元济等人一样，非常勤勉。当时有篇文章，说"世界书局近年以来，已由滑头时期而过渡入于正派。沈知方为维护其名誉计，对内政外交亦一事不苟，晨兴则赴厂工作，饭后则在店视事。凡营业编辑诸部，无不躬自考查"③。他的助手刘廷枚也回忆说："沈氏每天清晨到印刷厂和编辑所工作半天，亲自研究稿件和印样。下午回店研究发行工作和经济调度。事无巨细，一手统抓，深入车间，注意生产；深入店堂，注意读者意见，在开展时期兢兢业业数年

---

① 《代售广智书局精本书籍》，《申报》1923年3月21日。
② 《经世书牍》，《申报》1923年10月5日。
③ 红屋：《沈知方野心勃勃》，《礼拜三》第二十八期，1929年9月11日。

如一日。"①

　　勤勉之下，沈知方熟稔书业运营的每一个环节，问题看得准，加之气魄宏大，对症下药的手段就如同雷霆万钧。世界书局初建之时，为了打造良好的宣传效果，沈知方设立了专门的广告部，特别聘请了知名的广告师周鸣冈主理，周氏设计的广告，以"版面好看、设计新颖为噱头风行一时"，当时的《申报》、《新闻报》两报上，世界书局确实引人注目。沈知方也深知内容为王对出版业的意义。他说："因为出版界只做印刷与发行的事，而各种学术的材料，固需著作家，随时供给出版界，以完成书业伟大之任务。"② 为了尽快提高出版物的质量，沈知方多次以重金之名，征集优质稿件。1923 年 5 月，为了编纂《中国商业习惯大全》，沈知方刊登广告"重金征集实地调查全国各处商业习惯"③。对于人才，沈知方更是视为管理中的重中之重。这个特点，体现在约请不肖生和张恨水等作家身上，也体现在邀请徐蔚南、陆高谊等高级职员身上。沈知方对在同业中工作者尤其欢迎，以求达到化敌手为己用的目的，从 1923 年到 1944 年一直担任世界书局上海发行部部长的刘季康，就是被沈知方重金从商务印书馆挖来的。

　　一般来说，豪雄之人闯劲十足，但也喜欢乾纲独断，沈知方也不例外。这种性格，让他在日常管理中，表现得比较强硬，轻易不肯让步。朱联保说他"个性骄傲好胜，看不起同业中人"，刘廷枚说他有"严重的家长制领导作风"，"全店重大事务，沈一手统抓"，都可以说

---

　　① 刘廷枚：《我所知道的沈知方和世界书局》，《文史资料存稿选编 23》，中国文史出版社 2002 年版，第 315 页。

　　② 沈知方：《书业丛谈》，《新闻报》1928 年 9 月 1 日。

　　③ 《世界书局重金征集》，《申报》1923 年 5 月 16 日。

是此种反映。1927 年，他处理世界书局罢工一事，更能反映这种强硬风格。

1927 年春天，上海的工会运动如火如荼，世界书局的员工也在这一年的 3 月，向公司提出加薪要求。沈知方为此专门向全体员工做了一次说明，希求理解。但大势之下，也勉为其难地同意了加薪要求。沈知方明知这种做法不能持久，他在协定的条件上加了"同人有爱护公司之义务"一条，给自己留了一条退路。加薪之后，国内形势日益严峻，四一二反革命政变、七一五反革命政变、南昌起义、宁汉合流等相继发生，导致世界书局各地的生意困难不小，"奉天则因钱票低落，汉湘则因汇兑不通，京津鲁赣，则因战争频仍，生意清淡，来源将告断绝"。为此，沈知方于 9 月 9 日，对编辑、印刷、营业各部同人，发表宣言，表达了强硬姿态：

> 诸君与公司合作，好比是风雨同舟，公司不幸，诸君亦不幸，公司维持同人，同人亦当爱护公司。所以本经理今天发出这篇宣言，希望诸君于最短时期内，讨论一个最切实的爱护办法，"自动的暂时取消公司力量所不能维持的条件"。诸君此次爱护公司，等到公司发达，可以立足时候，自然不忘诸君这番爱护的盛意。倘然诸君看了这篇宣言，毫无表示，那时没有同舟共济的诚意，到最后的一步，也只好采用消极的办法。①

消极的办法，就是辞退。这种表态，引起了工人很大反弹。或许

---

① 《世界书局对各部同人宣言》，《申报》1927 年 9 月 10 日。

是这次不少员工未能共渡困境,让他伤了心,沈知方毫不退缩。第二天的《申报》上,就看到了"世界书局大裁员"的报道,"被裁职工一百二十余人"①。经此事故,沈知方发现员工心态不对,决定略施小计,让他们增加危机感。当时的一份小报,说"沈知方重生不重员":

> 闻该局职员张某云,沈君对于职员,颇为轻视,凡练习生有升职员资格,即将职员裁去。俟练习生升为职员,以次如是响应。沈既有此辣手,无怪谋事之速成,指日可待。而一般被裁之职员,亦莫不切齿痛骂也。

> 专重练习生,每年端阳左右,必大张招生广告,谓需具有保证金五十。今则以店大,居然改为百数矣。②

这种用新人顶替老人的做法,颇似曹操当年对待歌姬的手段。对员工而言,此举可谓"辣手",但偌大一个大书局的掌舵人,若没有慈不掌兵的认识,那也绝难成事。1930年,王云五受邀出任商务印书馆总经理,推行科学管理法,受到很大阻挠。最初因王云五在商务印书馆尚无绝对地位不得已撤回,但此后几年,他以铁腕坚持推行此法的刚毅做法,与沈氏作风如出一辙。

当然,仅有百炼钢一样的"辣手",纯为莽夫,有的时候,还需要有绕指柔式的权变。1931年夏天,南京国民政府推行工厂法,上海市出版界的工人们组织成立了"上海市出版业公会",在中华书局、世界书局等都设立了分会,一时之间,与陆费逵、沈知方、王云五等

---

① 《世界书局大裁员》,《申报》1927年9月11日。
② 《沈知方重生不重员》,《开心》1928年9月2日。

人担任委员的"上海市书业同业公会"并立，俨然成为劳资双方的阵营。工人们有了组织，在与资方谈判时，战斗力暴增。为此，陆费逵担任主席的上海市书业同业公会出了个决议，不允许与市出版业公会单独谈判，同进同退。但这次工潮有"工厂法"背景，在一定程度上又得到了上海市社会局的支持，斗争力度很大，书局还轻易不敢辞退员工。罢工时间一长，不少书局受不了，提出要求根据各自特点独自谈判。压力之下，公会主席陆费逵在《申报》发了个声明："书业同业公会议决不许与市出版业公会单独谈判一节，系世界书局代表沈委员知方提出，经执行委员会议决。外界不明真相，因鄙人任同业公会主席，以为鄙人主张，实属误会，特此声明"。①

把内部决策信息公之于众，明显不符合组织程序，点出特定个人，也有甩锅的嫌疑。第二天，沈知方立即在同一版面，刊登了"沈知方对陆费伯鸿先生声明之声明"：

陆费伯鸿先生声明书业同业公会议决"不许与市出版业公会单独谈判"一节，系由鄙人提出，经执行委员会议决等语，兹特声明如下：

一、此次市出版业公会，系以整个团体，分别向中华及敝局等提出要求改善待遇条件。本年八月十日同业公会开会时，故鄙人有"出版业公会系整个进行，我书业是否亦以整个应付，请付讨论"之提议。"不许单独谈判"，为同业公会执行委员会之决议。此应声明者一。

---

① 《陆费伯鸿声明》，《申报》1931 年 9 月 18 日。

二、此次敝局之单独进行，系奉社会局之训令，及同业公会之准许。此应声明者二。①

第二条声明，点出了两位老同事之间的斗嘴原因。出版业公会成立之后，率先在中华书局和世界书局成立了分会，两局也是以领头羊的地位，代表资方斗争。斗争一个月之后，世界书局被社会局单拎出来，决定谈判。决议送至公会，很快多数通过。但主席陆费逵颇感难堪，于是一怒之下发了声明。这次风波中的沈知方，顺水推舟，与此前的大裁员举动明显不同。

能大处着眼，又能小处着手，沈知方的世界书局脱颖而出，就不难理解了。当时的"自创立世界书局以后，经之营之，不数年而成绩斐然，虽商务中华老前辈，视之亦有愧色，此不可谓非一天才也"②。就是在这种灵活之下，世界书局走向了 20 世纪 30 年代的高峰时刻。这一阶段的沈知方，也正如当时一篇文章中的评论：

世界书局在我国出版界中，大家公认她是大规模的书店之一。以她仅仅十年的历史，能够做到这等的规模，的确不是容易的一回事。

她的历史和发展的情形，我们一向无从知道，只晓得她的经理沈知方先生长于才干，善于经营罢了……③

---

①　《沈知方对陆费伯鸿先生声明之声明》，《申报》1931 年 9 月 19 日。
②　微微：《沈知方之新事业》，《星期三》1928 年 7 月 15 日。
③　亚狐：《突飞猛进的世界书局》，《中国新书月报》1932 年第 2 卷第 9—10 期。

第七章

晚年岁月

　　1934 年被称为"杂志年"，每一天都有多种期刊问世，是现代期刊史上的高光时刻。这一年 10 月，工农红军开始长征，开始了一场艰难的战略转移。

　　事有两面，物有阴阳。"杂志年"的繁盛背后，是图书出版下跌的窘境。长征出发的艰难，却是一场新胜利的开端。

　　1934 年，对沈知方的出版人生来说，同样具有这种阴阳共存的意义。这一年开始的时候，他是上海出版界的"书业巨子"，世界书局的当家人。到了 8 月，就在内外交困之下，不得已辞任总经理职位。第二年，他再失一城，创办的世界商业储蓄银行停业。但就在这堪称沈氏滑铁卢的年份，他的《粹芬阁珍藏善本书目》于 1934 年 4 月出版，让他在出版人之外，拥有了现代出版界少有的藏书家身份，又可说是一种无心插柳的幸运。

出版人隐去，藏书家浮出，两种身份的转化之间，沈知方来到了他最后的 5 年岁月。

一、辞任总经理

1934 年 7 月 29 日，世界书局在大连湾路的总公司，召开了第十三届股东常会。对这次提前召开的股东会议，次日的《申报》作了报道：

> 本埠世界书局股份有限公司，昨日下午四时，在大连湾路总厂开第十三届股东常会。董事陆仲良主席，由董事兼经理陆高谊报告本届营业状况，宣读帐略。当有会计师徐永祚之代表出席证明一切，次提议各种议案、修改章程及招募优先股等事，经全体票决通过。次选举董事及监察人。当选董事者：李石曾、张静江、杜月笙、褚民谊、崔竹溪、钱新之、李书华、陈和铣、吴蕴斋、杜重远、金兆棪、王一亭、陆仲良、沈知方、陆高谊，次多数张云石、胡天石、罗坤祥、沈莲芳、李春荣。监察当选者吴稚晖、齐云青、李麟玉，次多数冯陈祖怡、林君鹤、孙羹梅。

每一次的股东常会之后，把主要内容公告在主要的报纸上，是当时主要商业机构的惯例，商务印书馆、中华书局等均是如此。世界书局也不例外，1921 年改组为股份有限公司之后，股东常会的新闻年年刊发。若从新闻上看，1934 年的股东会议报道与此前相比篇幅相仿，似无异常。但仔细比对，就会发现有重大的不同。一是召开的时间提前了。此前世界书局的股东会，大都在天气凉爽的秋冬之际，如 1933 年第十二届股东常会是在 10 月 8 日，1932 年第十一届股东常会在 10 月 24 日，1931 年第十届股东常会在 10 月 5 日，1930 年第九届股东常会在 9 月 29 日，1929 年第八届股东常会在 11 月 25 日，这一次的股东常会却提前到了炎热的 7 月底。二是会议报告人出现了更替。此前的第十二届股东会上，向股东会报告过去一年书局业绩的都是董事兼总经理的创办人沈知方，这一次换成了董事兼经理陆高谊。

更重要的变化，则是董事会的组成人员。世界书局此前十二届董事会中，董事人数最初为 7 人，1930 年第九届时增加为 11 人，此后的三届都维持此数。但 1934 年第十三届的董事人数，则增加到了 15 人。人员也大幅度更替，当选的 15 名董事之中，李石曾、张静江、杜月笙、褚民谊、崔竹溪、钱新之、李书华、陈和铣、吴蕴斋、杜重远、金兆棪等 11 人，都是第一次进入世界书局的董事会。上一届的董事会成员中仅有王一亭、陆仲良、沈知方、陆高谊 4 人留任，其中陆高谊是在 1932 年第一次当选为董事。曾长期担任世界书局董事的张云石、罗坤祥、沈莲芳、李春荣等人，这一次全部以次多数的身份位列董事落选区域。林君鹤、孙羹梅等担任过多届董事的书局元老更惨，只能屈居于监事会的次多数区。

种种迹象表明，一场风暴就要来临。果不其然，一周之后，上海的报纸上就发布了"世界书局总经理易人，沈知方改任监理"的劲爆消息：

> 该局复于本月五日在福州路总发行所二楼开第一次董事会议，公推张静江氏为董事长，李石曾、吴蕴斋、崔竹溪为常务董事。查该书局于民十为沈知方氏一手所创办，最初规模尚小，不数年营业颇广，发展甚速。惨淡经营，沈氏实致全力于该公司，致能列为三大公司之一。综计十有三年，已具有如此规模，实后起文化事业无出其右者。近来沈氏以年事日长，精力日衰，不胜繁剧，函向董事会声请辞职，经各董事会议之下，面向沈氏挽留不获，当决议以体会沈氏为公司贤劳十余年，不得不勉于照准。一面将总经理职务，议定由该公司陆经理高谊兼代，一面议定函聘沈氏为该公司监理、照常驻总公司办公等两议案，均经该董事会一致通过。闻该公司董事会之布告及聘函，已于昨日（十一日）发送。同日下午该公司当局召集全体同人谈话，常务董事崔竹溪、监察人吴稚晖等，均莅临致词。监理沈知方，兼代总经理陆高谊均诚恳致词。同人中亦多致词剀切（词长均从略）。雍陆之象，济济一堂，颇极一时之盛。①

在《申报》的新闻中，董事会高度肯定沈知方的功绩，是一个劳苦功高的形象，辞任总经理是因为长期殚精竭虑，年老体衰，多次请求之下，董事会勉为其难。这种叙述，前半段自然是属实的，没有

---

① 《世界书局总经理易人》，《申报》1934 年 8 月 12 日。

沈知方，就不可能有世界书局鼎足而三的出版地位。但后半段的叙述，就有着深切的悲凉。熟知的人都知道，如果不是人在屋檐下，被迫辞职，沈知方是多么不愿意离开自己一手创办的世界书局和总经理岗位。

那么，沈知方是如何被逼到辞职的地步呢？还要从世界书局遇到的资金危机说起。

世界书局易主之前，已经在上海滩热议多时。1934 年 1 月 25 日，喜欢传播文化界小道消息的《上海周报》在第三卷第九期"文化情报"栏目报道："世界书局去年因总经理，沈知方经营投机事业失败几乎被累闭歇，嗣由金城银行行长吴蕴斋借款支撑，始得维持。兹闻已由法租界闻人杜月笙先生之介绍，将由李石曾及苏州刘某，共同出资一百万，添入股本云。"①

隔了一周，又继续追踪："关于世界书局添增李石曾等股本一事，上期已有报告，查李石曾氏，国民党中之元老也。在北平教育界，有特殊势力，而在南方教育界，则尚无相当地位也。数年前，煞费苦心，极力经营，使其亲信易培基出长劳动大学，原欲在上海教育界树一基础，无如易氏不孚众望，劳大即告破产。但李氏经营南方教育界势力之念，并不稍衰。盖李氏有一卓见，以为在文化界如有地位，可以增高其在政治上地位也。故在一年以前，外间即传李氏有在沪开办书店之说。去年年底，世界书局因营业清淡，不能维持，乃由李出资四十万（一说十六万，似太少）收买，故今日之世界书局，已成为李氏之私产矣。李氏于宣劳党国之余，复努力于文化事业，殊值可

① 《文化情报》，《上海周报》第三卷第九期，1934 年 1 月 25 日。

佩也。"①

这些报道，点明了李石曾介入世界书局的目的，也透露了沈知方被逼辞职的主要原因：一是"营业清淡"，二是"经营投机事业失败"。衡以现实，此言不虚。"营业清淡"主要体现在教科书与大众图书。教科书是因为1932年受新课标的影响，大众图书则是因20世纪30年代之后新文化刊物的兴起。"经营投机事业失败"，主要指沈知方这一时期购买的"九六公债"。

"九六公债"是1922年北洋政府对盐余抵押借款全面整理后发行的一次债券，其名称为"偿还内外短债八厘债券"。债券分银圆和日金两部分，银圆部分56391300元，日金部分39608700元，共计约9600万元，故称"九六公债"。偿还期限从1923年1月起分六年半还清，每年偿还两次。发行后因资金短缺，银圆债券仅付息一期，日金债券付息九期，还本三次，以后再未还本付息。但由于该公债不记名，可自由转让、买卖、抵押，可用作公务上所需保证金的担保品，也可用作银行的保证准备金，所以虽其既不还本也不付息，但到1933年买卖"九六公债"的人仍甚活跃，变成投机之物。

随着政局的变动，经济不景气，工商业呆滞，利润收入不如证券投机，因此公债投机之风炽烈，交易旺盛，1931年每月平均成交额达27800万元。1932年因为沪战停市数月，交易总额稍减。1933年每月平均成交额超出票面26500万元，而1934年头5个月每月平均票额竟在32400万元以上，但其中大部分交易是买空卖空，交割比例很低。价格也是忽高忽低。1931年的最高价是1月的21元，1932年

---

① 《文化情报》，《上海周报》第三卷第十期，1934年2月1日。

的最高价是 10 月的 4.35 元，大跌了 16.65 元，跌去 80%。[①] 沈知方到底买了多少"九六公债"，尚无确切之数。但跟随他多年的刘廷枚说他"错误的走了投机道路，大量吸进九六公债，吃亏不少，大大地引起朋友和同事间不满，他个人的威信，亦逐步的低落了"。[②]

本来沈知方还有一张牌，那就是他购买的房地产，设想在关键时候抵押或出售变现。但一·二八事变之后，上海市面萧条，地产行情低落，南京路附近一时之间空房多多，出手极为困难。这些地产在金城银行、劝工银行、五丰钱庄等银行抵押，额度有数 10 万元，一看市面不旺，金城银行等对这些押款到期催赎，不允许延期再押。

营业清淡，投机失败，房产萧条，银行逼债，几层重压之下，世界书局的资金链几近断裂。无奈之下，沈知方委托秘书和书局经理陆高谊，向同时担任金城银行行长和世界书局董事的吴蕴斋求援。当时金城银行与世界书局之间的投资和押款有六七十万元之多，如果世界书局倒闭，银行与书局将两败俱伤。吴蕴斋权衡利害，转商于大银行家钱新之，钱新之又找到中国银行总经理张公权，他们想到李石曾对出版事业有兴趣，又有一笔钱存在银行，就由张公权牵线搭桥，由钱新之、吴蕴斋、陆高谊等与李石曾商谈合作。谈判的结果，是李石曾用世界社预备投资代表团名义向世界书局投资 50 万元，先交一成 5 万元。条件是要求占有董事、监察席位半数以上，在未经股东会通过、李石曾集团投资款项交齐前，由沈知方拿出部分股权，借给该集团作为当选董事、监察的资格股。于是虽未交款项，李石曾集团的

---

① 朱契：《中国财政问题》，商务印书馆 1934 年版，第 237 页。

② 刘廷枚：《我所知道的沈知方和世界书局》，《文史资料存稿选编 23》，中国文史出版社 2002 年版，第 324 页。

人已当选董事和监察人。朱联保后来回忆说，李石曾的如意算盘，是用集会方式邀集 10 个人，使每人担任 5 万元，以筹措此 50 万元。但除杜月笙用中国通商银行的 5 万元交到世界书局外，其他的人都未交款，可为一说。

李石曾系进入世界书局之后，董事会改组，原来的沈派班底几乎全军覆没。介入世界书局的李石曾系人员，都是当时的"当代闻人"①，大致可以分为三类。一类是与他同代的国民党元老，如张静江、吴稚晖、褚民谊、金兆棪等。一类是追随他多年的子弟辈人员，或以同乡关系，或者曾经赴法留学，如崔竹溪、李书华、陈和铣、李麟玉、齐云青等。第三类则是上海的金融界工商界朋友，如交通银行的钱新之，金城银行的吴蕴斋，中汇银行的杜月笙等。杜重远也可视为这一类，只是 1934 年的时候，他已经开始办《新生》杂志。和沈知方的一班创局兄弟相比，新来的这批董事，实力和社会名望都超出前任。民国时期国民党有"四大元老"之说，即张静江、蔡元培、吴稚晖、李石曾。这次除了蔡元培之外，其他三老都入选了董事会和监事会。威震上海滩的"杜老板"，也首次以银行家的身份介入新闻出版业。这群人的政治立场后来有所分化，大部分人都属于传统国民党人，但也有褚民谊追随汪精卫，成为大汉奸，吴蕴斋也曾落水。而杜重远后来远赴新疆，被盛世才杀害，成为革命烈士，是世界书局历史上为数不多的红色元素。

沈知方辞任总经理，是世界书局发展史上的重要节点。易主之前的世界书局，可以称为"沈知方时代"，沈氏筚路蓝缕，纵横捭阖，

---

① 按：此条新闻中有言，"此次该公司当选董监，多数为当代闻人，曾载七月三十日本报"。

带领世界书局达到鼎足而三的地位。辞任之后，沈氏淡出，世界系资本进入，开始多元并存的中期阶段。抗战之后，李石曾的世界系资本成为主导，世界书局从商业性的民营书局，转变为国民党官僚资本的出版机构，导致上海解放之后，直接被政府军管、接管以致解散，算是后期了。

二、世界银行停业

世界书局与世界银行，是紧密相关的主从关系。沈知方的美好愿望，是用世界银行的融资，推动世界书局的发展，也即"为银行而补助教育"。但在1934年世界书局遇到的资金危机中，世界银行不但未能提供有效支持，反而同样陷入了资金链断裂的窘境。

世界银行的资本金大致分为两个部分。一部分是以员工为主体的同人存款部，主要来自世界书局读者储蓄部的早期储户，不少是世界书局员工或亲戚熟人。另一部分是改组为银行之后，收存的社会大众资本。1933年下半年世界书局的资金吃紧，沈知方等人为了借钱东奔西走，只有少数内部人知道。在外人眼里，世界银行稳如泰山，正常营业。如1933年8月2日，世界银行还在为虞洽卿的三北公司员工设立分号，"本行为便利三北旅沪诸公起见，增设上海三北汇款专部"。1933年8月30日，世界书局又扩充小额业务，代替杂志收费，如"本行受金刚钻月刊社之委托代收该社发行之月刊定费，全年洋五元"①。

---

① 《三北旅沪诸公鉴》，《申报》1933年8月30日。

1933 年 9 月 11 日，适逢新大楼竣工，于是以世界商业储蓄银行创办两周年的名义，发布纪念广告：

> 本行自开办以来，经营各种业务，深荷各界赞许，兹因业务猛进，行址不敷应用，添建四层大楼，业已工竣。适届本行两周年纪念，特持订储金新章，聊酬惠顾诸君。①

大楼盖成了，世界银行看起来似乎"业务猛进"，但内部人士知道，这座费时两年多的宏伟大楼，几乎花光了世界书局此前积累的资本，同时还借了不少债。1933 年资金链出现危机之后，不少员工不但没有和沈老板共患难，反而出于自保的人性，开始从同人存款部提存。恐慌心理很容易传染，一旦有人提存，很快就蔓延开来。沈知方与林君鹤、李春荣、陆高谊、沈思期、朱联保等高级职员商量后，设定以分期付款来稳定局面，让刘廷枚具体负责此事。刘以顾全书局与存户双方利益为主题，向储户说明分期偿付的好处，使大部分储户接受登记，同意分偿。登记工作最初是在福州路的发行所办理，但开始一周之后，担心紧靠世界银行，外来存户甚多，容易走漏风声。于是为了掩人耳目，分期偿还手续改在大连湾路总管理处登记。经过一个月的努力，同人提存的惊险风波渐趋平稳，200 余存户的 180 余万元存款暂时冻结，分期付款。谁知一直冻到了上海解放，世界书局被人民政府接管清理时，还有少数员工的存款未曾提清，这已是后话了。

同人存款部内部登记之时，世界书局还在极力维护世界银行的外

---

① 《世界商业储蓄银行广告》，《申报》1933 年 9 月 11 日。

在形象。1934 年 7 月 10 日，《申报》刊登了"世界银行股东会记"：

> 世界银行昨在新建行屋内，举行第三届股东常会。公推林君
> 鹤为主席，报告廿二年度帐略及提议扩充营业计划。并选举董
> 事监察人，投票结果，程贻泽、孙伯绳、严子裕、王梓濂、孙
> 雅堂、王伯薪、沈方隐当选为董事，鲍国昌、胡谭明当选为监
> 察云。

10 天之后，报纸上又有"世界银行扩充营业"的报道，还专门
介绍了新当选的几位董事和监事的背景。诸如董事长严子裕"主持中
央冷藏厂多年，对于新事业极有新思想"，驻行董事孙伯绳"为沪上
金融界巨子，合股创办之钱庄银行，有七八家之多"，董事"程贻泽
君为沪上著名地产家，中心区置有地产百余亩"，"王伯薪君合设银行
钱庄多处，为山东帮之领袖，创设益顺盛行已有数十年之历史"，"孙
雅堂君为宁波之金融界有力份子，在沪自设孙公和军服厂及源证券
号"，"沈方隐君为沪上企业家，具有新颖思想，魄力雄厚，办有实业
多处"，等等，结尾还说"闻该行最近计划，拟特提出十万元，专投
资于农村放款"①。

一个月之后，1934 年 8 月 15 日，世界银行搬到四马路 400 号的
新屋，搞了一个规模宏大的开幕典礼。严子裕、孙伯绳、王梓濂、沈
方隐等全体董事以及经理谢玉如、副经理林君鹤等人出席。次日的报
纸也有新闻，"本埠福州路四百号世界银行，为沪上金融界实业界巨

---

① 《世界银行扩充营业》，《申报》1934 年 7 月 21 日。

子所组织，一切设施，颇具完善，昨日该行新屋落成，正式开幕，各界前往道贺者，有俞佐廷、秦润卿、贝淞孙、叶扶霄、章荣初、梅哲之、王鞠如、裴云卿、经润石、袁履登、林康侯、孙景西、刘聘三、汪伯奇、张竹平等共五百八十人"①。在外人看来，这是蒸蒸日上的态势，只是这些新闻报道中，已经隐藏着秘密，就是新出现的董事"沈方隐"。

"方隐"是沈知方1917年躲债之时使用的私密名号，自从脱离破产境地，1921改组世界书局之后，这个名号就很少再使用了。1933年3月12日世界银行的第二届股东常会上，沈知方以主席身份报告营业状况，同时以第一高票当选为董事，使用的名字都是"沈知方"。但到了一年多以后，1934年7月世界银行的第三届股东常会，做报告的主席换成了林君鹤，他自己也变成了"沈方隐"，其中心态推想可知。

世上没有不透风的墙，虽然搬迁了新屋，但沈总经理的突然辞任，世界银行也开始遭遇储户的挤兑。世界银行股东会公告的"扩充计划"以及对农村的放款，这些花枪都不可能实现，银行的主要精力都在应付储户的提存。大难临头各自飞，困境之下，董事会成员也开始撂挑子，被称为"沪上金融界巨子，合股创办之钱庄银行，有七八家之多"的驻行董事孙伯绳，当选4个月之后就主动辞职，后来还刊登报纸声明说，"对于该行一切措施早不过问"②。左支右绌之下，沈知方勉强支撑了一年，只好宣布世界银行停业。

1935年7月5日，《申报》上刊出了世界银行的停业报道：

---

① 《世界银行开幕志盛》，《申报》1934年8月16日。
② 《孙伯绳郑重声明》，《申报》1935年7月2日。

新生社云，福州路四百号世界银行，创立于民国十九年一月五日，于民国二十年四月二日，向政府注册，资本为国币贰拾万元，迄今已有六年历史。经营商业及储蓄两种，平时放款，尚属稳健，最近因市面不景气，放账难收，一时无法周转，经该行董事会决议，于昨晨暂行停止营业。查该行现有存款，约计五十余万，至存入中央银行保管之公债，照现在市值，计值十三四万元，资产负债，相抵有余，将来存户存款，当不成问题……①

"不成问题"，不过是一个障眼法。另一个障眼法，就是撇清与世界书局的关系。这篇报道的副标题即为"与世界书局毫无关系"，报道中也专列一段，论述世界书局"与世界商业储蓄银行毫无关系，故此次世界银行之暂停营业，世界书局，并不受到丝毫影响"。大概还怕世人有所误会，世界书局又直接出面，在同日的报纸发布声明："近因本市福州路世界商业储蓄银行宣告暂停营业。外界因该局牌号与敝局相似。误认一家。纷纷垂询。其实该行与敝局毫无关系。特此声明。"②

世界银行停业次日，永康堂等 68 家存户发布"世界商业储蓄银行债券团通告"③，宣称为了保障自己的利益，合组世界商业储蓄银行债券团，聘请沈豫善律师依法索偿，办事处设在福建路聚源坊 3 号保大花边号内，欢迎其他有存款的储户一起加入。通告言之凿凿，颇具安定民心之效。但事实上是世界书局导演的一出双簧，"由世界书局

---

① 《世界银行停业》，《申报》1935 年 7 月 5 日。
② 《世界书局股份有限公司启事》，《申报》1935 年 7 月 5 日。
③ 《世界商业储蓄银行债券团通告》，《申报》1935 年 7 月 6 日。

的常务董事陆仲良介绍沈豫善律师假充存户代理人，组织债权团登记处于福建路某里某号楼上，在报上登启事吸收存户去登记，另由沈思期介绍小学教员某君夫妇充临时办事员"①。1936 年的元旦，世界银行发布过"定期派发三成储款"的声明，并对 50 元以下的小户全额支付。后来，就再无音信了。

颇为狼狈的多份声明之下，世界银行走入历史。对沈知方和世界书局来说，世界银行既推动世界书局达到高峰，也险些让其破产。1931 年 7 月 1 日，世界银行开业还不到一周，《时时周报》发表了一篇评论《从世界书局想到大世界》，对世界书局热心于吸纳储蓄之举，旁观者忧。当世界银行倒闭之时，再看此文，颇觉意味深长：

> 世界书局，是继"商务""中华"后起的一爿书局，他那红色的房屋，虽不能媲美于"商务""中华"，筑遍国内的有名大埠，可是，总还算得是营业之蒸蒸，堪称书业中的杰出。实在，这不是容易事，像"北新""开明"，都还赶他不上啊！
>
> 这犹之乎大世界在上海游艺场中一样，什么"楼外楼""花花世界"，什么"新世界"，都先后的凋谢了，只让他硕果独存。世界书局，虽然还没有将"商务""中华"以至于"北新""开明"，挤到"凋谢"之域，可是，他的事业，却日在猛进之中。
>
> 不过，凡事"其进锐者其退速"，这也是事理之常；像大世界（从创始到换主以前的话）便是一个榜样，一切一切，弄得一

---

① 刘廷枚：《我所知道的沈知方和世界书局》，《文史资料存稿选编 23》，中国文史出版社 2002 年版，第 325 页。

塌糊涂，甚至于"日夜银行"的存款，只得个"十分之一"。

因此，我们对于"与文化有关"的书局事业，总希望他不要步"游戏事业"的窝臼，不必别出心裁的筹集资本，万一不幸，这便不仅"十分之一"的损失，一国的文化，也是要蒙受着影响。①

三、粹芬阁藏书

卸任世界书局总经理之后，沈知方逐步淡出了上海出版业的核心。但祸福相依，出版巨头的身份隐退，藏书家的身份却渐渐浮出水面。有诗赞曰：

> 书目近传粹芬阁，帖目祖传鸣野堂。
>
> 海上书林成主领，能名不愧世传芳。

这首诗，是王謇所著《续补藏书纪事诗》的第一〇八篇，诗主是沈知芳。诗下有注："沈芷芳（知芳），主持上海世界书局，而性喜藏弄。又缅怀祖德复粲鸣野山房藏帖藏书之盛，酷喜收书，刊有《粹芬阁藏书目》"。② 周退密老人作《上海近代藏书纪事诗》，也为沈知方专写一首："鹤鸣在野想山房，继起粹芬世泽长。佳楮桃花增古色，也

---

① 《从世界书局想到大世界》，《时时周报》1931 年 7 月 1 日。

② 王謇：《续补藏书纪事诗》，《辛庆以来藏书纪事诗（外二种）》，北京燕山出版社 1999 年版，第 235 页。

能教我一痴狂。"① 民国几大出版机构的负责人中，涉及民国藏书家的两部《藏书纪事诗》，沈知方是唯一全部入选的出版人，张元济先生只在周退密老人的书中有诗纪之，可见沈氏的藏书之名。

沈知方的藏书楼叫粹芬阁，"粹芬"是他创办国学扶轮社时使用的名号。沈知方藏书主要受家族的影响。沈氏家族藏书的一个高峰，是沈复粲。复粲昆仲的藏书除了卷帙浩繁，更在于其众多钞本保存了不少珍贵文献。新近出版的《沈复粲钞本瑯嬛文集》，编者对沈氏钞本赞不绝口，"校其篇目，不见于他本者诗近五百首，文二十余篇，即篇目同者亦多可正今本之讹脱，真希世之鸿宝也。余不禁狂喜，告友人曰：'此犹脂本石头记重现人间也'"②。复粲之后，沈知方的祖父沈素庭，也是知名藏书家。吴则虞的《续藏书纪事诗卷十二》，有诗一首记述沈复粲和沈素庭的藏书事迹：

> 两字功名误士流，义疏废尽只高头。
> 人生一第何轻重，甘涸书佣老越州。
> 沈复粲　麟士　沈怀祖　素庭③

沈知方的人生理想，很大程度上都在光复祖德，粹芬阁藏书，即其一端。对自己的藏书事业，沈知方在《粹芬阁珍藏善本书目自序》中记述甚详：

---

① 周退密、宋路霞：《上海近代藏书纪事诗》，华东师范大学出版社 1993 年版，第 58 页。

② 路伟：《印行沈复粲钞本瑯嬛文集序》，《沈复粲钞本瑯嬛文集》，浙江古籍出版社 2015 年版，第 3 页。

③ 吴则虞：《续藏书纪事诗》，国家图书馆出版社 2016 年版，第 524 页。

余早岁治商，不暇问学；比营书业，得亲铅椠，亦既三十余年矣。生平别无嗜癖，惟雅好藏书：孤本精刊，尤为神往；访觅搜罗，不遗余力。家本世儒，有声士林：先世鸣野山房所藏，在嘉道间已流誉东南；而霞西公三昆季，藏书之富，尤冠吾越。近世金石大家赵㧑叔，于所著《补寰宇访碑录》自序中，尝尊霞西公为彼生平第一导师。名流雅望，有如是者。愧余学殖荒落，未能克继先业；而时节如流，瞬逾知非之年，百务丛脞，述作良难，惟稍分余暇，从事收藏：一以广先人之旧业，俾得摩挲手泽；一以保中华之国粹，毋使后人兴文献不足征之叹耳。

吾华为文化古国，文籍之盛，为世界最，惜保存不力；藏书之家，亦复寥寥：近世惟聊城杨氏海源阁，常熟瞿氏铁琴铜剑楼，江阴缪氏云轮阁，休宁汪氏古香楼，归安陆氏皕宋楼，钱塘丁氏八千卷楼最有名。当时文治鼎盛，宋元旧椠，尚易访觅；洪杨乱后，古籍遂日益少，即明清善本，弥觉可珍矣。

余生也晚，丁兹叔世，有志搜罗，多所未逮。惟区区所好，不在繁浩，但求精雅：首重书品宽大，精刊初印；次则楮色古雅，如白棉桃花诸纸，亦时入选；否则均摒弃不顾：自民国纪元迄今垂二十余载，搜罗所得，计先后收进秀水王氏信芳阁，会稽徐氏铸学斋诸藏。他如小李山房、述史楼、读易楼等各家藏书，亦各有所获。就中王氏所藏，多世所罕见之珍本；而徐氏铸学斋旧藏钞本，尤为精绝。琳琅满架，心颇欣慰。然文化为物，天下公器；秘守自珍，于道有间。今特编次书目，先行付梓，他日或选印珍本，流布海内，亦区区保存国粹之微尚也。博雅君子，幸垂鉴焉。

民国二十三年四月，粹芬阁主人谨识

出书与藏书，是沈知方出版生涯的一体两面，自序可以清晰地看出他的藏书心路。国学扶轮社是沈知方醉心古籍的发端，与陈立炎合办古书流通处之时，有了最佳的收藏机会，但当时他的重心在于出版，不少珍本都经手而过，未曾过多收存。1928 年，世界书局的三民主义教科书旗开得胜，读书储蓄也算财源鼎盛，沈知方开始得有余裕，把藏书列为重心之一。他和弟弟沈仲芳一起，开设了一家古物书画流通处，专事收藏。这个流通处是沈氏兄弟的私人产业，刚开业就引起了坊间的注意：

> 世界书局经理沈知方，为书业界闻人之一，经营书业二十余年，其间虽曾经过一次之失败，然自创立世界书局以后，经之营之，不数年而成绩斐然，虽商务中华老前辈，视之亦有愧色，此不可谓非一天才也。然沈君操奇计赢之术，决仅非区区一书业，所能尽其硕画，故得暇辄有其他新计划，施诸实行，如该局新近举办之读书储蓄，即其一也。然读者储蓄，尚为该局附带事业之一，若今日新开幕之古物书画流通处，则又沈君最近之一大政策。闻沈君于数年前，即孜孜从事于古物书画之搜集，人但知沈君嗜古成癖，不知沈君实于此抱有极大愿望，而于今始见之也。闻助之者，尚有其介弟前商务广告公司任经理，自设中华新教育社于庆祥里之沈仲芳，此古物书画流通处，盖实为沈氏兄弟合资公司云。①

通过古物书画流通处，沈知方集中搜到了秀水王氏信芳阁、会

---

① 微微：《沈知方之新事业》，《三星》1928 年 7 月 25 日。

稽徐氏铸学斋以及小李山房、述史楼、铁琴铜剑楼、读易楼等各家藏书。沈知方藏书，不像目录学家那样强调内容，而是以品相和装帧为主导。他说"区区所好，不在繁浩，但求精雅：首重书品宽大，精刊初印；次则楮色古雅，如白棉桃花诸纸，亦时入选；否则均摒弃不顾"。追求藏书的品相，与他注重书籍装帧的出版思维有关，也与他缺乏像张元济那样的校勘能力有关。后来有人叙及沈氏昆仲的藏书，说有把版本搞错或藏有赝品的经历，不无揶揄他们版本目录学功夫不够的意味。[1]但瑕不掩瑜，这些赝品毕竟是沈氏藏书中的些微瑕疵，家学渊源与日积月累，使得沈氏粹芬阁藏了不少珍本好书。这些珍藏，都收录在潘衍编成的《粹芬阁珍藏善本书目》之中。

根据《粹芬阁珍藏善本书目》的记载，沈知方的藏书中有宋绍兴刊本一种、淳熙刊本两种，元本十二种，钞本百七十七种，明清本九百〇八种，凡二万二千八百二十八卷，一万〇二百九十七册。分为经、史、子、集、丛五部，其中经部藏书总数八十部，四千二百九十五卷一千八百三十二册，史部藏书总数一百五十五部，五千〇四十五卷二千二百六十一册，子部藏书总数一百七十四部，二千六百一十二卷一千五百四十八册，集部藏书总数三百八十五部，七千五百四十九卷三千七百〇一册，丛部藏书总数十五部，三千三百二十七卷九百五十五册。每一部分中，先按照纸色分白棉纸、桃花纸、白纸、东洋纸、竹纸、钞本纸等种类，同时又以朝代为标准统计各代版本，宋版书和元版书则专门做一说明。

对这些善本，《粹芬阁珍藏善本书目》记述有版本信息，有的还

---

① 韦力：《古书之媒》，广西师范大学出版社2014年版，第301页。

记述图书版本的流传过程，短者十余字，长者数十字，如"《铁崖先生集》四卷，元杨维桢著，旧钞本。有柯溪藏书、圣学斋、江上遗民、维泽曾观、会稽徐氏藏书印记，前有江上遗民李逊题识曰：铁崖集有刻本五卷，为吾郡朱懋易校刊于弘治年间，止有文而无诗。近汲古阁刻乐府十卷，丽则遗音四卷，复古诗集五卷，又止载诗赋而无文。此本偶得之书肆，惟前卷赋与诗，已载遗音中后三卷，序记志五卷十余首，皆刻本所未载，故当并存之，方称铁翁全集云。末有道光五年昆山寓舍復初氏长篇题识。二册"，再如"《埤雅》二十卷，宋陆佃撰，半页十二行，行廿三字，元刊黑口本，白棉纸精印，四册。莫友芝经眼录载：此书宋本重刊，先由京口张存刊于宣和七年，历世即久，悉毁于兵燹。后有古闽林子瑜巡按，赣上访于耆民黄经，得是书，乃命鸠工重刻"。诸如此类，颇有些书话题跋的意思。

沈知方去世之后，他的图书不少归于他的三弟沈仲涛（仲方）。沈仲涛后来以"研易楼"闻名藏书界，其中有一些就是沈知方的粹芬阁所藏，在"沈氏粹芬阁所得善本"朱印之外，有时加盖"沈仲涛印"、"研易楼"、"沈氏研易楼所得善本书"、"山阴沈仲涛珍藏典籍"等印鉴。

1941 年 12 月，日军进入租界，"孤岛"沦陷，沈知方的粹芬阁藏书开始大范围散出。当时深陷"孤岛"的郑振铎热衷收书，他的书话之中多次记录沈知方粹芬阁藏书。如"今岁合肥李氏书、沈氏粹芬阁书散出。余限于力，仅得《元人诗集》、《古诗类苑》、《经济类编》、《午梦堂集》、《农政全书》与明万历版《皇明英烈传》等二十余种"[①]；"沈

---

① 郑振铎：《西谛书话》，生活·读书·新知三联书店 2005 年版，第 209 页。

氏粹芬阁的书散出，他们（指北平书商——引者注）也几乎罗网其全部精英，我仅得其中明刊本皇明英烈传等数种耳。又有红格抄本庆元条法事例，甚是罕见，亦为他们得去"①；"沈氏粹芬阁藏书于劫中散出，多经叶铭山手，予倾囊得七八种，其中万历刊本皇明英烈传尤为白眉"②；"皇明英烈传刻本甚多。余有万历刊徐渭重订本，有通行本，内容均互异。今得此书，则又多一种矣。沈氏粹芬阁书散出。为余所最欲得者为万历版异梦记及此书"③；"沈氏粹芬阁书散出，某肆得《元十家集》，《升庵词品》及正德本《欣赏编》，求售于余。价甚廉。余嘱其留下。明日过之，已悉为他人所得。余尤喜欣赏编，为之懊丧不置"④；等等。此类收书散论，记录着沈氏身亡书去的命运，同时也例证了粹芬阁的藏书品位。新中国成立之后，上海古籍出版社从其亲友手中收购了剩余的藏书。此外还有部分善本，散见于国内 10 余家图书馆以及偶现拍卖行。⑤

四、古籍出版："点吃名菜"

20 世纪 30 年代中期，民国出版业出现了一场古籍出版的热潮。当时的一本文艺年鉴记述了翻印古书的热闹场景：

---

① 郑振铎：《西谛书话》，生活·读书·新知三联书店 2005 年版，第 409 页。
② 郑振铎：《西谛书话》，生活·读书·新知三联书店 2005 年版，第 466 页。
③ 郑振铎：《劫中得书记》，上海古籍出版社 2019 年版，第 39 页。
④ 郑振铎：《劫中得书记》，上海古籍出版社 2019 年版，第 47 页。
⑤ 云南大学黄佳娜的硕士论文《沈知方〈粹芬阁珍藏善本书目〉研究》，对沈氏藏书的去处有所关注。

因了去年开明的翻印《四史》与中华的发行铅字本的《四部备要》，而接着在今年有商务的翻印《丛书集成》，"言志"派的标点《明人小品》，上海杂志公司翻印《中国文学珍本丛书》，甚而至于世界也来翻印《国学名著丛刊》，中央书店也来翻印《国学珍本文库》。……说得好听点，他们是在提倡"言志文学"，是在减轻古书售价。其实际上，却是表现了另一个文坛的挣扎苦况，是因为他们免得遂而灭亡，所以节省一票稿费，翻出那一批古董，以赚取利润，维持生命而已。①

说翻印古书是出版机构"免得遂而灭亡"，"维持生命"，言语之中虽多挖苦，说的却是实情。当时的新书出版，风头都被1934年前后的"杂志年"给压下去了。新文学的经典作品，这时基本都是先在期刊上发表，然后再印制成书，给出版机构留下的利润空间很小。于是一众大小出版机构，纷纷翻印古书，其中既有商务印书馆、中华书局，也有世界书局。

世界书局的古籍出版，由沈知方直接指挥。《粹芬阁珍藏善本书目》编选时，沈知方曾说"今特编次书目，先行付梓，他日或选印珍本，流布海内，亦区区保存国粹之微尚也"。辞任总经理之后，"他日"很快就到来了。沈知方辞任了一把手，但还兼任着编译所所长，负责书局的编辑工作，有一段时间每天到书局上班，处理编辑事务。1935年，沈知方逐渐不再到书局办公，他在上海同孚路（今石门一路）的家中设立了一个编辑部，称为国学整理社。沈知方直接指导，

① 杨晋豪：《中国文艺年鉴》，北新书局1935年版，第66页。

带领蔡丐因、王缀尘等人，选择传统的经史子集版本，圈句注释，组织整理，然后由武宇铭负责制成书底，再送往世界书局发制锌版。在国学整理社整理的古籍中，最知名的是"国学名著"系列，历时两年多，共出版了九期，近120种。

1935年4月7日，世界书局推出国学名著第一期，在《申报》上刊登"国学名著预约大竞卖"。第一期国学名著有《资治通鉴》《续资治通鉴》《四史》《文选》《十三经注疏》《龚定盫全集》等六种。对于自家的影印古籍，世界书局认为是"出版界空前之大贡献!"，这种自信神态，是沈知方的惯性口吻，也缘于这套丛书的"四大特色"：

(1) 最低廉的售价。五六百册之古籍，精本价在千金以上，今费十余元即可全得，低廉无比。

(2) 最可靠的版本。依据各书，均为最精善之本，并按照文义，一律圈句，可无不易诵读之虞。

(3) 最精美的印刷。精制锌版，用上等报纸印刷，墨色饱满，字字清楚，胜过木版石印本多多。

(4) 最合用的读物。图书馆虽有珍刊，不轻易出借，得此佳本，个人阅读，团体备借，适用极矣。①

预售期间，世界书局每日在申新两报做着广告。有时还引用一些名人来站台，如1935年5月8日的广告列上了"梁任公先生对于《国学名著》各书的意见"，引用这位已故6年的国学大师言论，说《资

---

① 《国学名著预约大竞卖》，《申报》1935年4月7日。

治通鉴》"为编年政治史最有价值之作品，虽卷帙浩繁，总希望学者能全部精读一过"，《龚定庵文集》是"吾少时心醉此集"等，力图名人推广效应。而在 5 月 18 日的《申报》上，广告之外，副刊还刊载小说名家周瘦鹃的杂感《读书之乐乐如何》，其中提及："最近见世界书局印行六大国学名著，计资治通鉴、续资治通鉴、四史、文选、十三经注疏、龚定厂全集等六种。虽是研究国学者不可不备之书，妙在影印圈句，便于阅读；半年内出齐，使性急的人，没有望穿秋水之苦。而预约定价只收十五元，觉得轻而易举。在这金融恐慌的时代，减轻读者的负担，读书之乐乐如何，惠而不费得益多，这是我们穷读书人所应当颂赞的"。

周瘦鹃的感受，直刺当时古籍出版的痛处。小书局的古籍价格低廉却错讹百出，大书局的古籍校对精良却价格不菲，所以世界书局推出版本精善又价格低廉的国学名著时，周瘦鹃颇为兴奋。凭借易读、快速和廉价三个优势，国学名著第一期十分火爆。不到半个月，就"初版售完，再版日夜赶印"[1]。

半年之后，世界书局推出了国学名著第二期。第二期定名为《诸子集成》，共有 30 种，沈知方约请绍兴老乡蔡元培题写书名。在出版细节上，《诸子集成》进行了一些革新：增加近人作品，摒除伪托诸书，字体清晰雅致，版本纸张统一。尤其是增加近人作品方面，添入了"梁启超之管子评传、麦孟华之商君评传、张纯一之晏子春秋校注等，为他种子书所无"[2]。革新后的《诸子集成》推出之后，社会反响更好，

---

① 《〈资治通鉴〉〈龚定盦全集〉初版售完》，《申报》1935 年 6 月 13 日。
② 《诸子集成》广告，《申报》1935 年 10 月 17 日。

"预订者十分踊跃，莫不以版本好，取价廉，交口称誉"①，也成为世界书局古籍出版的典范之作。新中国成立之后，中华书局搬迁北京并转型为古籍出版机构，接收了《诸子集成》的纸型，修订后重新出版，也是中华书局的当家品牌之一。兜兜转转，沈知方主持的古籍又回到了前东家，也算是弥补了一点当年加剧"民六危机"的愧疚。

前两期的巨大成功，让世界书局的国学名著一发不可收。《诸子集成》出版一个月之后，世界书局推出"国学名著"第三期，计三十三种，分订洋装十四册。这一期的品种增加了不少，除了经典古籍，还有不少艺术著作，有诗文、词集、手札、小品、文评、史论。第三期的广告词有所变化，"论文论书论画汇成巨帙　名家名著名师集于一堂"。销售定位也进一步明确，提出"名著大众化，人人有阅读之机会；名著经济化，人人有购买之能力"②。

1936 年 3 月，国学名著推出第四期"宋元明清四朝学案"，精装四巨册，包括黄宗羲和全祖望著《宋元学案》、黄宗羲著《明儒学案》、江藩著《汉学师承记》《宋学渊源记》、唐鉴撰《清学案小识》、张明仁撰《四朝学案人名索引》。全书 5 月底出齐，全套预约的话，还加赠《王阳明全集》一部。

1936 年 5 月，国学名著第五期开始预约。第五期为名人全集，包括《杜诗钱注》、《李太白全集》、《白香山全集》、《诸葛孔明评传诸葛孔明全集》、《陶渊明评传陶渊明全集》、《王摩诘全集笺注》、《韩昌黎全集》、《柳河东全集》、《欧阳修全集》、《苏东坡全集》、《陆放翁全集》、《黄山谷诗集》等十五巨册，采用仿古字版优美楷书，7 月 15

① 《诸子集成第二次特价预约》，《申报》1935 年 11 月 23 日。
② 《国学名著第三期出版特价发售》，《申报》1935 年 11 月 15 日。

日开始发书。

1936年6月，国学名著第六期"基本工具书"推出。有趣的是，第六期的预约销售比第五期还早，是在1936年的3月，和第四期同时进行的。第六期共六种，包括《康熙字典》、《说文通训定声》、《经籍籑诂》、《说文释例》、《说文解字段注》、《中国声韵学》。因为是工具书的缘故，世界书局在广告中特意强调了这期名著的版本特色，"名贵版本，世所罕见，重金觅来，铜版景印，一无错字，以供同好"①。

1936年11月，世界书局同时推出了国学名著第七期和第八期的预约，预告次年3月15日出齐。第七期延续了第五期的选题，继续出版名人全集，有《胡文忠公全集》、《林文忠公全集》、《惜抱轩全集》、《方望溪全集》、《吴梅村诗集笺注》、《朱舜水全集》、《归震川全集》、《文文山全集》、《陆象山全集》、《陆宣公全集》等，共十一册。第八期全十册，包括《日知录集释》、《古书字义用法》、《东塾读书记续东塾读书记》、《通志略》、《廿二史札记》、《圣哲画像记》、《圣武记》、《诸子平议》、《水经注》、《天工开物》。

1937年8月2日，国学名著第九期开始预约，有龚自珍《龚定盦全集类编》、恽敬《大云山房文稿》、洪亮吉《洪北江诗文集》、赵翼《瓯北诗钞》、朱彝尊《曝书亭集》、王应麟撰翁元圻注《翁注困学纪闻》、冯武《书法正传》、夏文彦《图绘宝鉴》、王实甫著金圣叹批《西厢记》、高明《琵琶记》、汤显祖《牡丹亭》、阮大铖《燕子笺》、洪昇《长生殿》、孔尚任《桃花扇》等②。相对而言，这一期的书目略显庞

---

① 《第六期国学名著》，《申报》1936年3月22日。
② 《国学名著第九期出版》，《申报》1936年8月2日。

杂，不像前面那样有一个相对专精的主题。

第九期预约之时，抗战初起，10 天之后，日军就进入上海，制造了八一三事变。国民党军队坚持了 4 个月，开始西撤，上海分为租界的"孤岛"和沦陷的"沪西歹土"两个区域。世界书局的大连湾路印刷总厂正处于沦陷区的边缘，立即被日本海军报道部占用。世界书局设在虹口公平路的附属出版机构大华书局，也被劫掠一空。铁蹄之下，世界书局遭受重创，图书被日军劫走 500 万册之多，一篇时文记述了书局的蒙难时刻：

> 上海世界书局为国内三大书局之一，出版各项图书，颇为社会欢迎，对于文化上确有相当贡献。自去冬该局虹口大连湾路印刷总厂被敌占据后，遭受文化史上空前浩劫，所有厂内已经装订完成之大量书籍，曾由敌方先后运出两批，总数约达四百万册，一并运驶回国，用途不明。仔悉十一月二十日上午六时，又有第三批书籍装入麻袋，约共一千余袋，总数又有数百万册上下，由运货汽车运至汇山码头，装上运输轮安特劳夫号，运回敌国。故世界书局截至目前，已损失各项书籍约达五百万册之巨云。①

突遭横祸，让沈知方操持的"国学名著计划"戛然而止。此后除了偶有再版之外，世界书局再也没有续出过"国学名著"系列。这些名著的底本，不少是沈知方的粹芬阁藏书。这些图书的编辑者或出版者，如 1936 年 6 月出版的《殿刻铜版康熙字典》、1936 年 8 月出版的《广

---

① 《上海世界书局图书被敌劫走五百万册》，《中华图书馆协会会报》第十三卷第四期，1939 年 1 月。

解四书读本》等，就署名粹芬阁，也有少量图书如《碑帖集成》等使用粹芬阁主的名号。

沈知方主持国学名著系列，帮忙最大的是蔡冠洛和王淄尘。在世界书局编辑所工作 20 多年的朱翊新回忆说："这些国学书，大都由编辑蔡丐因、王缁尘等在局外辑校，不到编辑所来工作。"[1] 蔡冠洛，字丐因，号可园，1890 年出生于浙江省诸暨县陈蔡镇。蔡丐因早年就读于浙江两级师范，后赴日本东京帝国大学，学成归国，先后在绍兴浙江省立第五中学、上虞春晖中学等校任教。1920 年左右在绍兴认识弘一法师，从此执弟子礼，成为莫逆之交。1936 年应沈知方邀请，入世界书局担任编辑，是沈知方最后几年最亲密的友人之一。1937 年 6 月 5 日，弘一法师给蔡丐因写信，说"拙联幅等，约于旬日后递奉。其中有上款者数种，其余乞仁者与沈知方居士分受，转赠善友可耳"[2]，旁证着这段因缘。蔡冠洛后来于 1955 年病逝，终年六十六岁。

王淄尘，曾用笔名煮尘，是沈知方的绍兴老乡。1903 年，在家乡参与其兄王子余主办的《绍兴白话报》，1911 年冬，离开绍兴到达上海，参加江亢虎领导的中国社会党，主编该党刊物《新世界》半月刊，撰写了数篇介绍马克思主义的文章，是我国马克思主义最早的一批传播者。后来一说其在开明书店任过编辑。[3]1934 年应沈知方约请，进入世界书局，与蔡丐因一起策划《诸子集成》等书。

---

① 朱翊新：《我在上海世界书局的编辑工作》，《文史资料存稿选编 23》，中国文史出版社 2002 年版，第 308 页。

② 李叔同：《弘一法师全集·书信卷》，新世界出版社 2013 年版，第 66 页。

③ 王炯华：《煮尘与民国初年马克思主义的介绍》，《浙江学刊》1987 年第 6 期。

"国学名著"之外，1936 年，沈知方聘请绍兴名医裘吉生编纂了《珍本医书集成》，有 90 种之多，其中不少是裘吉生早年在日本收购的孤本、稀有未刻稿本、精刻精钞本，颇为名贵。次年，裘吉生又编纂了《珍本医书集成续编》。此外，沈知方还约请陈存仁主编《中国药学大辞典》《皇汉医学丛书》正续编等，是当时医学古籍出版的重要收获。

沈知方主持的古籍出版，不同于商务印书馆《四部丛刊》和中华书局《四部备要》那样的全集模式。时任总经理陆高谊曾说，"我们出版的古书，是选择重要的缩印成精装几册，可以随身携带，大小房间都可放置，是方便学习参考用的。有一个比喻，他们比如全桌宴席，我们好比是点吃名菜"①。"点吃名菜"，现在已成为民国出版史上的经典案例，而以"国学名著"为代表的古籍出版，也成了沈知方出版人生的最后辉煌。后来他帮助儿子沈志明开办启明书局，也曾有一些古籍丛书的编纂，但影响已经不再了。

五、含恨离世

时光来到了 1939 年。

这一年，沈知方 58 岁了。多年的操劳，使沈知方患上了胃癌，深陷于病痛之中。

这时的上海，已进入"孤岛"中期。沈知方当年的司机吴四宝，

---

① 朱联保：《近现代上海出版业印象记》，学林出版社 1993 年版，第 140 页。

这一年加入了伪 76 号特工总部，担任特工总部警卫总队副总队长，他心狠手辣，是沪上令人闻风丧胆的杀人魔王。随着局势进一步恶化，日伪对世界书局的逼迫越来越近。1938 年 11 月 3 日，设在福州路 390 号的世界书局发行所门市部被日伪特务装置定时炸弹炸毁，炸死职员汤永琴，炸伤职员朱龙德，酿成震惊出版界的血案。

这一年的 4 月，《语译广解四书读本》编校完毕。这是沈知方策划的最后一本书，采用他早年开创的新体广注模式，先请王缁尘等人校订，又请富阳人蒋伯潜翻译，前后历时近 10 年。一生之中，沈知方出书万种，数十万册，但从未有哪一本像《四书读本》这样让他如此看重。沈氏此举，缘于对自己人生的反思。《四书》是他幼年启蒙时就读的书，但年少失学，让他无缘深解其中微言大义。几十年书业浮沉之后，他越是回味，越体认到四书经义呈现出的振聋发聩之义。有此愿心，他希望能留下一套可供后人参阅的上佳版本，所以多次修订，都未敢轻易付梓。1939 年，衰病多时的沈知方不久于人世的预感越来越强，他开始有了一旦去世，这片心迹将无人知悉的担心，于是他打算让儿子沈志明的启明书局尽快出版。沈知方专门写了一篇刊行序，序文言辞哀婉，他回顾出版人生，总结成败得失，叙述心路历程，成为他晚年最重要的心灵独白：

余幼读四书，仅能上口，圣贤微言大义，无从窥见其一二。辍学经商，在上海与夏粹芳先生办商务印书馆，又与陆费伯鸿先生创办中华书局，未几又创办世界书局，四十年中，无不与书业为缘。其中茹苦含辛，垂成而败者不知凡几，而总其大要，无不立业于艰困之际，成功于奋勤之中，乃知困难之来，正天所以玉成吾人也。同时佚豫嬉乐，足以肆志，而疏忽粗略，即为败事之根。斯时回味四书中一二语，遂觉无不深中肯綮，可见圣贤救世之心，发为言论，垂训万古，非无故也。急欲得其意趣，而学浅才疏，未能会通；因请同邑王缁尘先生为之讲解，先生学识富丰，究心经学，每多创获；解释尤不厌往复再三，曲譬善喻，务在发其声聩，开其茅塞。更觉以前种种经过，或困于心智，或局于论量，或囿于浅见，或昧于时事，未能应付得当，有时心旌摇摇，无所适从，皆见理不明，读书不多之故也。

岁月空过，老大徒悲，每一念及，为之慨然兴叹。今听先生讲解，乃知圣训出于体验，事业根于学问，立身之本，诚正二字足以尽之；处世之道，忠恕二字足以概之；百川以海为宗，群言以圣为宗，否则，词华虽工，亦徒以饰鞶悦、娱心意而已，非所以立己立人也。

当"一·二八"沪战发生时，炮火连天，鸟无静枝，鱼无恬波，老弱填于沟壑，妻子散而至四方，景象之惨，亘古罕见，思彼孔孟二圣当春秋战国之世，暴乱日作，欲救以仁义，而时君皆迂视之，不得行其道，乃退而授徒著书，以遗后人，时至今日，四书非救人之药石乎？因又请王先生演为广解，期业务之暇，资以自习；总念圣人之言，如菽粟布帛，皆人心之所恒具，天理之所常在，为父兄者，苟得此一帙，置诸案头，便足教其子弟，人人能教其子弟，则社会国家可臻于和平；而一切尔诈我虞，杀人越货之行为，皆可免除，岂特尧舜小康，大同盛世，庶几近之。

版既锓，名曰广解四书读本。复虑意有未周，理有未契，曾请硕学名儒，一再校订，八一三事变以后，又请富阳蒋伯潜先生重加译述。盖余自经营书业，出版书籍数十万册，从无若此书之慎重者。以深知圣人之言，皆吾人日用之珍，身由之而修，业由之而建，政由之而成，教由之而兴。译得其当，理随事解，语或乖违，差以千里，不可不慎也。稿既成，因易名为语译广解四书读本。呜呼，经师难遇，经师尤以通俗为难，若蒋先生之所译述，庶无闲然矣。

又事变以还，人心多怀疑惧，书业尤呈紧缩状态；甚者痛心于当前之损失，日夜忧叹，不知所措。余皆深非之，即世界书局总厂被占，损失达数百万金，余亦未尝置念；而日日思所以自勉者，惟此后如何计画，现时如何努力而已！即在同孚村粹芬阁延聘通儒学者，编撰群籍，数年之间，成数百万言，此书即其一也。

天不假缘，衰病侵寻，深惧溘然奋化，无以见余之志，故先将此稿付儿子志明印行。大地沉霾，兵祸未已，深愿世人手此一编，以为立身行事之标准。上列朱子集注，末附分类索引，皆所以便学者之研讨，且进以求圣人因时立言，随机教化之旨，所得岂不更多耶？所望读者勿以偏见自专，勿以断章取义，勿以附会趋时，勿以违圣为高。

余老矣，傥天之幸，得以康复，更当尽力书业；万一不起，即以此为一生出版之纪念。

民国二十八年四月粹芬阁主人绍兴沈知方序

沈知方对这部书寄予厚望，他对日夕相见的老友蔡丏因说："吾年将六十，生平无可纪念者。此书成，即吾最荣耀之纪念品也。"沈知方曾经设想将这部书作为自己一年后的六十寿辰之礼。但 5 个月之后，他便撒手人寰。1940 年秋天，《四书读本》排印完毕。接到沈志明送来的书稿校样，担任译注的蒋伯潜颇为伤感："先生病中犹殷殷念及是书，曰将印行为周甲之纪念。呜呼！孰知今兹方排印成书，而先生之归道山已一年乎！"《四书读本》最终在 1941 年的 3 月正式出版，署名主稿者沈知方，出版者粹芬阁。沈志明又约请了唐文治、张寿镛、蒋维乔、吕思勉等几位学界名流和作者蒋伯潜作序。《四书读本》未能生前印行，成为沈知方晚年的最大遗憾。《四书读本》出版之后，成为启明书局的常销出版物，多次再版。21 世纪以来，也有两岸三地的出版社多次重印。2017 年，世界书局创局百年，上海一家出版社再版是书，出版者在后记中感慨："检索近八十年来的出版史，《语译广解四书读本》有近十个版本行于世，然万变不离其宗。后来者倒是能从中看看老一辈出版人的眼界与用功，或者慨叹现时所做的努力，前辈早已立范"①，可谓确评。

1939 年 8 月，沈知方自感即将不起，面对日军逼迫，预留遗嘱，有"近遭国难"、"不为利诱，不畏威胁"②等语。9 月 11 日晚 8 时，沈知方与世长辞。世界书局成立了沈公治丧事务处，为这位创局前辈处理后事。作为沪上闻人，沈知方的丧礼规模甚大，留给其孙沈柏宏最深的印象，便是几日之间，他以长孙的身份长跪不起，迎接为数众多的吊唁者，以致八岁的他几不能支。9 月 13 日，沈知方在海格路(今

---

① 《出版说明》，《四书读本》，上海辞书出版社 2017 年版，第 567 页。
② 朱联保：《回忆上海世界书局》，《文史资料存稿选编 23》，中国文史出版社 2002 年版，第 295 页。

华山路）的中国殡仪馆大殓。当日的《申报》，次日的《新闻报》，以及当时诸多报刊都以"书业巨子沈知方作古"进行了报道：

> 沈知方先生，原籍浙江绍兴，于本月十一日下午八时，因患胃癌谢世，享年五十有八。闻于十三日下午二时，假海格路中国殡仪馆大殓。按沈氏旅沪多年，为书业界巨子，曾与夏粹芳君经营商务印书馆，陆费伯鸿君组织中华书局，旋又创办世界书局，自任总经理。以目光远大、魄力过人，不数年即与商务、中华鼎足而三，尤以所出各级学校教科书，著闻于世，风行一时。迨民国二十三年秋，因体力渐衰，不胜繁剧，乃向董事会辞去总经理职务，但仍被聘为监理，以资借重，晚年对于慈善事业，亦颇多赞助，如道德总会，世界红十字会等救难工作，无不尽力参加。总计沈氏一生，致力文化，服务社会，今忽遽返道山，闻者莫不悼惜。

1939 年 11 月 19 日，沈知方去世后的第 70 天，沈家以"沈尚志堂"的家族名义，在跑马厅西孟德兰路（今江阴路）的护国禅寺讽经设奠致祭。设奠之日，赵苕狂写下《悼沈知方先生》。这位放浪不羁的通俗小说名家，担任《红玫瑰》的主编多年，在他的笔下，记述了沈知方留给友人的身后印象：

> 沈知方先生逝世已匝月，今日在某寺设奠！盖棺论定，则先生固不失为上海书业界之一伟人也！盖夏粹芳氏之经营商务印书馆，先生实为一极有力之臂助！旋复与陆费伯鸿氏共创中华书

局，以三千元之资本，而竟能宏厥基础，与商务印书馆分庭抗礼，微先生之力不至是！旋复以意见不合，去而之他，别创世界书局，经之营之，锲而不舍，居然又于数年之间，得创成鼎足三分之界，而先生均身与其间，为最有关系之一人，此非伟人而何？①

---

① 莒狂：《狂庐醉笔（卅九）·悼沈知方先生》，《总汇报》1939 年 11 月 20 日。

结　语

沈知方离世之后，在陆高谊等人的主持下，世界书局在上海继续运行。当时商务印书馆的王云五到了重庆，中华书局的陆费逵到了香港，时移世易，世界书局成了上海出版界的领头羊。在民族大义面前，世界书局继承了沈知方"不为利诱，不畏威胁"的遗嘱，顶着书局被炸、员工死伤的压力，出版郑振铎、王任叔等人主编的"大时代文艺丛书"、孔另境主编"剧本丛刊"、苏信翻译的"俄国名剧丛刊"等抗战和进步书籍，承担着出版界的责任。上海全面沦陷之后，世界书局也成了部分文人的经济和精神支撑，资助马叙伦先生的撰述，支持朱生豪的"莎士比亚戏剧全集"翻译，都算是现代出版史上的佳话。

1945 年抗战胜利，南京国民政府回迁，借此机会，李石曾系加大资本投入，全面把持了世界书局的董事会。黑白两道通吃的"海上闻人"杜月笙，也曾一度担任世界书局的董事长。到了这个时候，世界书局的性质，就从沈知方创办时期的民营书业，转变成了国民党要员控制的官僚资本。这个时期只有 4 年的时间，但却决定了世界书局接下来的命运。

1949 年 5 月 26 日，国民党上海市政府的青天白日旗被解放军降下，次日，上海市人民政府成立。世界书局因为李石曾的关系，被人民政府定为官僚资本，8 月 16 日被军管，后来又被接管，到了 1957 年，世界书局最终被清理停业。

世界书局军管之日，军管会的同志召集总厂的员工做了一次讲话。已经被定性为国民党官僚资本，对世界书局的评价可想而知。1921 年世界书局改组之时就追随沈知方的老员工朱联保感到很无奈，还有些委屈，但现场也没有机会辩解。一周多之后，军管会进一步熟悉书局的整体情况，又召开了一次书局主要人员参加的小型座谈会。这一次，朱联保有了发言机会，他就委婉地顶了两句嘴，"某同志曾说起世界书局的出版物毫无思想，毫无内容，对于沈知方先生，也认为一无是处。也许某同志与沈先生接触较少，以及某同志在上海时间不久的关系，本人想说明一些事实"[1]。

朱联保说世界书局在开始的时候，沈知方为了积累第一桶金，出版了一些万宝全书、话本小说以及《未来预知术》等大众通俗读物，

---

[1]　朱联保：《我对世界书局和沈知方先生的看法》，《联保文忆》，嘉兴吴越电子音像出版有限公司 2018 年版，第 10 页。按：结语部分所引朱联保之语，皆来自桐乡市档案局（馆）编的《联保文忆》，因非正式出版物，以下不再标注。

但其后很快力争上游，以"ABC丛书"等为代表的一批学术著作，约请的全是现代文化史上的名家，影响很大。同时，世界书局出版的教科书，使教科书内容不断革新，售价力求低廉，打破商务、中华两家的垄断，极大促进了教科书市场的发展，这是当时社会公认的事实。就革命性来说，世界书局恐怕还是最激进的一个。大革命时期，世界书局率先把革命的小册子《全民政治》、《农民协会问答》等运到华北，导致济南分局经理被张宗昌逮捕，差点被杀害。抗战初期，世界书局又在本局教科书《初中本国史》之中，率先编入中国共产党内容，还印了毛泽东的肖像，导致被国民党政府查禁。尤其1921年世界书局改组为股份有限公司的时候，恰逢中国共产党成立，半年之后世界书局就出版了《中国古代共产制度考》（为了发行，封面书名为"公产制度考"——本书作者注）、《儿童公育研究》、《巴黎和会秘史》等书。说完这些，朱联保对世界书局作了结论："可见并不十分落后。"

对于沈知方，朱联保也说了一些与组织结论不相符的话。诸如"沈先生魄力雄厚"，"沈先生对著作人是非常优待的"，"上海在被日本侵略军占据时期，世界书局印刷厂被日军占据，日军曾一再威胁利诱，要沈先生合作，均被沈先生拒绝，沈先生书面遗嘱，并强调抗日，可见他爱国思想并不后人"等。

朱联保直白的陈述，不无赌气的意味。因为世界书局出版的数学教科书，当时正在华北等地被不打招呼广泛翻印，这是军管会记录里面提到的。1930年被开明书店控诉抄袭的林汉达版英语读本，因为林语堂的《开明英文读本》已经失去了出版的合法性，这时被中华书局接手出版。林汉达《标准英语读本》的发行机构是三联书店、商务印书馆、中华书局、联营书店等联合组织的中国图书发行公司，其中还有开明书店。当年矛盾重重，如今参与发行时又丝毫不落人后，怎能不让朱联保心生不满？

经过一次次的思想锻炼，朱联保的想法有了转变。1958 年他在上海出版系统各民主党派联合整风第三组所做的思想检查中，对曾经任职的世界书局有了新的认识：

> 世界书局由政府接管时，当时报纸上称伪世界书局，我曾感不满，因商务印书馆、中华书局、中国银行、交通银行等等，都有官僚资本，为什么对他们不冠用伪字而对世界书局冠用伪字呢？现在时过境迁，这种不满情绪，早已消失，因自转到国家单位工作，站在国家公职人员立场看问题，就不同了。

从最初"曾感不满"，到"这种不满情绪，早已消失"，作为沈知方在世界书局内部培养的晚辈，朱联保在新中国成立之后的转变，折射出沈知方和世界书局在大陆的余音。

沈知方去世之后，沈志明继续运行启明书局，一方面出版沈知方的粹芬阁藏书，如《语译广解四书读本》、《殿刻铜版康熙字典》等；另一方面，则是印行自己出版的"世界文学名著"。在沈志明夫妇独立支撑之下，启明书局虽然没能进入大局之列，但也小有规模，在上海、北京、南京、广州、台湾等多地设有分局。1948 年 10 月，沈志明从上海去台湾，主持启明书局台湾分局。1949 年 8 月，沈志明将广州分局资产迁移至香港钦州街 514 号，成立香港分局。次年 2 月，启明书局香港分局出版了史家康等人翻译的斯诺的《长征二万五千里》，就是广为人知的《红星照耀中国》。1959 年，启明书局关闭。

沈志明的子女沈柏宏等人，多是知名学者，在美国的高校担任教职，无人承继父辈开创的出版事业。绵延 200 年的山阴沈氏出版世家，也在山河鼎革的时代变迁之中，最终消歇。

世界书局也有台湾分局。新中国成立之前，代理董事长杜月笙在香港召开董事会，决定将世界书局总公司迁设台湾地区。1954 年到 1963 年间，知名的图书馆学家杨家骆担任主编，出版过"中国学术名著"800 多册，时间达四五年之久，算是一件盛事。此后世界书局的方向，一是重版本局学术名著，二是新出大众通俗图书。相较于台湾当地的联经图书公司、台湾的商务印书馆、平襟亚的侄子平鑫涛创办的皇冠出版社等，台湾的世界书局已经泯然众人，与沈知方时期在四马路上叱咤风云的地位，已经不可同日而语。

沈知方编辑出版大事年表

1882 年

11 月 28 日(清光绪八年十月十八日),出生于浙江省山阴县(今绍兴市)。

1895 年　13 岁

辍学习商。此后几年,入绍兴奎照楼、余姚玉海楼等旧书坊学徒。

1899 年　17 岁

赴上海,进广益书局,担任跑街。另云其曾至上海会文堂书局供职。

1901 年　19 岁

本年前后,以"老书坊里杰出人才"身份,被夏瑞芳延入商务印书馆,负责发行方面工作。

1903 年　21 岁

10 月,中日合资商务印书馆中国方面新增股东,沈知方与严复、沈季方等入股。

1906 年　24 岁

下半年，沈知方开始私下主持乐群书局工作。

1907 年　25 岁

2 月　乐群书局发行初等小学教科书。

3 月 5 日，商务印书馆执事夏瑞芳，于公共公廨控诉乐群书局主事沈知方，翻印商务版教科书。判交保，罚银一千两，已成未售之书吊案销毁。

11 月 1 日，乐群书局刊登《停店声明》，转让给商记乐群书局。

1908 年　26 岁

春，与王均卿等合办国学扶轮社，发起《国朝文汇》的编纂工作。

1909 年　27 岁

6 月，约请汤寿潜为《国朝文汇》作序。

1910 年　28 岁

3 月 1 日，商务印书馆第 22 次董事会。沈知方个人致函董事会，反对张元济提出的"花红另改办法"。

4 月 12 日，商务印书馆召开第 25 次董事会，议定三所办事员购买本公司股份事宜。沈知方入股二千元整。

秋天，《国朝文汇》完竣。沈知方作《国朝文汇序四》，序中谈及策划缘起。

1911 年　29 岁

2 月 28 日，约请严复为国学扶轮社《普通百科新大词典》作序。

5 月 25 日，上海书业商团正式成立，任副会长。

1912 年　30 岁

春，起意编纂《家庭实用图书集成》。

年底，合约期满，离开商务印书馆。

1913 年　31 岁

2 月，进入中华书局，任副局长，为书局行政架构中第二号人物，主要负责书局发行工作。

4 月，中华书局召开第三届股东会，改组为股份有限公司，沈知方当选为董事。

11 月，中华书局召开第四届股东会，沈知方当选为董事。

1914 年　32 岁

12 月 20 日，中华书局第五届股东会召开，沈知方当选为董事。

1915 年　33 岁

8 月，文明书局并入中华书局，沈知方兼任文明书局协理，主持局务。同月，文明书局开始出版《笔记小说大观》。

8 月，策划中华书局与中法药房合组中华制药公司，制造龙虎人丹。

9 月，文明书局创办通俗文学季刊《小说大观》，约请包天笑担任主编。

1916 年　34 岁

1 月，与陈立炎等筹组中华古书流通处。

8 月，受盘上海自求火柴厂，重组华昌火柴有限公司。

9 月，张石川主持之民鸣社排演新剧《琼岛仙葩》，取材《小说大观》中包天笑同名小说，是为沈知方与张石川合作之始。

1917 年　35 岁

1 月 21 日，辞去中华书局副局长和文明书局协理职务。

2 月，续编《家庭实用图书集成》，历经半年，篇幅整理将近一半，因个人之力进行越发艰难，乃改变方针，重行计划。

8 月，开办世界书局、广文书局、中国第一书局。

秋，于苏州市河沿街设编辑性机构学术研究会。同时另组编辑团队 23 人，第三次续编《家庭实用图书集成》。

1918 年　36 岁

8 月 29 日，沈知方昆仲抵押之房产，被美商茂生洋行发布公告，强行过户变价。

12 月，《家庭实用图书集成》告成，以广文书局名义出版。全书共十编，凡二十二册，三百余万言。时任总统徐世昌、晚清状元张謇题词，前任总统黎元洪作序。

1919 年　37 岁

2 月 23 日，《申报》等发布"上海广文书局成立通告"。

3 月，广文书局特创新体广注体裁《秋水轩尺牍》、《小仓山房尺牍》出版。

1920 年　38 岁

8 月，《春艳写影》出版，采用新发明电光活动技术。

10 月，《世界知识新文库》出版，蔡元培题词。同月，《新文精华》出第三版。《新文库》注重新知识，《新文精华》注重新文学，收蔡元培、汪精卫、胡汉民、梁启超、胡适、陈独秀、章士钊、蒋梦麟、刘叔雅等数十人文字。

1921 年　39 岁

5 月 18 日，中国广告公会年会在上海举行，沈知方成为会员。

5 月 31 日，广文书局征求最近高等专门男女高小学校国文成绩。

7 月 27 日，世界书局在《申报》刊登广告：征求译著，酬金丰厚。

8 月 10 日，合并广文书局，改组世界书局为股份有限公司，完全华股，资本二万五千元，设分局于广州、北京。世界书局新屋落成，正式公开营业，新屋位于上海四马路中市，称为"红屋"。

1922 年　40 岁

3 月，《新声》自第九期始，由世界书局独家发行。

4 月 11 日，《快活》旬刊第一期出版，李涵秋主编。

5 月，《戏杂志》"尝试号"出版，月刊，上海戏社主编，世界书局独家发行。

8 月 8 日，《红杂志》周刊出版，严独鹤主编。

本年，世界书局盘入广智书局，设分局于奉天、汉口，资本增为三万元。与屠思聪等合办世界舆地学社，发行地图册等。

1923 年　41 岁

1 月，世界书局第一次招考事务员和练习生。此后数年间，二十余次招考。

3 月，世界书局出版新学制小学校、中学校读本。

3 月 31 日，《家庭杂志》月刊出版，江红蕉主编。

6 月 14 日，《侦探世界》半月刊出版，严独鹤、陆澹庵、施济群、程小青主编。自第十三期始由赵苕狂任主编。

7 月，《江湖奇侠传》第一集出版，此后续出至十一集。同月，《广注四部精华》出版。

12 月，盘入俄国商人西伯利亚印书馆之全部印刷机器以及铅字等，次年1月登报告示。

本年，世界书局设分局于长沙、太原、烟台、武昌、南昌、资本增为六万三千元。

1924年　42岁

2月，聘请范云六主持世界书局编辑所。编辑所大加扩充，内分总务、教育、英文、法政、杂志、小说、事务、出版等部。

3月10日，向全国征求新学制小学教科书编辑方法，以为教科书修订改良之参考。

5月，《国学文库》出版，含《孟子》、《左传》、《国语》、《国策》、《史记》、《汉书》。

7月11日，世界书局售书助赈，一日所得连本带利赈济湖南水灾。

7月14日，谢福生主编之《福生英华周报》改名《世界英华周报》，自第十五期改由世界书局出版。

7月，商务印书馆与中华书局联合组织国民书局，资本额二十万元。三强夹击，围堵世界书局教科书。

8月2日，《红玫瑰》周刊出版，严独鹤、赵苕狂主编。《红杂志》于7月出满一百期停刊，此为易名继之者。

9月，程小青译《福尔摩斯新探案集》出版。

本年，盘入东亚书局，设分局于天津、重庆、汕头、常德、衡州，资本增为十三万六千元。

1925年　43岁

1月，教育部审定世界书局出版的初级小学教科书。此次有国语、国文、常识、算术四种读本及教学法，共六十四册。

4月，世界书局盈余项下，指拨补助教育经费现洋一万元。

6月11日，因为五卅惨案，世界书局捐助学生联合总会一千元，全体工友捐薪一天。

7月12日，刊登广告征求新制初中教材。

7月，高级小学用书出齐。计国语文读本，国文读本，公民课本，历史课本，地理课本，算术课本，自然课本，卫生课本，英语读本。

8月4日，胡仁源辞世界书局编辑所长职务。

9月19日，世界书局营业部延长夜市，自农历八月初一起，延期至晚10点钟。

本年，世界书局资本增为五十万元，盘入古书流通处、进化书局，添设分局于温州、杭州、芜湖、济南、徐州、兰溪、福州、厦门、南京、宁波、嘉兴、合肥、顺德、绥远、无锡、梧州等处。

1926年　44岁

2月，大连湾路五号自建新厂落成。总发行所仍设四马路"红屋"，其他总务处、印刷所、编辑所、发行所、总书栈、出纳科等一体迁入新址。至此，于全国各省成立分局凡30余处，筹备组织中者凡四处。上海全局各部职工，约计一千三百余人。其他装订作、裱纸作、在外工作者，复不下数百人。各省分局支店职员，共一千余人。

3月，世界书局复行呈请农商部注册，增加股本至五十万元，发给第1071号执照。

4月11日，世界书局第5届股东大会，议定再增加股本五十万元，注册资本额增至一百万元。

10月，《中学世界百科全书》出版，全书四十册，三百余万言。

1927年　45岁

3月，世界书局"三民主义教科书"出版。

5月15日，第六届股东会召开，沈知方、陈嘉庚等当选董事。

6月，世界书局创制《连环图画三国志》出版，乃"连环图画"一词在出版界首次出现。此后续出《连环图画水浒》、《连环图画岳传》、《连环图画西游记》、《连环图画封神传》。

7月，世界书局正式以"新主义教科书"名义发行前期小学三民主义课本等教科书。

8月，南洋陈嘉庚橡皮公司委托世界书局为中国全国总代理处，合作一年后解约。

1928年　46岁

2月，世界书局出版初高级中学用书。

3月，程小青主编《福尔摩斯探案大全集》，全书十三册，一百二十余万言。

4月21日，世界书局创办读书储蓄部。

5月，牵头组织"十书局之读书运动"，参与者有广益书局、鸿宝斋书局、会文堂书局等。

5月13日，取材《江湖奇侠传》的电影《火烧红莲寺》由明星电影公司出品。

7月，大学院审定世界书局教科书四类：新主义教科书、新学制教科书、三民主义教科书、平民学校教科书。

10月，约请徐蔚南主编之"ABC丛书"开始出版，共出版153种,163册。

12月，"日本研究丛书"出版。"分类画范自习画谱大全"出版。

12月16日，与陆费逵等五人当选上海商民大会书业分会纪律裁判委员。

1929年　47岁

1月，世界书局扩充印刷所。《世界名著提要》出版，凡十六册。

3月，《最新警察全书》出版，洋装十四厚册。

4月，《新国民丛书》出版。《近百年世界史》、《近百年本国史》出版，后引起与中华书局同类教科书之纠纷。

8月，世界书局出版教育部及大学院审定初中教科书，有党义、国文、历史、地理、自然科学各种，每种六册，另初中英语三册。另年底前出版初中本国史，初中世界史，初中本国地理，初中外国地理，初中动物学，初中植物学，初中矿物学，初中物理学，初中化学，初中生理卫生学，初中算术，初中代数学，初中几何学，初中三角术等。

6—8月，华文详注世界英文名著丛书、儿童文艺丛书、红皮小丛书、考试丛书、社会科学大词典等出版。

9月，刘大白《白屋文话》出版。《诗与散文》杂志出版。"社会学丛书"出版。

1930 年　48 岁

1月，遵照教育部颁布暂行课程标准，出版高中教科书。计高中党义、高中国文、高中本国史、高中外国史、标准英文读本、实验英文文法读本等。

3月，遵照教育部公布民众学校课程标准编辑的《民众课本》出版，包括民众千字课本、民众珠算课本等近十种。

4月，推出"生活丛书"，追求有味有益，定位中等以上学生必备的参考书。

5月，开始出租威海路同孚路转角沧州坊，是世界书局投资房产之始。

6月，因与世界书局的教科书竞争失败，国民书局停业。

7月20日，上海书业同业公会举行代表大会。沈知方与陆费逵、吕子泉、魏炳荣、李志云等人一起，当选为十五人执行委员。

8月31日，各大报纸刊发《世界书局宣言》，"为教科书革命，受到种种破坏，将事实经过，请社会公评"。本年因为教科书，先后与中华书局、开明书店、会文堂书局冲突。

12月，《世界杂志》出版。

1931年　49岁

2月，"文化科学丛书"出版。自陈与"ABC丛书"相衔接，收王古鲁《言语学》、方璧《西洋文学》、朱采真《政治学》、《法律学》等。

3月21日，《红玫瑰》七卷一期出版。第七卷结束之后，《红玫瑰》停刊，先为周刊，后改旬刊，凡288期。

4月，林汉达编著《英语标准读本》经教育部审定，签署人为兼理教育部部长职务蒋中正，证书编号为"中华民国二十年四月二十一日审字第八十四号"。原林汉达《标准英语读本》因与《开明英文读本》官司，于1930年9月被教育部部长蒋梦麟通令禁止。

6月3日，世界商业储蓄银行正式开业。

6月30日，盘入彩彰橡皮印刷公司。

8月8日，上海出版业工会世界书局分事务所成立。

9月，世界名著丛书、活用英文"ABC丛书"、华文详注世界近代英文名著集、世界汉英词典、社会科学大词典、文艺丛书、写真国术丛书、警务丛书等出版。

1932年　50岁

3月9日，世界书局分事务所发布启事，即日自动退出上海出版业产业工会，并解散世界书局分事务所。

7月，《江湖奇侠传》与电影《火烧红莲寺》遭到查禁。

11月14日，世界书局上海总发行所新屋落成，设址福州路（四马路）140号。下设世界书局总发行所、世界教育用品商店、世界商业储蓄银行。

12月开始，世界书局推行"每日新书"，多为一本，少则二三本，半价一天。

1933 年　51 岁

1 月 9 日，世界书局总厂新屋落成，厂址上海大连湾路平凉路榆林路角，占地二十余亩。

1 月，根据教育部最近颁布中小学新课程标准，推出中小学"新课程标准教科书"。

8 月 7 日，上海市商会组织研究委员会，设商业、工业、金融事业、工商法规四组研究委员会。沈知方获选商业研究委员，另有陆费逵等。

1934 年　52 岁

2 月 4 日，世界书局召集临时股东会，扩增股本总额至二百万元。

4 月 5 日，"世界少年文库"出版。

4 月，《粹芬阁珍藏善本书目》出版。

7 月 29 日，世界书局第十三届股东常会，沈知方续任董事。

8 月 5 日，第十三届股东常会第一次董事会议在福州路总发行所召开，沈知方辞总经理职务，改任监理。

1935 年　53 岁

年初，沈知方在上海同孚路（今石门一路）的家中设立国学整理社，陆续出版国学名著系列丛书。

4 月 7 日，世界书局推出国学名著第一期，有《资治通鉴》、《续资治通鉴》、《四史》、《文选》、《十三经注疏》、《龚定盦全集》等六种。

7 月 4 日，世界商业储蓄银行即日起停业。

10 月 1 日，国学名著第二期《诸子集成》推出，共有三十种，是世界书局古籍出版的代表之作。

11 月，世界书局推出国学名著第三期，计三十三种，分订洋装十四册。

1936 年　54 岁

3 月，国学名著第四期"宋元明清四朝学案"出版，精装四巨册。

4 月，沈知方约请陈存仁主编的《皇汉医学丛书》，约请绍兴名医裘吉生主编《珍本医书集成》，各十四大册，本月出版发行。

5 月，国学名著第五期"名人全集"预约出版。

6 月，国学名著第六期"基本工具书"推出。

11 月，国学名著第七期和第八期预约出版。第七期为名人全集，共十一册。第八期为杂书类，共十册。次年 3 月 15 日出齐。

8 月，《语译广解四书读本》（全五册）出版，出版者署名粹芬阁，世界书局印刷。

1937 年　55 岁

6 月 5 日，弘一法师寄赠蔡丙因和沈知方手书联幅数种。

8 月 2 日，国学名著第九期出版。

1938 年　56 岁

8 月 13 日，世界书局设立香港发行所，代售全国各大书局之出版物。

11 月 3 日，世界书局门市部遭到日伪特务袭击。

11 月 20 日，世界书局书籍约百万册，被日军掠走。

1939 年　57 岁

4 月，撰《语译广解四书读本刊行序》。1941 年 3 月，《语译广解四书读本》由启明书局出版，署名"主稿者：沈知方"。

9 月 11 日，晚 8 时，因患胃癌去世。

参考文献

沈粹芬等：《清文汇》，北京出版社 1996 年版。

[美] 包筠雅：《文化贸易：清代至民国时期四堡的书籍交易》，北京大学出版社 2015 年版。

包天笑：《钏影楼回忆录》，中国大百科全书出版社 2009 年版。

陈乃乾：《陈乃乾文集》，国家图书馆出版社 2009 年版。

陈平原：《左图右史与西学东渐》，生活·读书·新知三联书店 2018年版。

范军：《中国出版文化史研究书录（1978—2009）》，河南大学出版社 2011 年版。

范军、何国梅：《商务印书馆企业制度研究（1897—1949）》，华中师范大学出版社 2014 年版。

李明伟：《清末民初中国城市社会阶层研究（1897—1927）》，社会科学文献出版社 2005 年版。

罗振玉：《雪堂类稿》，辽宁教育出版社 2003 年版。

钱炳寰：《中华书局大事纪要》，中华书局 2002 年版。

全国政协文史资料委员会编：《文史资料存稿选编：文化》，中国文史出版社 2002 年版。

上海市文史馆文史资料工作委员会编：《上海地方史资料（四）》，上海社会科学院出版社 1986 年版。

宋应离、袁喜生、刘小敏编：《20 世纪中国著名编辑出版家研究资料汇辑》，河南大学出版社 2005 年版。

宋原放主编：《中国出版史料》古代部分、近代部分、现代部分，山东教育出版社、湖北教育出版社 2004 年版。

宋原放等：《上海出版志》，上海社会科学院出版社 2000 年版。

汪家熔：《近代出版人的文化追求》，广西教育出版社 2003 年版。

汪家熔：《民族魂——教科书的变迁》，商务印书馆 2008 年版。

汪家熔：《商务印书馆史及其他》，中国书籍出版社 1998 年版。

王建辉：《老出版人肖像》，江苏教育出版社 2003 年版。

魏绍昌主编：《鸳鸯蝴蝶派研究资料》，上海文艺出版社 1984 年版。

王余光、吴永贵、阮阳：《中国新图书出版业的文化贡献》，武汉大学出版社 1998 年版。

王震、贺越明：《中国十大出版家》，书海出版社 1991 年版。

吴永贵：《民国出版史》，福建人民出版社 2011 年版。

咸立强：《中国出版家·赵南公》，人民出版社 2020 年版。

熊月之：《西学东渐与晚清社会》，上海人民出版社 1994 年版。

徐珂：《清稗类钞》，中华书局 1983 年版。

杨扬：《商务印书馆：民间出版业的兴衰》，上海教育出版社 2000 年版。

应文婵：《书斋志异》，中国友谊出版公司 1984 年版。

俞筱尧、刘彦捷编：《陆费逵与中华书局》，中华书局 2002 年版。

俞子林主编：《百年书业》，上海书店出版社 2008 年版。

张恨水：《写作生涯回忆》，人民文学出版社 1982 年版。

张静庐：《中国近现代出版史料》，上海书店出版社 2003 年版。

张静庐：《在出版界二十年》，江苏教育出版社 2005 年版。

张元济：《张元济日记》全二册，商务印书馆 1986 年版。

张志强：《二十世纪中国的出版研究》，广西教育出版社 2004 年版。

赵南公：《赵南公日记》，上海交通大学出版社 2017 年版。

郑逸梅：《书报话旧》，中华书局 2005 年版。

中国科学院近代史研究所中华民国史组编：《中华民国史资料丛稿》人物传记第三辑，中华书局 1976 年版。

中华书局编辑部编：《回忆中华书局》，中华书局 1987 年版。

中华书局编辑部编：《中华书局百年大事记》，中华书局 2012 年版。

周其厚：《中华书局与近代文化》，中华书局 2007 年版。

周武：《张元济：书卷人生》，上海教育出版社 1999 年版。

周振鹤编：《晚清营业书目》，上海书店出版社 2005 年版。

朱联保：《百年书业》，上海书店出版社 2008 年版。

邹振环：《20 世纪上海翻译出版与文化变迁》，广西教育出版社 2000 年版。

《红玫瑰》、《红杂志》、《家庭杂志》、《快活》、《申报》、《小说大观》、《新闻报》、《侦探世界》、《中国出版史研究》、《出版史料》、《股东大会会议记录》（中华书局总编室档案）

后　记

　　第一次关注沈知方，是在 2004 年。那时刚开始写关于"孤岛"时期文学期刊的博士论文，查阅资料中间，发现"孤岛"时期的上海出版界，屡屡闪现一个名字：世界书局。郑振铎等人的"大时代文艺丛书"，胡山源编撰的"明季忠义丛刊"，裴小楚主编的"青年自学丛书"，孔另境主编的五集"剧本丛刊"，苏信译的"俄国名剧丛刊"、贺之才译的"罗曼罗兰戏剧丛书"、朱生豪译的"莎士比亚戏剧全集"等，要么内容偏左有助抗战，要么译笔优美质量上乘，在战时的上海卓有影响。这些经典之作，都是抗战时期由世界书局出版的。而且抗战开始不久，世界书局在大连湾路的工厂就遭到日寇洗劫，四五百万册图书或被东运，或遭毁坏，书局员工还出现死伤血案，俨然一·二八事变时的商务印书馆，也让人印象很深。

　　世界书局是与商务印书馆和中华书局并称"鼎足而三"、"三大出版家"、"三大书局"的出版机构，但相较两位出版"大哥"，相关的资料和研究少得可怜。与开明书店、生活书店，甚至新月书店、北新书局相比，获得的关注也不能相提并论。于是，作为当时卓有影响的出版人物，沈知方也只能面目模糊地站在出版史的角落。

此后我开始有意识地关注到沈知方和世界书局的一些材料，也试着进行一些努力。2011 年 6 月，我指导的研究生陈楠，以《沈知方的出版理念与策略研究》通过了硕士学位论文答辩，这也是关于沈知方最早的研究生学位论文之一。现在来看，论文里面还有一些史料错讹和论断不当之处，但在当时，却是一种努力和尝试。写这段话的时候，关于沈知方和世界书局的硕士学位论文已有 8 篇。

2017 年的初春，接到武汉大学吴永贵教授的电话，说他参与组织的"中国出版家丛书"中，沈知方的选题暂时无人，问可否承担。永贵老师是现代出版史研究的领军人物之一，2006 年，我们在北京的一次会议上首次见面，此后常有往还。有这个机会，就应承了下来。答应之后，便开始了新一轮的资料收集。因为一些资料的数字化，收集起来方便了不少。当时还略感欣慰，以为写作会很快开始。但动笔之后，很快发现了一个问题，就是资料虽然变多了，但资料之间的矛盾和讹误也十分严重。沈知方个人少有著述，几篇散见于书刊之前的序言，很少被人关注。对他的记述，一是来自蒋维乔、章锡琛、平襟亚等老同事和当时的业界同人；二是来自世界书局的老员工，如朱联保、刘廷枚等人。这些记述或许是囿于当时的写作环境，负面论述居多，有些内容轮廓相似，但在细节方面有不少出入。

2017 年 9 月，在中国近现代新闻出版博物馆工作的师妹王京芳告知，他们要和上海市政协文史资料委员会联合举办"世界书局史料研究"座谈会。沈知方的长孙沈柏宏先生会从美国回来参加，问我有没有兴趣。因了张霞老师和毛真好女士的美意，我参加了这次座谈会，聆听了邹振环老师和其他专家的发言，认识了整理世界书局资料多年的樊东伟先生，也得以有机会在沈柏宏先生返美之前，对他进行了两次专门访谈。

沈柏宏先生长期在美国担任大学教授，有儒雅的长者之风，与他的交流十分畅快。沈知方去世的时候，柏宏先生年方八岁，他记忆最深的，就是当时在殡仪馆开吊三天，名流如云，他作为长孙，长跪拜谢，几不能支。他小时候，父母定期会带他去看望祖父，留下了对沈知方的模糊印象。此后他对祖父的更多认知，大多来自其他长辈的讲述，还有报刊上的文章。沈知方最小的女儿，在他去世的时候年仅一岁，对父亲就更是印象模糊了。

因此，在本书的写作中，集中梳理了一次关于沈知方和世界书局的材料，主要的来源是《申报》、《新闻报》以及世界书局和其他当时的报刊。沈知方出生的时候，《申报》已经创办了10年，他是喜欢高调做事的人，从早期的国学扶轮社，到后来的广文书局、世界书局，他的出版活动大都会在报纸上广告一下。"历史是昨天的新闻，新闻是明天的历史"，《申报》、《新闻报》、《大公报》上，夏瑞芳控告他抄袭商务教科书的官司，他离开中华书局时所说的"兼办别业"，广文书局的出版活动，创制的连环图画，世界商业储蓄银行的前因后果，张恨水和平江不肖生的新书，等等，都在广告和报道之中，一一浮现。

翻阅当年的《申报》和《新闻报》，会发现沈知方当时在出版界的影响真大啊。他在沪上大报的露面频率，远超不少现在有回忆录和传记的民国出版人。只有感受了新闻记录的历史现场，才明白沈知方去世时被称为"书业巨子"的原因。更主要的是，这些新闻报道，对不少出版先贤的一些回忆文章，起到了很好的补证或纠正作用。

本书应该是第一本关于沈知方的专著，正如美国历史学者柯文所言，事件、经历和神话，是进入历史的三种路径。回望沈知方这样一个已经面目模糊的出版人，把"事件"真相放在首位，可能是更稳妥的一种选择。为了还原相对真实的传主，本书采用了考证性的叙述模式，尽量以原始材料立论，以回忆录和访谈等作为补充。这样一来，传记的故事性就少了许多，也很少有"沈知方一个人站在窗前，心里想到"这样的虚拟笔法。对于沈知方的史料，尤其是他写作的发刊词等，权衡再三，还是大都全文引用。其中心意，无非是为沈氏和世界书局的研究，尽可能提供"真实"的基础。做出版史的同人可能都有体会，史料没有最多，只有更多，随时可能有新的材料出来，补充或者推翻原有的结论。本书中也定有不少错讹之处，敬请各位方家指正。

这几年中，因为日常工作和史料搜集，尤其是随着对传主了解的深入，写作越来越慢，多亏组稿编辑贺畅老师的宽容与不弃，让本书得以持续，每当想到她的难处，都让人心生内疚。感谢吴永贵老师的邀约，初稿完成之后，他还细阅审校。感谢中华书局的王贵彬兄，介绍我查阅中华书局的原始档案。感谢范军老师、姬建敏老师、杨晓芳老师、苏磊老师、卓玥老师，让本书部分成果得以在会议和杂志上先期呈现。感谢樊东伟先生有时发来的史料信息，期待他的世界书局相关研究能尽早问世。曾在学术会议或其他场合聊及此书的周武先生、邹振环先生、杨扬先生、张志强先生等，都让人心存感激。周百义先生牵头主办的"出版六家"公众号，为部分内容提供了网络发表空间，对参与公众号的诸位师友，谨致谢意。至于文中参考的各位方家著作、学子论文，限于篇幅，未能一一列入参考文献，但都是不可或缺的重要材料，特别予以感谢。

2019年2月10日，沈柏宏先生在美国去世，距离接受访问仅一年半的时间。他赠我的手书镜框还挂在书房，但这本书他却无法审阅了。谨此敬献一瓣心香，愿先生安息。

2021 年 5 月

统　　筹：贺　畅

责任编辑：贺　畅　周　颖

封面设计：肖　辉　姚　菲

版式设计：汪　莹

图书在版编目（CIP）数据

中国出版家.沈知方/王鹏飞 著.—北京：人民出版社，2022.8

（中国出版家丛书/柳斌杰主编）

ISBN 978－7－01－024053－4

I.①中…　II.①王…　III.①沈知方－生平事迹　IV.① K825.42

中国版本图书馆 CIP 数据核字（2021）第 247484 号

中国出版家·沈知方

ZHONGGUO CHUBANJIA SHEN ZHIFANG

王鹏飞　著

人民出版社 出版发行

（100706　北京市东城区隆福寺街 99 号）

北京盛通印刷股份有限公司印刷　新华书店经销

2022 年 8 月第 1 版　2022 年 8 月北京第 1 次印刷

开本：710 毫米 ×1000 毫米 1/16　印张：19.25

字数：222 千字

ISBN 978－7－01－024053－4　定价：77.00 元

邮购地址 100706　北京市东城区隆福寺街 99 号

人民东方图书销售中心　电话（010）65250042　65289539